DO POVO DO NEVOEIRO

Blucher

DO POVO
DO NEVOEIRO

Psicanálise dos casos difíceis

Fátima Flórido Cesar

Do povo do nevoeiro: psicanálise dos casos difíceis
© 2019 Fátima Flórido Cesar
Editora Edgard Blücher Ltda.

Imagem da capa: iStockphoto

SÉRIE PSICANÁLISE CONTEMPORÂNEA
Coordenador da série Flávio Ferraz
Publisher Edgard Blücher
Editor Eduardo Blücher
Coordenação editorial Bonie Santos
Produção editorial Isabel Silva, Luana Negraes e Milena Varallo
Preparação de texto Cátia de Almeida
Diagramação Negrito Produção Editorial
Revisão de texto Antonio Castro
Capa Leandro Cunha

Blucher

Rua Pedroso Alvarenga, 1245, 4º andar
04531-934 – São Paulo – SP – Brasil
Tel.: 55 11 3078-5366
contato@blucher.com.br
www.blucher.com.br

Segundo o Novo Acordo Ortográfico, conforme 5. ed. do *Vocabulário Ortográfico da Língua Portuguesa*, Academia Brasileira de Letras, março de 2009.

É proibida a reprodução total ou parcial por quaisquer meios sem autorização escrita da editora.

Todos os direitos reservados pela Editora Edgard Blücher Ltda.

Dados Internacionais de Catalogação na Publicação (CIP)
Angélica Ilacqua CRB-8/7057

Cesar, Fátima Flórido
  Do povo do nevoeiro : psicanálise dos casos difíceis / Fátima Flórido Cesar. – São Paulo : Blucher, 2019.
  362 p. (Série Psicanálise Contemporânea / coordenada por Flávio Ferraz)

  Bibliografia
  ISBN 978-85-212-1837-1 (impresso)
  ISBN 978-85-212-1838-8 (e-book)

  1. Psicanálise 2. Psicopatologias 3. Pessoas depressivas I. Título. II. Ferraz, Flávio.

19-1089   CDD 150.195

Índice para catálogo sistemático:
  1. Psicanálise

Conteúdo

Prefácio   7

Apresentação   11

Compaixão   29

A cor da ausência   53

Asas presas no sótão   75

Para que servem as emoções?   83

O barulho inaudível: adolescência, tédio e retraimento   113

Do frio ao tórrido: escutas de silêncio e fúria   137

"Ih! Tá chovendo!": histórias de retraimento e de reclamação   177

O coração gelado: estratégias de sobrevivência psíquica frente a traumatismos severos   203

Do povo do nevoeiro: melancolia, narcisismo e morte psíquica   229

Morte e vida na adolescência: da dor e da delícia de ser jovem   261

Pensando o ser e o fazer analíticos em casos difíceis   307

Prefácio

Fátima Flórido Cesar entrelaça com maestria neste livro muitos anos de experiência clínica com casos denominados difíceis. A autora apresenta uma articulação teórica consistente e, além disso, uma narrativa surpreendentemente poética. É raro que esses elementos estejam presentes em um único texto, o que torna a leitura única e enriquecedora para o analista ou terapeuta.

A capacidade criativa da autora transborda em metáforas bem-sucedidas e impactantes, que convocam o leitor a entrar na experiência com esses pacientes, a começar pela forma como os nomeia: dos que "moram em móvel mar" ao "povo do nevoeiro". São expressões garimpadas em poemas que favorecem a aproximação de experiências humanas tão devastadoras. A linguagem poética tanto nos conduz a essas emoções nebulosas e opacas como revela, traz luz aos recantos escuros e sombrios, nos quais reina a desesperança e a morte de partes do eu.

Ignácio Gerber escreve que a poesia é essencialmente curativa. A construção poética segue as mesmas leis da construção onírica e tem a mesma origem, são emanações do inconsciente. A linguagem na qual predominam metáforas aproxima o paciente, o analista e o leitor daquilo que foi vivido ou, no caso dos analisandos de Fátima, da experiência não vivida, cindida e mortificada. Pensamos predominantemente por imagens, por pictogramas emocionais, a *rêverie* do analista, que precisam ser transformados em narrativas que contenham, mesmo que parcialmente, as emoções experienciadas.

Acompanhando as citações de Thomas Ogden presentes no livro, a análise é o lugar de o analisando sonhar os sonhos ainda não sonhados, os gritos interrompidos; é o espaço para narrar a experiência vivida ou aquela que ainda não pôde ser vivida, que ficou como algo morto dentro do psiquismo, produzindo efeitos de desvitalização.

Conjuntamente com a preciosidade dos relatos clínicos de Fátima, encontramos uma pensadora da psicanálise contemporânea articulando as duas matrizes postuladas por Figueiredo e Coelho Junior em seu livro *Adoecimentos psíquicos e estratégias de cura* (Blucher, 2018): os adoecimentos por ativação e os por passivação e suas diversas estratégias e manejos clínicos.

O povo do nevoeiro é aquele dos adoecimentos por passivação, o povo no qual o objeto falhou nas suas funções vitalizantes. Para compreender melhor e trabalhar com esses pacientes, Fátima segue a trilha de Ferenczi, Balint e Winnicott. E, além disso, acompanhando a proposta das matrizes de adoecimento e estratégias de cura, conversa com alguns autores denominados transmatriciais: principalmente Thomas Ogden e Anne Alvarez, mas também, brevemente, com Christopher Bollas e André Green.

Ao final dessa consistente e bem apresentada trajetória clínica e teórica, Fátima nos brinda com uma delicada e pouco abordada questão: a função vitalizadora do analista e sua capacidade amorosa. A autora se desvia habilmente de compreensões simplistas e sentimentalistas, apresentando ao leitor o lugar da ternura e do amor no fazer psicanalítico:

> *É em torno do desamparo que todos nos unimos: o desamparo da mãe, do analista, de todo humano. Esse mesmo desamparo, base da necessidade de ternura, capacita-nos à identificação terna e amorosa com a dor que precisa ser aplacada, com o ser agônico de ternura que precisa ser reconhecido e cuidado pelo semelhante.*
> *(pp. 342-343)*

Muito além ou aquém das teorias psicanalíticas, a qualidade humana do analista é fundamental, algo que foi expresso por diferentes conceitos, em diversos paradigmas teóricos e clínicos da psicanálise: o tato analítico, a simpatia, a empatia, a mutualidade descritos por Ferenczi. O amor primário, o novo começo, a capacidade de confiar no objeto abordados por Balint. O *holding* analítico, o espaço potencial e transicional da sessão apresentados por Winnicott. A amorosidade da *rêverie*, a continência, a intuição expressos por Bion.

Fátima escreve que "O sagrado se encontra em incontáveis nichos da existência".

Penso que algo do sagrado habita as páginas deste livro.

Marina F. R. Ribeiro

Apresentação

Dos que "moram em móvel mar" ao "povo do nevoeiro"

Apresento, no decorrer dos capítulos deste livro, intitulado *Do povo do nevoeiro: psicanálise dos casos difíceis*, uma reflexão teórico-clínica sobre os chamados casos difíceis. Minha pesquisa se insere, portanto, no campo da psicopatologia. Para tanto, vali-me da apresentação de artigos que publiquei ao longo de meu percurso de estudos e prática em revistas de psicanálise, englobando um período que vai de 1995 até os mais recentes trabalhos desenvolvidos em meu pós-doutorado.

Longos anos se passaram, desde meu primeiro debruçar sobre o que aqui denomino casos difíceis. Logo, foi inevitável que inúmeras mudanças e novas indagações me assaltassem até alcançarem o campo analítico; daí a necessidade de explicitação dos caminhos percorridos em termos de compreensão diagnóstica e de escolhas de técnica e manejo de acordo com tais patologias.

Este livro é uma coletânea de casos clínicos (patologias não neuróticas) acompanhados de uma discussão das modalidades de adoecimento psíquico e dos impasses encontrados na prática psicoterapêutica. Envolvi-me ao longo de mais de duas décadas na busca pelo entendimento do que inicialmente denominei "moradores em móvel mar" e que atualmente nomeio "povo do nevoeiro". Prossigo, desde então, buscando saídas, modos de responder ao chamado, ora de inaudíveis pedidos de ajuda, ora de gritos de dores lancinantes e agônicas, e, ainda, de paradoxais comunicações em que a recusa à mudança se apresenta na forma de reação terapêutica negativa. Continuo atenta ao silêncio e ao vazio dos anestesiados que pedem socorro por nada sentirem.

Vali-me da companhia de poetas, compositores, literatos para dar forma a palavras para além do discurso árido dos duros conceitos teórico-técnicos. Considero que, desse modo, o leitor pode entrar com maior facilidade, pela via do sensível, no clima desses encontros tão cheios de paixões, desde as ruidosas até aquelas que se ocultam em retraimentos, reclusões e refúgios.

Foi em minha pesquisa de mestrado que encontrei a expressão "morar em móvel mar". Está no poema "O navegante" ("The seafarer"), traduzido da literatura anglo-saxônica do século X para o inglês moderno por Pound (1985). Convido o leitor a acompanhar-me na leitura de um trecho desse belo e eloquente poema:

"*O navegante*"

Possa eu contar em veros versos vários,

Não jargão da jornada, como dias duros

Sofrendo suportei.

Terríveis sobressaltos me assaltaram

Em meu batel vivi muitos embates,

Duras marés, e ali, noites a frio,

Em vigílias sem fim fiquei, o barco

Rodopiando entre os recifes. Frio – aflitos

Os pés pela geada congelados.

Granizo – seus grilhões: suspiros muitos

Partiram no meu peito e a fome fez

Feridas no meu brio. Para ver

Quanto vale viver em terra firme,

Ouçam como, danado, em mar de gelo,

Venci o inverno a vogar, pobre proscrito,

Privado de meus companheiros;

Gosma de gelo, granizo – grudado,

Sem ouvir nada além do mar amargo,

A onda froco-fria e o grasnido do cisne

No meu ouvido como um gruir de ganso,

Riso de aves marinhas sobre mim,

Pés d'água, entre penhascos, contra a popa,

Plumas de gelo. E às vezes a águia guaia

Com borrifos nas guias.

Nenhum teto

Protege o navegante ao mar entregue.

É o que não sabe o que vai em vida mansa,

Rico e risonho, os pés na terra estável,

Enquanto, meio morto, mourejando,

Eu moro em móvel mar.

(p. 65)

Se pensamos que não há casos fáceis, não podemos desconsiderar que há aqueles mais difíceis, dos que "moram em móvel mar" – sem lugar na terra firme das certezas ou das dúvidas toleráveis, que não conquistaram a solidez na constituição do eu. São habitantes da precariedade, sujeitos que são naufrágios e tormentas. Olham os demais humanos, aqueles que conhecem a terra firme, como se grandes abismos os separassem, como se pertencessem a mundos diversos.

O que seriam "os casos difíceis"? Autorizo-me ao uso de tal expressão baseada na leitura de Fédida (1988):

> *A experiência com nossos pacientes considerados difíceis – pessoalmente não acredito que haja pacientes fáceis – mas, digamos, a experiência singular com pacientes reputados difíceis nos ensina que nos mínimos detalhes somos extremamente sensíveis ao poder das palavras e dos gestos: nosso próprio corpo se torna uma cena violenta sobre a qual se representam as fantasias mais violentas do inconsciente do paciente. (p. 31)*

Desde o início, impõe-se o entendimento do modo de estar do analista junto a tais pacientes: o corpo é convocado, receptáculo e tela da desesperança mais radical, de estados de desespero, medo, violência, vazio, tédio e anestesia. De vários jeitos, o traumático comparece e atinge o corpo do analista – seja em manifestações ruidosas de negativismos, identificações projetivas maciças, seja sob a forma de silêncio, encapsulamentos narcísicos e estados de quase morte.

O campo transferencial-contratransferencial é, dessa forma, atravessado por demandas das mais diversas, colocando-nos frente a impasses que põem em xeque teoria, técnica e ética psicanalíticas. Como então preservamos nossa posição de analista?

Em Figueiredo (2000) encontramos outra interessante definição de "casos difíceis":

> *são aqueles que colocam à prova nossas* reservas: *exigem uma atenção constante, uma prontidão de resposta, uma sustentação verbal e mesmo física que ameaçam esgotar todas as nossas* reservas. *Eles nos chamam para um "aqui e agora" desesperado no qual, sob o impacto da urgência da demanda de* implicação *corremos o grande risco de perder completamente a* posição de analista. *Creio ser possível sustentar esta posição sem ter de recorrer às regras disciplinares de um superego formalista... Tudo isso é muito difícil diante de certas demandas urgentes às quais é rigorosamente imperioso responder. Mas é só assim, sustentando a* reserva na implicação, *e não pela obediência a um conjunto de regras, ou ao contrário, pela entrega completa das reservas às demandas do paciente, que o processo analítico pode enfrentar os "casos difíceis".* (p. 33, grifos do autor)

Entre a implicação e a reserva, quão difícil é equilibrar tal dialética! Daqui surge um novo desafio para a pesquisa em relação aos "casos difíceis": que novas estratégias terapêuticas são necessárias? Como pensar em novas modalidades de intervenção? Como conduzir o encontro analítico?

No início centrei-me em Winnicott, seguindo caminhos por ele indicados para os profundamente desesperançados e adoecidos de "desilusão precoce" (1994a) – aqueles que, quando bebês, foram significantemente "desapontados", que pela ausência de confiabilidade e de uma experiência de mutualidade com a mãe, ficaram sujeitos à experiência de agonias impensáveis (1994b). Nesses casos, no lugar da "análise padrão" (1982a, p. 154), o psicanalista inglês aponta como estratégias terapêuticas o manejo ou a análise modificada e, ainda, a regressão à dependência. Se trabalhamos para tornar o inconsciente consciente, estamos praticando análise; se não, estamos respondendo às necessidades do paciente. Winnicott interroga, então, expressando seu compromisso com o paciente além de sua desconfiança em relação a qualquer ortodoxia: "E por que não haveria de ser assim?" (p. 155). Nesse sentido, diz: "A análise é para aqueles que querem, necessitam e podem tolerá-la. Quando me defronto com o tipo errado de caso, me modifico no sentido de ser um psicanalista que tenta satisfazer as necessidades de um caso especial" (p. 154).

Logo nesse início, ao dedicar-me à reflexão sobre a técnica dos "casos difíceis", reconheci em Ferenczi, precursor de Winnicott, um psicanalista inovador, que ressaltou a importância da dimensão intersubjetiva no adoecimento dos pacientes gravemente enfermos. Observando as resistências dos pacientes frente à técnica psicanalítica tradicional, Ferenczi (1983a) utilizou a expressão "elasticidade da técnica": "é necessário como uma tira elástica ceder às tendências do paciente, mas sem abandonar a tração na direção de suas próprias opiniões, enquanto a falta de consistência de uma ou outra dessas posições não estiver plenamente provada" (p. 311).

Para levar a cabo essa técnica elástica, precisa-se daquilo que ele denomina tato. Mas o que é o tato? É a faculdade de "sentir com". Uma oscilação entre sentir com, auto-observação e atividade de julgamento deve guiar o analista; para tanto, Ferenczi adverte que a base de uma análise confiável para uma técnica bem-sucedida é a análise do analista. Assim, a disponibilidade afetiva do analista requerida em uma ampliação dos afetos na cena analítica estaria ancorada em uma ética possibilitadora de se ater "com firmeza, até o fim, à nossa posição ditada pela experiência analítica" (Ferenczi 1983a, p. 111).

Dedicado ao atendimento de casos difíceis, Ferenczi (1983b) muito nos ensinou sobre o pensamento da técnica: sua perseverança no acolhimento sensível, sua formulação de um "princípio de relaxamento" (p. 318) (ou *laissez-faire*), sua abertura no sentido de ser afetado e afetar o paciente. O pensamento das relações de objeto, que trouxe para a psicanálise a dimensão intersubjetiva, teve nas obras desse psicanalista fundamental e inaugural destaque (embora já em Freud e Abraham uma significante abertura nessa direção já se delineasse). As palavras de Costa (1995) celebram a ética e inovação ferenczianas:

> *Psicanálise, para Ferenczi, era uma profissão "severina", não "hipócrita". Mesmo quando franzina, ela quer explodir em vida. Se o outro foi o "inferno", crie-se, imagine-se, invente-se um "outro"! Pode sempre existir um outro do outro. E se isto exige o preço de "uma análise mútua"? Corra-se o risco! O analista só não pode repousar no conforto dessa triste e "sábia solidão", que a dor obrigou alguns a conhecer. Ela é dura, cruel, louca*

e desumana. Psicanálise é cúmplice de Eros, não de pesadelos atrasados ou sonos feitos de infelicidade. (p. 17)

Podemos pensar que é a partir de Ferenczi que a alteridade ganha destaque na compreensão do acontecer humano e de seu adoecimento. Balint (1993) aprofunda o pensamento de Ferenczi, corrigindo seus deslizes e construindo um sólido entendimento do tempo originário e dos desencontros entre a criança e o que o ambiente oferece. Winnicott, na mesma direção dos citados, ao produzir uma obra consistente e viva, foi grande interlocutor nesse início em que deparei com os desafios impostos por uma clínica de "moradores em móvel mar".

Assim, os primeiros quatro capítulos deste livro, já publicados em revistas de psicanálise, buscam descrever os encontros da dupla analítica, pretendendo um entendimento da modalidade de adoecimento apresentada por cada paciente, assim como dos caminhos percorridos em busca de sustentação dos aspectos saudáveis e das dores e feridas comunicadas. Baseei-me fundamentalmente em Winnicott, não deixando, entretanto, de beber de outras fontes, como: Aulagnier, Safra, Figueiredo, Minerbo, Green, Tustin, Anzieu, entre outros. A esperança constitui o denominador comum desses primeiros textos: vali-me de coragem e ousadia para lidar com a dimensão altamente problemática dos atendimentos difíceis; em meio ao terror, ao vazio e também à beleza da imprevisibilidade oculta nos mares, sejam os bravios, sejam aqueles que, embora aparentemente serenos, escondem ameaças de *tsunamis* e catástrofes.

Se, nesse momento, apesar da companhia de outros autores, encaminhei minhas reflexões fundamentalmente baseada nos moldes de uma clínica dita winnicottiana, novos modos de pensar o adoecimento não neurótico me conduziram, em um segundo momento, à leitura de psicanalistas como Freud, Joseph, Pontalis, Penot, Mannoni, Green, Bollas e Figueiredo. Tal pesquisa, que fez parte de minha tese de doutorado e resultou em um segundo livro, é aqui brevemente apresentada no capítulo "Asas presas no sótão". Retirei a expressão "asas presas no sótão" do verso de um poema de Drummond de Andrade intitulado "Bordão",[1] apropriando-me dele para referir-me à situação de aprisionamento em que se encontram os pacientes, que agora chamo de intratáveis e, paradoxalmente, à presença de "um broto de esperança" – nas asas e no sótão –, esse lugar de sonhos, segredos, fantasmas, enigmas, teias de aranha, pavores, tabus e, ainda, de tesouros. Lugar de promessa de janelas abertas para o céu – na aposta da possibilidade de comunicação com o mais além e no pressentimento da liberdade.

Esses pacientes sofrem de desesperança congênita (Winnicott 1993b, p. 326), ressaltando ser essa desesperança não herdada. Quando nos procuram, porém, não trazem um resto de esperança? Por um fio? Eis aqui o que denomino paradoxo da desesperança: ao entendê-los com base em conceitos como *Verleugnung* e reação terapêutica negativa, atestamos uma série de nãos, um quase desistir de viver (como o personagem Bartleby, de Melville (1986), e sua célebre frase "*I would prefer not to*"), uma afirmação da vida por meio de negativos. Pacientes que nos aparecem imóveis, intratáveis, isolados em sua defesa maciça. Laços, teias, vínculos invisíveis, mas poderosos, os unem de forma "diabólica" a objetos internos. A cada vez, nos aproximamos mais de um sofrimento que

---

1 Em torno de um bordão organiza-se um espírito. / O bordão, seu poder e sua circunstância. / Nada ocorre de belo, nada ocorre de mal / fora da sonoridade do bordão. // Repetir é viver e criar ressonâncias / constringidas pelo muro de um jardim / que não chega a florir e esparze cicatrizes / de begônias violáceas em hora de sentir. // De sentir ou voltar à pauta do bordão, / e asas presas no sótão ou no campo filmado? / Que se escuta afinal ou não se escuta mais / no pingar repetido, no vácuo prefixado de sempiterno bordão? (Andrade, 1967, p. 75)

grita, denuncia, mas é incapaz de renunciar a uma possessão, uma dominação que vem de dentro; o alimento nutridor, aquele que faz parte da memória originária, é o mesmo que aprisiona, que faz o paciente refém, que o imobiliza, que o enlouquece.

Se, no primeiro momento de minha trajetória, o desejo de mudar guiava meus passos e prática com relação aos pacientes, agora a esperança ora viceja, ora se retrai – nunca de todo abandonada –, mas me conduzindo a uma nova posição enquanto analista. De um lugar em que só a esperança fazia sua aparição, agora, novo lugar se delineia: o de testemunha. Testemunha das dores ruidosas ou silenciosas e de escolhas e modos de viver em que a insistência do analista pode ser uma ameaça ou mesmo uma invasão bárbara. Enquanto o paciente comparece, sobrevive a esperança? Eu me interrogava.

Um terceiro momento em meu pensamento teórico-clínico foi se desenhando no decorrer dos anos seguintes à pesquisa realizada no doutorado. Paulatinamente, nova posição analítica foi se erigindo, o que culminou na produção teórica de um pós-doutorado, apresentada nos capítulos finais deste livro.

Os casos difíceis, os quais venho recebendo em minha clínica diária – desde os desesperados, imersos em um cotidiano de incessante agonia, até os anestesiados, envoltos em brumas de tédio e vazio – vêm demandando novos modos de pensar a prática analítica e o avançar dos caminhos já percorridos. A começar pela ampliação da pesquisa, dediquei-me com maior afinco à leitura de autores da dita psicanálise contemporânea como Alvarez, Green, Ogden e Roussillon. Continuo ainda com a leitura de Bollas e Figueiredo, experimentando um apreço cada vez maior por Pontalis, e me aventuro por novos modos de ler autores desde sempre reconhecidos, como Winnicott e Ferenczi.

Na intersecção das necessidades impostas pelos desafios clínicos com as leituras dos autores citados, relevantes mudanças me conduziram a novas reflexões a respeito da compreensão diagnóstica e das estratégias terapêuticas. Inicio por descrever a adoção de uma posição cada vez mais fincada no paradoxo; opto por me situar na escuta polifônica das várias vozes (tanto dos pacientes quanto dos autores). Se é na relação que se constitui o sujeito, à qual devemos ficar atentos, tanto na história inicial como no campo analítico? Não podemos descuidar do intrapsíquico: uma visão metapsicológica precisa ultrapassar a dicotomia entre o par pulsão-objeto. Como alternativa, pensemos o articular – sob a forma de paradoxo – das dimensões intrapsíquica e intersubjetiva: tanto a relação do sujeito consigo mesmo como com o outro devem ser contempladas na escuta analítica.

Assim, se o passado, que marca, por vezes a ferro e fogo, o destino pulsional e objetal do sujeito clama pela consideração das origens, igualmente o atual precisa ser reconhecido, bem como aquilo que se apresenta como próprio e que advém do potencial herdado. Uma escuta, portanto, que para se manter viva e atual precisa preservar sua paradoxalidade.

O reconhecimento da gravidade e da radicalidade dos adoecimentos me conduziu a uma maior consideração da morte em vida – no que concerne às ameaças de aniquilação e aos aspectos mortos do psiquismo. Paradoxalmente, se estados de quase morte precisam ser reconhecidos, também podemos entender o "morto" como o não nascido, o que se refere à potencialidade não apropriada ou ao que precisa e tem chance de ser ressuscitado. Aqui também os autores citados indicaram caminhos, cada um a seu modo, para o reconhecimento do que denomino "morte em vida".

Uma leitura superficial de Winnicott pode desconsiderar a morte em seu pensamento, ou porque não reconhece a pulsão de morte, ou porque é realizada de modo sentimentalista. Entretanto, vale destacar a referência aos "desesperançados" (1994a), ao "fator antivida" (1982b), à "morte dentro" (1993a), à "morte fenomenal" e às "agonias" (1994b). Sem contar as sensações de não vida e de não nascimento descritos por seus pacientes esquizoides e do tipo falso *self*.

Também em Ferenczi podemos reconhecer uma "paixão de morte" (Avello, 1998). A morte, nos processos descritos por Ferenczi, apresenta-se de um lado na parte traumatizada e ferida, que foi clivada e se mantém escondida para garantir que seja preservada, não deixando, entretanto, de se manter em um estado mortificado; de outro lado, a parte que mantém contato, que é esperta e com aptidões devidas ao fenômeno da prematuração patológica, apresenta-se como um autômato: em um estado de pseudovitalidade. Também aqui, amortecidos, os pacientes experimentam estados de não vida.

Aproveito para remeter-me aos psicanalistas Figueiredo e Coelho Jr. (2018), que com a conceituação de duas matrizes de adoecimento psíquico – a freudo-kleiniana e a ferencziana – apontaram importantes caminhos para a discriminação do que denominaram adoecimentos por ativação (descritos por Freud, Klein e Bion) dos adoecimentos por passivação (Ferenczi e Winnicott). Se, na primeira matriz, os adoecimentos se dão por ativação de defesas e angústias, na segunda, suplementar à primeira, ocorre uma aniquilação das defesas. Foco brevemente a matriz ferencziana, na medida em que pretendo ater-me às questões já enunciadas relativas a *morte em vida*. Aqui, áreas do psiquismo morrem ou deixam-se morrer: no lugar de angústias, cabe falar de agonia – que Figueiredo e Coelho Jr. associam à vivência do moribundo no momento em que antecede a morte, quando está prestes a deixar-se morrer. Enquanto as angústias pertencem à vida, com suas pulsões e afetos, a agonia é um fenômeno da morte. Traumas precoces, com cisões mais radicais (a clivagem narcísica que deixa uma parte morrer para que outra sobreviva) do que as descritas por Klein, provocam no traumatizado um processo de passivação, levando-o a um estado de passividade e ao retorno ao inerte.

Por fim, articulando o entendimento de "casos difíceis" com adoecimentos em que a morte psíquica (ou a extinção de áreas do psiquismo) comparece ou se insinua de modo ameaçador, recorro aos demais autores já citados: Ogden (2013) e a desvitalização, Pontalis (2005) e o morto-vivo, Green (2010) e a função desobjetalizante e Alvarez (1994) e a descrição de pacientes severamente retraídos. Resta ainda uma breve reflexão sobre modos de atuar que se impuseram como necessários a partir do reconhecimento dos estados mortificados em "pacientes difíceis" (e que se apresentam de modo mais contundente a partir do sexto capítulo).

Inicio por explicitar uma mudança de posição enquanto analista. Se, no doutorado, propus a posição de testemunha, agora uma posição suplementar se impõe: a busca pela mudança, mesmo se junto aos não nascidos ou aos quase mortos. São pacientes desesperados em agitação ensandecida ou reféns da imobilidade, desesperançados, desvitalizados, que nos impõem em nossa própria carne sua dor de não viver, implicando-nos em seu emaranhado de névoa, vazio, dias sombrios, noites insones. São os que agora chamo "povo do nevoeiro" – recolhendo essa expressão de Beckett (2006). Imagino-os lançando ao mar garrafas com mensagens, pedidos de socorro (em letras garrafais ou miúda caligrafia), em gestos bruscos ou no fim de suas forças, apostando na quase impossível chance de que suas mensagens cheguem até o outro lado do oceano e de serem recolhidas e lidas. Dessa forma, vêm aos consultórios, como garrafas lançadas ao mar – mas como recolhê-las? Como alcançar essas cartas extraviadas? De que forma devem ser lidas? Que respostas atingem seus corações gelados ou em chamas? Apropriei-me, no decorrer desses anos, de meu desejo de trazê-los à vida, mesmo que tempos de travessia de desertos ressequidos e estéreis sejam necessários. Esta é a tarefa: cultivar o deserto, mesmo que compartilhemos horas desvitalizadas e descrentes. Mas como? Volto a interrogar.

Tenho me inspirado em uma clínica da revitalização (Figueiredo & Coelho Jr., 2018) e, de modo especial, no conceito de "reclamação" de Alvarez (1994), em que se propõe uma clínica/técnica mais ativa. Alvarez fala da necessidade de lançar uma longa corda para alcançar Robbie, um paciente severamente retraído. Lembro-me agora de uma cena vista por mim na televisão: em uma enchente, uma corda fora lançada para resgatar uma senhora; esta, ainda com um cão no colo, precisava de sua própria força para corresponder à corda jogada e conseguir ser salva. Dei-me conta de que o trabalho não é apenas de quem joga como também o outro precisa recorrer à força dos músculos e braços. E se quem clama por socorro estiver nos limites de suas forças, quase entregue a um desistir da existência?

Com uma paciente em agonia, penso e comunico sua vivência de "fundo de poço". Ela concorda e eu falo da corda, mas lembro da necessidade de ela também segurar firme. Hesito e ela me diz que, especialista em gerenciamento de catástrofes, aprendeu que, para resgatar crianças ou adultos enfraquecidos, é preciso que aquele que salva desça até o fundo do poço ou até onde está o outro. Depois, precisa envolver o corpo fraco do que precisa ser salvo na corda; só dessa forma, este vai sair vivo do desastre iminente. A criança fraca e ferida nela comunica sua esperança e me ensina sobre catástrofes.

Se terminei meu segundo livro com uma pergunta de Pontalis (1991) – "Que loucura será essa que às vezes nos acomete de querer mudar os outros?" (p. 10) –, volto a propô-la e uma nova resposta surge. Loucura doce ou furiosa, encarnada em nossos aspectos doentios, mas também nos saudáveis, vitalizados e desvitalizados: não abdicar do desejo de mudar é o preço de tal loucura. Como? Convido o leitor a, acompanhando as estratégias propostas pelos psicanalistas consultados e ainda meus encontros e desencontros, uma reflexão sobre como encaminhar a técnica junto ao "povo do nevoeiro". É essa ética, ancorada na prática analítica, que motivou a escrita desses relatos, suaves ou selvagens, de garrafas recolhidas de mares gelados e de longas cordas lançadas até o fundo do poço.

Referências

Alvarez, A. (1994). *Companhia viva: psicoterapia psicanalítica com crianças autistas*, borderline, *carentes e maltratadas*. Porto Alegre: Artes Médicas. (Trabalho original publicado em 1992.)

Andrade, C. D. de (1967). *Obra completa* (Vol. Único). Rio de Janeiro: José Aguilar.

Avello, J. J. (1998). Metapsychology in Ferenczi: death instinct or death passion? *International Forum of Psychoanalysis*, 7(4), 229-234.

Balint, M. (1993). *A falha básica: aspectos terapêuticos da regressão*. Porto Alegre: Artes Médicas.Beckett, S. (2006). *Novelas e textos para nada*. Lisboa: Assírio & Alvim. (Trabalho original publicado em 1958.)

Costa, J. F. (1995). Uma fonte de água pura [Prefácio]. In T. Pinheiro, *Ferenczi: do grito à palavra* (pp. 9-18). Rio de Janeiro: UFRJ.

Fédida, P. (1988). Amor e morte na transferência. In *Clínica psicanalítica: estudos* (pp. 21-66). São Paulo: Escuta. (Trabalho original publicado em 1981.)

Ferenczi, S. (1983a). Elasticidade da técnica psicanalítica. In *Escritos psicanalíticos 1909-1933* (pp. 301-312). Rio de Janeiro: Tauros. (Trabalho original publicado em 1928.)

Ferenczi, S. (1983b). Princípio de relaxação e neocatarse. In *Escritos psicanalíticos 1909-1933* (pp. 318-332). Rio de Janeiro: Tauros. (Trabalho original publicado em 1930.)

Figueiredo, L. C. (2000). Presença, implicação e reserva. In L. C. Figueiredo L. C. e N. E. Coelho Jr. *Ética e técnica em psicanálise* (pp. 9-50). São Paulo: Escuta.

Figueiredo, L. C. & Coelho Jr., N. E. (2018). *Adoecimentos psíquicos e estratégias de cura: matrizes e modelos em psicanálise* (P. C. Ribeiro e I. Fontes, colabs.). São Paulo: Blucher.

Green, A. (2010). *O trabalho do negativo*. Porto Alegre: Artmed.

Melville, H. (1986). *Bartleby, o escriturário*. Rio de Janeiro: Rocco.

Ogden, T. H. (2013). Analisando formas de vitalidade e de desvitalização. In *Reverie e interpretação: captando algo humano* (pp. 35-68). São Paulo: Escuta. (Trabalho original publicado em 1995.)

Pontalis, J. B. (1991). *Perder de vista: da fantasia de recuperação do objeto perdido*. Rio de Janeiro: Jorge Zahar. (Trabalho original publicado em 1988.)

Pontalis, J. B. (2005). A partir da contratransferência: o morto e o vivo entrelaçados. In *Entre o sonho e a dor* (pp. 233-250). Aparecida, SP: Ideias & Letras.

Pound, E. (1985). *Poesia*, 2. ed. São Paulo: Hucitec.

Winnicott, D. W. (1982a). Os objetivos do tratamento psicanalítico. In *O ambiente e os processos de maturação* (pp. 152-155). Porto Alegre: Artes Médicas. (Trabalho original publicado em 1962.)

Winnicott, D. W. (1982b). Comunicação e falta de comunicação levando ao estudo de certos opostos. In *O ambiente e os processos de maturação* (pp. 163-174). Porto Alegre: Artes Médicas. (Trabalho original publicado em 1963.)

Winnicott, D. W. (1993a). A defesa maníaca. In *Textos selecionados da pediatria à psicanálise* (pp. 247-267). Rio de Janeiro: Francisco Alves. (Trabalho original publicado em 1935.)

Winnicott, D. W. (1993b). Recordações do nascimento, trauma do nascimento e ansiedade. In *Textos selecionados da pediatria à psicanálise* (pp. 313-339). Rio de Janeiro: Francisco Alves. (Trabalho original publicado em 1949.)

Winnicott, D. W. (1994a). Desilusão precoce. In *Explorações psicanalíticas* (pp. 17-19). Porto Alegre: Artes Médicas. (Trabalho original publicado em 1939.)

Winnicott, D. W. (1994b). O medo do colapso (*Breakdown*). In *Explorações psicanalíticas* (pp. 70-76). Porto Alegre: Artes Médicas. (Trabalho original publicado em 1963.)

Compaixão[1]

> *Pessoas pertencidas de abandono me comovem:*
> *tanto quanto as soberbas coisas ínfimas.*
>
> Barros, 2010, p. 361

Maria! Maria!

Tudo começou com a chegada de Maria. Ou melhor, eu cheguei até ela. Antivirtuosa, anjo às avessas. "Não sou simpática. Não sou amorosa. Por que você gosta de mim?". Outra vez: "Por que você gosta tanto de mim?". Porque Maria é daquelas moças, antiboa moça, antipatricinha, que mal consegue sustentar um sorriso. Rosto crispado de angústias que não se disfarçam. E se existem esforços para disfarçar... Ah! Em vão! Mas não pensem que tenho aqui a virtude do amor ao feio e ao torto e ao impuro. Maria é meu anjo torto, é verdade (um dia me falara de um quadro – de que

---

[1] Uma versão anterior deste texto foi publicada em 2000 na *Revista Percurso*, ano XIII, (25), 33-42.

gosta muito – de anjos distorcidos. Você anjo distorcido; você que disfarça sua bondade). Quando olho Maria (com todos os meus olhos, com tudo o que é possível ser visto por mim), enxergo/suspeito a beleza/a potência que é (in)visível em Maria encoberta, as forças, a beleza de turbulências e trevas.

Para mim, Maria é encantadora e tem o encanto, não de almas fáceis, mas dessas subjetividades aflitas. "Vida a vida". "Móvel mar"... Lolita maldita! O encanto vem dali onde acredito na saída ou na crença de que a crise é caminho/passagem para a não permanência no mesmo. Eu carrego a esperança que Maria mal experimenta e me alegro tanto. O encanto vem dali onde nossas juventudes se entrelaçam. Nossos 19 anos, sua juventude transviada, minha juventude quase transviada. Perdições, paz que não vem de graça, de quando se nasce e pronto. Minha adolescência veloz comparece e sua adolescência grita de dor: "Dezenove anos. Não fiz nada! Tudo errado: má aluna, má filha, má amiga. Só revolta, uma fome permanente de detonar".

E os livros que tanto lê? As músicas? Contra as formas ela se rebela. Qualquer forma aprisiona? Ódio às formas e, depois, o vazio! Por que não tem valor aos olhos de Maria a matéria informe de livros, poesias, devaneios? Os sonhos não são capital. "O que vale ser sensível? Meus amigos *gays*, amigos loucos, drogados: não há salvação!". (Calma, garota! E eu tenho de me controlar para não a devorar com cuidados e esperança e lembranças. Vai dar tudo certo, alguém já me falou um dia, e eu tento silenciar.)

Não sei o tamanho da angústia de Maria. Deve ser grande, porque a dor já se mostra no rosto. As "esquisitices internas" já se fazem visíveis nos gestos impensados, nas respostas atravessadas, nas interrupções de conversas. E sempre uma tentativa de sorriso, um esboço que não vinga, que não se sustenta. Maria. Maria é só dor. (Cuidado, vê se não a atropela com sua alegria! Calma garota, calma eu!)

Gosta muito de Clarice (Lispector) (aqui na cidade, é verdadeira raridade: uma menina com tais interesses!). Das anti-heroínas claricianas, como Joana e Sofia, Maria podia ser mais uma.

Na primeira sessão, a primeira pergunta: Você acredita em Deus? Você acredita em Deus? Em busca da fé. "Ora sou rebelde, ora visto uma saia de seda nas bodas de minha mãe. Cada hora sou de um jeito." (Mas, garota, onde a ensinaram que nós somos apenas um?)

Às voltas com sua indiferença. "Sou *má*." Sua mãe infeliz chora a juventude perdida, chora ouvindo Roberto Carlos, chora os mortos, os doentes, os infelizes. "Eu sou insensível."

A indiferença de Maria será a indiferença oculta de vulcões? Ou será mesmo a indiferença o "berçário da compaixão"?

Ajude-me a não a atropelar com meus 19 anos. Vamos aprender juntas a aguardar o sentido... Um tempo/espaço vazio, compartimento vizinho do ódio. (Ódio ao preconceito, às formas não autênticas de vida. Quando qualquer concessão às máscaras pode significar a morte.) Que eu sobreviva à indiferença e ao ódio de Maria! Que o mundo sobreviva... Que Deus Maria tanto procura?

Foi então que chegou de outro tempo (de minha própria adolescência) a lembrança de Abraxas... Esse Deus serviria para Maria?

Tudo começou...

Abraxas

> "A ave sai do ovo. O ovo é o mundo.
> Quem quiser nascer tem que destruir um mundo.
> A ave voa para Deus. E o deus se chama Abraxas."
>
> Hesse, 1968, p. 91

Meus encontros com Maria me remetem à minha própria adolescência, muito mais que qualquer outra adolescente que até hoje eu tenha atendido. Lembrei-me então de Hesse, autor que Maria não conhece. Lembrei-me de Abraxas, um deus que talvez comovesse Maria.

A melancolia de sua mãe deita-se como uma sombra em cima de sua vida. Assim repudia o bom e o piedoso, que identifica na figura materna. Abomina as sensibilidades piegas. *Hard! Punk!* Adora "Tarantino" (Quentin). "Eu sou feita de lama imunda" (Felinto, 1992, p. 55). Busca destruir o "mundo luminoso" e apropriar-se da maldade (agressividade): "minha maldade vem do mau acomodamento da alma no corpo. Ela é apertada, falta-lhe espaço interior" (Lispector, 1999a, p. 141), que sua mãe varreu para baixo do tapete da vida e mais e mais, quem sabe, as gerações que antecederam a mãe e sua própria tristeza. Destruir (até) os mundos de seus ancestrais.[2] O mundo escuro é onde se refugia com amigos dilacerados. Mundo das drogas (eventuais?!) e dos bares sujos. "A feiura é o meu estandarte de guerra. Eu amo o feio como um amor de igual para igual. E desafio a morte" (Lispector, 1998, p. 36). Chora num *show* de Marisa Monte assim como sua mãe chora com Roberto Carlos.

---

2 Neste sentido, Safra (1999) vem pensando a falha ambiental relacionando-a com a história de gerações.

"Senhas"

Eu não gosto do bom gosto

Eu não gosto do bom senso

Eu não gosto dos bons modos

Não gosto.

...

Eu gosto dos que têm fome

Dos que morrem de vontade

Dos que secam de desejo

Dos que ardem

(Calcanhoto, 1992)[3]

Renato Russo, Cazuza, Clarice, Fernando Pessoa, Adélia Prado, Fernanda Young, Arnaldo Antunes, Machado de Assis... "Beleza de escuras" (Clarice lhe diria).

Porém, no mundo dos sensíveis não haverá lugar para a alegria? Foi assim que me lembrei dos dois mundos entre os quais Sinclair, o jovem amigo de Demian, vivia:

> *Dois mundos diversos ali se confundiam; o dia e a noite pareciam provir de polos distintos. Desses dois mundos, um se reduzia à casa paterna, e nem mesmo a abarcava toda; na verdade, compreendia apenas as pessoas de meus pais. Esse mundo era-me perfeitamente co-*

---

3 Trecho da letra da música "Senhas" (1992), de Adriana Calcanhoto, lançada no álbum *Senhas*.

nhecido em sua maior parte; suas principais palavras eram papai e mamãe, amor e severidade, exemplo e educação. Seus atributos eram a luz, a claridade, a limpeza. As palavras carinhosas, as mãos lavadas, as roupas limpas e os bons costumes nele tinham centro. Nele se cantavam os coros matutinos e se festejava o Natal. Nesse mundo havia linhas retas e caminhos que conduziam diretamente ao porvir; havia o dever e a culpa, o remorso e a confissão, o perdão e as boas intenções, o amor e a veneração, os versículos da Bíblia e a sabedoria. Nesse mundo devia-se permanecer para que a vida fosse clara e limpa, bela e ordenada.

O outro mundo começava – curioso – em meio à nossa própria casa, mas era completamente diferente: tinha outro odor, falava de maneira diversa, prometia e exigia outras coisas. Nesse segundo universo havia criadas e aprendizes, histórias de fantasmas e rumores de escândalo; havia uma onda multiforme de coisas monstruosas, atraentes, terríveis e enigmáticas, coisas como matadouro e a prisão, homens embriagados e mulheres escandalosas, vacas que pariam e cavalos que tombavam ao solo; histórias de roubos, assassinatos e suicídios... enfim, por todo lado brotava e fluía esse outro mundo impetuoso, em todo lado menos em nossos aposentos, ali onde estavam meu pai e minha mãe. E isso era magnífico. Era maravilhoso que ali em casa houvesse paz, ordem, repouso, deveres cumpridos e consciência tranquila, perdão e amor...; mas era também admirável que existisse aquilo tudo mais: o estrepitoso e o agudo, o sombrio e o violento, de que se podia escapar imediatamente, refugiando-se quase de um salto no regaço maternal. (Hesse, 1968, pp. 9-10)

Maria não quer uma "bondade fácil". Até porque não pode, já que não tolera falsas soluções. Apresenta uma "moralidade feroz" (Winnicott, 2016, p. 170). Busca criar em cima do que destrói. Foi por isso que pensei em Abraxas, o deus de Demian e Sinclair, que reunia em si o mundo luminoso e o mundo escuro: "divindade dotada da função simbólica de reunir em si o divino e o demoníaco" (Hesse, 1968, p. 93). Na verdade, o que quero dizer com isso é que para Maria "construir" (ela assim se queixa, que nada faz, nada cria) teria/tem de acolher em si sua própria destrutividade. Ela não tolera deuses piegas. Que fé procura?

Segundo Winnicott, a construtividade precisa estar fundada no sentimento de culpa em relação à aceitação da própria destrutividade. Para chegar ao "Deus da bondade pura". Maria precisa atravessar o inferno de sua própria maldade e mesmo de seus não sentimentos. Para Maria, não há a facilidade da piedade, e se existe um caminho de comunicação com o outro, só pode desembocar/desabrochar na compaixão. Quando assusta/aterroriza sua mãe com sua parte maldita, é para ser aceita em sua totalidade (como diz Winnicott, os pais devem aceitar que os filhos se encontrem em sua totalidade, e não apenas em seus aspectos construtivos).

Rebelde como sua mãe fora um dia e, depois, *never more*. A rebeldia em sua mãe transformou-se em amargura: um sentimento de não existência, de infelicidade. Adeus à sensualidade.

Amor impiedoso, a destruição fazendo parte do amor. Por isso, Clarice: Maria que podia ser Sofia, que podia ser Joana, as anti-heroínas com sua "paixão pelo mal", com seu "exercício de crueldade"

(Rosenbaum, 1999, p. 45), que precisam destruir mundos (mundos luminosos? Do bom gosto!) para vir à luz.

O mal irrompe como elemento desestruturador que desorganiza forças estabelecidas, que "bagunça radicalmente coretos", que funda alteridades. E eu preciso sobreviver ao seu não sentimento ou à sua fúria ou desdém: "hoje eu não tive vontade de ir". "Por que você pergunta 'como assim?' Odeio quando fala assim: coisa de psicólogo."

O não sentir conduz a um inferno (ou outro tipo de): o de não existir e não se sentir real. Ela me oferece a música de Arnaldo Antunes e Alice Ruiz que expressa tão bem sua vivência de vazio e falta de sentido. A letra diz:

> "Socorro"
>
> Socorro, não estou sentindo nada.
>
> Nem medo, nem calor, nem fogo,
>
> Não vai dar mais para chorar
>
> Nem para rir.
>
>
> Socorro, alguma alma, mesmo que penada,
>
> Me empreste suas penas.
>
> Já não sinto amor nem dor,
>
> Já não sinto nada.
>
>
> Socorro, alguém me dê um coração,
>
> Que esse já não bate nem apanha.

Por favor, uma emoção pequena,

Qualquer coisa.

(Ruiz & Antunes, 1998)[4]

A oposição é às vezes o único recurso que se tem para se sentir existindo. Reajo, logo (parece que) eu existo. Mas dura pouco e renovam-se os ataques até que se espere tempo suficiente para atravessar/transpor a "zona de calmarias" (Winnicott, 1993c, p. 125). Segundo Winnicott, os adolescentes rejeitam falsas soluções ou "curas imediatas", em vez disso veem-se obrigados a "transpor uma espécie de zona de calmarias, uma fase em que se sentem fúteis e ainda não se encontraram" (p. 122). Os pais e a sociedade não podem se apressar e tentar curá-los "de sua adolescência".

É preciso tempo.

Penso que Maria tentou várias soluções, como sua casca áspera e dura, para evitar a catástrofe.

O colapso

Noites sem dormir. Dias sem fome. Angústia, medo de multidão, falta de ar, medo de... medo de... e "medo puro". Choro compulsivo sem motivo. Um grande susto: "Nunca me aconteceu isso! Não sei por que choro sem motivo". No meio do filme *De olhos bem fechados*, pânico. "Acho que vou morrer", implora aos pais que a levem ao hospital. Alguém sugere que vá a um psiquiatra, que tome remédio. Ela quer diminuir a dor. Os cuidados da mãe (que está apavorada) a tranquilizam um pouco. Aos poucos a dor ganha

---

4 Com letra de Alice Ruiz, a música "Socorro" (1998) foi lançada no álbum *Um som*, de Arnaldo Antunes.

um contorno; a agonia, pensável. Não é mais possível espernear no colo como sempre. Está cansada (como Clarice no vídeo que tanto a emocionou). Teme enlouquecer. A mãe, por sua vez, busca desesperadamente oferecer aquilo que Maria necessita.

Para Winnicott (1993b):

> *a organização que torna a regressão útil se distingue das outras organizações defensivas pelo fato de carregar consigo a esperança de uma nova oportunidade de descongelamento da situação congelada e de proporcionar ao meio ambiente, isto é, o meio ambiente atual, a chance de fazer uma adaptação adequada, apesar de atrasada. (p. 466)*

Penso que Maria está se/nos dando uma chance de tentar oferecer um cuidado adequado.

A falência das defesas, das forças falseadas

Numa de suas noites de terror (Por que à noite o pavor? – "O entardecer é o desembocar de todas as ausências" (Felinto, 1992, p. 54)), vai com sua grande amiga dormir na casa dos pais num casebre (de chão de terra) e lá recomeça o pânico. A mãe da menina – "Gostei tanto dela, eles são simples, sabe?" – lhe oferece chá de erva-cidreira e explica que é calmante. (Até então falava: "Nada me acalma, 'Olcadil' pra mim é igual a água".) Tranquiliza-se. Agora, aonde vai, leva um pacote de chá de erva-cidreira.

Volta e meia fala: "Eu quero pouco, eu quero o simples. Um dia meu tio perguntou: 'O que você pedir de aniversário, eu compro'.

Mas eu não quero, quero apenas que você veja algo e pense 'isso parece com Maria'". É o gesto necessário e exato que procura. A falha da analista ocorre principalmente quando não corresponde à sua fome do essencial. "E quando ela, muito apropriadamente, 'debocha' de mim, de qualquer coisa que 'não cheire a verdadeiro'..." Se me equivoco e sou desastrada nos gestos, desperdiço seu pedido: "O que eu quero é muito mais áspero e mais difícil: quero o terreno" (Lispector, 1994, p. 188).

Pede sessões extras. Chega ferida, quase mansa, suas unhas-garras não mais arranham, chora e diz que nunca falou "eu te amo" ou "eu gosto"; sabe de sua própria aspereza. Numa tentativa de conviver com o "mundo luminoso" vai a um churrasco com "pessoas normais". O incômodo de conviver não é porque os outros, aqueles do "mundo luminoso", são babacas. Por trás do sentimento de superioridade: "Dói porque eles experimentam uma coisa que eu não conheço: felicidade". É como se dissesse: "Eu sou humana, cara!".

De que você pensa que são feitas as minhas mãos? De ferro? De madeira? De cimento? Elas são feitas de carne, cara. Eu sou humana, cara. Devo gritar isso? Sou humana. Está me ouvindo? Sou humana. Minhas mãos são feitas da carne que dois pregos podem atravessar furando buracos a caminho da madeira da cruz. Minhas mãos são feitas da carne que ejacula sangue, sou humana, cara. (Felinto, 1992, p. 62)

O mundo apresentado a Maria foi/é um mundo inóspito, cruel, uma vida sem brilho, onde o desencanto é o único horizonte possível. O processo de desilusão, longe de ter sido lento e gradativo, desenvolveu-se veloz e absoluto. Se o pânico corresponde a "um estado psicopatológico que se instaura quando não houve as condições para uma subjetivação tolerável da condição fundamental de desamparo" (Pereira, 1999, p. 370), no plano da articulação simbólica, um ataque de pânico estrutura-se como um pedido transcendente de amor, dirigido a "Outro idealizado e onipotente, colocado numa posição divina que garantiria pela sua ternura a proteção do sujeito contra o desamparo" (p. 370).

Ela escreve e me dá:

Pânico

Hoje minha respiração parou

momentaneamente

e nos dois segundos em que chorei

por falta de vida

A morte dolorosa que imaginei não

aconteceu

Por duas vezes eu perdi o sol

a chuva que caía

perdi a batida lenta do meu

coração

A batida dos carros na esquina

Deixei de ver o momento

e só senti a escuridão

e a escuridão não tem cheiro

de flores
apenas dois segundos
e vinte anos se passaram
Como se não pudesse viver mais
vinte anos
e vinte anos de existência
eu perdi durante dois segundos
não sorri com a passagem da menina
não sofri com a falta do menino
não consegui ver da janela
a bicicleta que corria
e os dois segundos se passaram
e eu tive mais dois segundos para viver.

Quando perguntei se podia incluir o poema "Pânico" num trabalho, ironicamente me questionou: "Por quê? Se você tem a Clarice?". Flor de cactos, pensei.

Mãe perua – filha trash

Pereira (1999) adverte que a noção de desamparo não deve deixar de fora a dimensão sexual: a crise de pânico emerge no encontro com a falta de garantias frente à própria pulsionalidade.

Uma das grandes questões/dores da mãe de Maria está ligada ao não vivido no plano sexual. Na juventude, linda e vista como puta por sua própria mãe. Depois engorda e lamenta o tempo perdido, o amor não encontrado, o casamento vazio, sem emoções. A filha, de seu lado, que nunca se apaixonou, que se deita e depois nem lembra que sexo existe.

O morrer em vida de sua mãe cai sobre sua vida, e Maria se sente sufocada, desaprovada em seu estilo quando a mãe insiste: "Coloque um batom. Parece uma mendiga". Ao menos, os anéis, vários, que brilham nos dedos. Único luxo? A mãe que a sufoca com tantos presentes que nunca usará, apenas os anéis. Sua mãe que queria ser "perua". Fica confusa por causa do ódio à mãe, já que esta é tão presente e quer tanto que ela fique bem. Mas não sabe como. (Com carro novo? Roupas? Livros? Anéis?)

Idas e vindas na relação com a mãe. Confrontos violentos. Por que não é possível ser igual às outras garotas? Por que os amigos não podem ser normais? E Maria fica entre a culpa e a insistência aflita. Não é uma busca qualquer: é a obstinada e desesperada busca – de arrancar da mãe o direito de ser ela própria.

E o pai? Tudo sobre a mãe. Quase nada sobre o pai.

Saudade[5]

Maria observa o mundo com um olhar de estranhamento. E esse olhar, que já existia na infância (do pouco que se lembra dela), acentua-se na adolescência – tempo em que desembocam as angústias (e as ausências). (O uso frequente dos óculos escuros ocultando o olhar terrível!) Olhar de asco diante do não humano. Então o impasse: entre a necessidade (por vezes desesperada) de entrar no mundo e o temor de perder esse olhar/lugar profundamente

---
[5] Reflexões enriquecidas por observações de Safra feitas em aula (23 de setembro de 2000).

ético. Será possível acontecer no mundo e experimentar a alegria sem que se traia a sua fome do essencial, sem que se perca a delicada escuta de qualquer grito parado no ar? Na parede do quarto, *O grito* (de Munch). O grito. Na parede do quarto fotos e fotos e fotos das "pessoas especiais" que a ajudam a sair do isolamento. Com eles e elas, dialoga sobre a miséria humana e as alegrias possíveis.

Quando partem, o despencar no vazio. Para onde as pessoas vão quando partem? *Por que te vas?* A pior dor, a dor que mais dói, é a saudade. Ah... Como é lindo o que Clarice diz... (Os dois portais por onde Maria entra no mundo: pela ética e pela beleza. Às vezes, beleza terrível.)

> *Saudade. Saudade é um pouco como fome. Só passa quando se come a presença. Mas às vezes a saudade é tão profunda que a presença é pouco: quer-se absorver a outra pessoa toda. Essa vontade de um ser o outro para uma unificação inteira é um dos sentimentos mais urgentes que se tem na vida.* (Lispector, 1999b, p. 106)

Enquanto espera, a companhia da poesia...

> *Eu sempre sonho que uma coisa gera,*
> *nunca nada está morto.*
> *O que não parece vivo, aduba.*
> *O que parece estático, espera.*
>
> Prado, 2016, p. 22

Tem sido na companhia dos poetas, da literatura, dos filmes, de alguns poucos amigos (tão perdidos e sensíveis quanto ela) que

Maria encontra interlocução. Como diz Safra, o rosto humano não é para ser encontrado apenas na mãe, mas ainda na cultura, no mundo, no social:

> *Há pacientes que vivem na queda de si mesmo e na queda do mundo. A poesia tem um valor semelhante ao ícone: devolve o rosto humano ao ser humano. É possível encontrar um poeta (como Fernando Pessoa ou Clarice) antes de encontrar alguém como interlocutor. É uma estética que revela o ser.*[6]

Safra (1999), em seu livro *A face estética do self: teoria e clínica*, enfatiza o estético – o sensorial –, "objetos na sua materialidade, e nas suas formas, os corpos, os gestos, as dimensões do mundo – tempos, espaços, sons, cores, movimentos, ritmos – são tratados como as raízes e os ingredientes básicos de processos de constituição do *self*" (p. 11). O autor ali esclarece que utiliza o termo estético:

> *para abordar o fenômeno pelo qual o indivíduo cria uma forma imagética, sensorial, que veicula sensações de agrado, encanto, temor, horror, etc... Estas imagens, quando atualizadas pela presença de um outro significativo, permitem que a pessoa constitua os fundamentos ou aspectos de seu self, podendo então existir no mundo humano. (p. 20)*

Se a linguagem discursiva é tão valorizada no mundo ocidental e na psicanálise, há também uma evolução do objeto sensorial ao longo do processo maturacional:

---

6 Safra, em palestra ocorrida em 2 de outubro de 1999.

Há o objeto subjetivo, que inicia a constituição do self; o objeto transicional, primeira possessão não eu; o objeto de self; articulação simbólica de um estilo de ser; o objeto de self na cultura, conectando o sujeito à história do homem; o objeto de self artístico-religioso, apresentando o vértice estético e sagrado e inserindo o homem na atemporalidade da experiência humana. (Safra, 1999, p. 30)

Maria e eu temos trabalhado principalmente em torno de objetos da cultura (Safra, 1999, p. 22) compartilhados por nós duas – nos quais ela se ancora, dando um uso pessoal e, dessa forma, sendo-lhe possível aos poucos tomar contato com sua capacidade criativa. Lugares-espaços-objetos que amenizam a dor do exílio e lhe dão a sensação de "pensei que até pode ser que a vida valha a pena". Se, porventura, à mãe não foi possível devolver um olhar humano, os objetos da cultura a refletem.

Isso é tão urgente, que aquilo que não a reflete é repudiado!

Embora interpretações verbais sejam feitas, esse espaço de encontro se dá muito mais em torno desses objetos. Sendo assim, a sessão se apresenta mais como um espaço de experiência que de deciframento. Uma vez que o encontro se dá em torno principalmente de objetos materiais, as interpretações acontecem, na verdade, focando aqueles aspectos do *self* que são refletidos pelo objeto. Já os lugares-pessoas-objetos que não a espelham são vividos como não lugares, espaços de abandono e desamparo.

O que eu posso lhe oferecer e o que ela necessita de mim?

Não é qualquer coisa: os cacoetes/códigos predefinidos são desmontados com ironia, sem dó. *Rumble Fish*, que não pode ser aprisionado, que desliza num *setting* criado a dois, cheio de portas e janelas, com espaço para silêncios e não comunicação.

Se ela está na porta do mundo, não sou eu que tenho a chave, estou ali como (mais um) "representante da humanidade", sou alguém com quem é possível dialogar. Buscamos juntas compreender seus movimentos e não movimentos aflitos; porém, se o sentido não vem, o melhor é aguardar lendo Adélia Prado ou "praticando silêncios" (não, não – são os silêncios que nos praticam parodiando Manoel de Barros).

É assim que Maria e eu nos comunicamos em torno do espaço potencial/zona de sonho em que circulam sentidos, objetos compartilhados, livros, textos, discos de Renato Russo, filmes, Adriana Calcanhoto, "cores de Frida Kahlo", "cores de Almodóvar". Um dia, conversando sobre o filme *Cria cuervos*, comentei que gostava muito da cena em que a pequena Ana dançava uma música, que eu tinha o disco e o havia perdido. Ela me presenteia com a notícia de que o Pato Fu (!!!) havia gravado tal música e me oferece uma fita cassete.

São oásis. Brechas num mundo não humano, possibilidades sagradas/preciosas de comunicação.

Ana-Maria-eu na dança da dor da perda do amor. Dança de tempos sobrepostos, almas entrelaçadas: chora-se a morte da mãe/ do pai e do amante que partiu ou que um dia quem sabe partirá:

"Porque te vas"

Hoy en mi ventana brilla el sol

Y el corazón

se pone triste contemplando la ciudad

Porque te vas

Todas las promesas de mi amor se irán contigo
Me olvidarás
Me olvidarás

Junto a la estación lloraré igual que un niño
Porque te vas
Porque te vas
(Perales, 1974)[7]

Enfim, compaixão

Comecei a escrever sobre Maria pensando em compaixão. Por quê? Suas queixas de indiferença, ou de maldade, ou de uma sensibilidade não voltada para o fácil me fizeram lembrar o caminho de construção de minha própria compaixão. Também constituída na travessia de desertos de vazios ou vulcões de raivas e desamores. Compaixão que não exclui negativos. Este texto é também um passeio/revisitação aos objetos que me fizeram companhia na minha travessia adolescente.

Se podemos falar de virtudes necessárias à clínica, a compaixão é das mais fundamentais? Não aquela que é puro sentimentalismo, piedade ou compaixão vedante (que Dolto diferencia de compaixão estruturante),[8] mas que se sustenta na identificação com o outro, em sua totalidade (incluindo os aspectos destrutivos):

---

7 Com letra de José Luis Perales, a música "Porque te vas" (1974) foi gravada por Jeanette e lançada no álbum *Porque te vas*.
8 Dolto (2007, p. 167) fala de "compaixão vedante" e "compaixão estruturante". Compaixão vedante seria aquela "regressivadora", que quer poupar o outro de

"A compaixão é a simpatia na dor ou na tristeza, em outras palavras, é participar do sentimento do outro" (Comte-Sponville, 1999, p. 117).

Diferente da piedade que ressalta a insuficiência de seu objeto:

> *a compaixão, é um sentimento horizontal, só tem sentido entre iguais, ou antes, e melhor, ela realiza essa igualdade entre aquele que sofre e aquele (ao lado dele, e portanto, no mesmo plano) que compartilha do seu sofrimento. Nesse sentido, não há piedade sem uma parte de desprezo; não há compaixão sem respeito.*
> *(Comte-Sponville, 1999, p. 127)*

A compaixão liga-se com um "respeito fundante" (não moral) pela singularidade da natureza humana que aí está. A compaixão permite a passagem da ordem afetiva à ordem ética.

"Compadece-te e faz o que deves" – passa-se assim da ordem do sentimento ao "que devemos". E se pensamos que em relação ao que devemos – em outros tempos/termos – precisamos falar em técnica, aqui eu penso em ética. Não é um dever senti-la (a compaixão), mas desenvolver em si a capacidade de senti-la.

No dizer de Dolto (1989):

> *A ética do humano, na medida do seu desenvolvimento, leva-o a identificar-se com todos os seres da criação. A ética não é a moral. A moral é um código de comportamento; a ética sustenta uma intenção na sua mira, ela é o desejo e o sentido que dele decorre. A moral, seja ela*

---

seus próprios sofrimentos, diferente da outra que implica em estar ao lado, a partir de uma identificação que não seja via culpa.

aplicada de forma agradável ou desagradável, seja ou não nociva para outrem, provém de pulsões. A ética é assunto do sujeito, a moral é assunto do ego; o sujeito funda-se sobre o simbólico, enquanto que o ego está no Imaginário, está a serviço do funcionamento. (p. 112)

Essa compaixão-nossa-de-cada dia que não pode ser desencarnada, como o "amor que não é puro sentimentalismo" (Winnicott, 1993a, p. 352), que se nutre na própria dor e maldade. Que é tolo se não se enraíza na história pessoal (do ódio e do amor). Compaixão resultante do acolhimento dos vários outros de si mesmo. E só assim.

Novamente recorro a Dolto (2007):

Para "fazer o bem que se deseja", é necessário poder falar de seu desejo de mal. Aliás, é isso que a cultura faz, em seu conjunto. Ela permite satisfações imaginárias (arte, literatura, esporte, ciência) e dá apaziguamento aos desejos, ao mesmo tempo que permite um enriquecimento de trocas na sociedade. Há no ser humano contradições, e todo desejo precisa poder ser falado. Há a realidade, há o imaginário, e também há essa vida simbólica que é o encontro de um outro com quem nos compreendemos, e com quem não estamos mais totalmente sozinhos diante de nossas contradições internas. (p. 169)

Tempo

> "Monte Castelo"
> *Ainda que eu falasse a língua dos homens*
> *E falasse a língua dos anjos*
> *Sem amor eu nada seria*
> Russo, 1989[9]

Logo Maria completa 20 anos. Feliz aniversário, Maria! E eu, quarenta: *"Quarenta anos: não quero faca nem queijo. / Quero a fome"* (Prado, 2016, p. 155).

Vou parando por aqui e seguindo o conselho de Maria, revisito Clarice, que em sua crônica "Mineirinho" diz:

> *Já era tempo de, com ironia ou não, sermos mais divinos; se adivinhamos o que seria a bondade de Deus é porque adivinhamos em nós a bondade, aquela que vê o homem antes de ele ser um doente do crime. Continuo, porém, esperando que Deus seja o pai, quando sei que um homem pode ser o pai de outro homem.* (Lispector, 1994, p. 186)

---

9 Com letra de Renato Russo, a música "Monte Castelo" (1989) foi inspirada na primeira epístola de São Paulo aos Coríntios e no poema "O amor é fogo que arde sem se ver", de Luís de Camões. A canção foi lançada no álbum *As quatro estações*, da banda Legião Urbana.

Referências

Barros, M. (2010). *Poesia completa*. São Paulo: Leya.

Comte-Sponville, A. (1999). *Pequeno tratado das grandes virtudes*. São Paulo: Martins Fontes.

Dolto, F. (1989). *Dialogando sobre crianças e adolescentes*. São Paulo: Papirus.

Dolto, F. (2007). *As etapas decisivas da infância*. São Paulo: Martins Fontes.

Felinto, M. (1992). *As mulheres de Tijucopapo*. Rio de Janeiro: Editora 34.

Hesse, H. (1968). *Demian: história da juventude de Emil Sinclair*. Rio de Janeiro: Civilização Brasileira.

Lispector, C. (1994). *Para não esquecer*. São Paulo: Siciliano.

Lispector, C. (1998). *Água viva*. Rio de Janeiro: Rocco.

Lispector, C. (1999a). *Um sopro de vida: pulsações*. Rio de Janeiro: Francisco Alves.

Lispector, C. (1999b). *A descoberta do mundo*. Rio de Janeiro: Rocco.

Pereira, M. E. C. (1999). *Pânico e desamparo*. São Paulo: Escuta.

Prado, A. (2016). *Poesia reunida* (2a ed.). Rio de Janeiro: Record.

Rosenbaum, Y. (1999). *Metamorfoses do mal: uma leitura de Clarice Lispector*. São Paulo: Universidade de São Paulo/Fapesp.

Safra, G. (1999). *A face estética do self: teoria e clínica*. São Paulo: Unimarco.

Winnicott, D. W. (1993a). O ódio na contratransferência. In *Textos selecionados da pediatria à psicanálise* (pp. 341-353). Rio de Janeiro: Francisco Alves. (Trabalho original publicado em 1947.)

Winnicott, D. W. (1993b). Aspectos clínicos e metapsicológicos da regressão dentro do *setting* psicanalítico. In *Textos selecionados da pediatria à psicanálise* (pp. 459-481). Rio de Janeiro: Francisco Alves. (Trabalho original publicado em 1954.)

Winnicott, D. W. (1993c). Adolescência: transpondo a zona das calmarias. In *A família e o desenvolvimento individual* (pp. 115-127). São Paulo: Martins Fontes. (Trabalho original publicado em 1961.)

Winnicott, D. W. (2016). A luta para superar depressões. In *Privação e delinquência* (pp. 163-175). São Paulo: Martins Fontes. (Trabalho original publicado em 1963.)

A cor da ausência[1]

> *O entardecer é o desembocar de todas as ausências.*
> *É o vento soprando saudades e dores.*
> *Não sei como ainda não morri.*
> *Mas estou morro não morro.*
> *E acho que é mesmo no entardecer*
> *Que desemboco a morrer,*
> *Cada tarde um bocado.*
>
> Felinto, 1992, p. 54

Quem imaginaria que aquela moça linda, de olhos azuis e louros cabelos pudesse esconder lavas de incêndios de dor e angústia? Quem poderia supor que o azul dos olhos não favorecesse a visão da vida, a cor da vida? E que o azul fracassasse em oferecer um colorido qualquer, discreto que fosse, rala cor, não importa? Rala cor que, pintando os recantos onde se pudesse caminhar lentamente,

---

[1] Uma versão anterior deste texto foi publicada em 2008 na *Revista Percurso*, ano XXI, (41), 37-46.

mesmo que fosse com uma dose de tristeza sempre presente. Mas nunca, nem discreta cor, nem cor pastel, nem pálidos tons.

Pensarão: viam o cinza os tais olhos azuis? O negro de um temporal de céu rasgado de nuvens de feriado chuvoso?

Tão distante do colorido da vida, como diria Winnicott (1993): nem bolhas de sabão nem arco-íris. Não teria o pai a jogado para o alto, oferecendo-lhe assim a experiência de jubilo? Mas, ao contrário, era o cair para sempre que a ameaçava. Não terá a mãe ido ao seu encontro, possibilitando-lhe a ilusão? Ilusão de que encontramos aquilo que criamos. Entretanto, longe da ilusão, era o inferno que habitava. Enganam-se os que pensam a cor do inferno negra ou cinza ou outros tons aproximados. Esse tipo de inferno que ela escavava dia a dia para do fundo sair, onde lascava as unhas arranhando o reboco e comia os restos como quem sofre de vermes – esse tipo de inferno tinha a cor da ausência.

Podem pensar que é branca a cor da ausência. Não, a cor da ausência só ela tem: é uma cor que sofre, que não se nomeia, que não se aproxima de cor nenhuma jamais conhecida.

A cor da ausência vem do oco da pessoa, não das vísceras nem do vermelho sangue de órgãos à mostra de corpo largado à mesa fria. O oco do corpo tem gosto de vazio – dos mais terríveis que se possa experimentar –, porque assim fora exposto o ser quando ainda não estava lá. Assim o vazio ficara lá, no interior do ser, como um corpo estranho, alienígena à natureza humana.

A cor da ausência faz o corpo dobrar-se sobre si mesmo, procurando onde habita o vazio: quem sabe no centro? Mas a ausência mora em lugar nenhum. Quem dobra o corpo em dois sofre de dor presente, de gritos mesmo que calados. É no corpo imóvel que a ausência dá seus sinais, no sorriso que nunca vem e, se vem, pouco dura ou mal se sustenta, nos olhos secos e vazios. Por mais lindos que sejam, por mais azuis.

O *tsunami* de agora veio se formando desde a infância – porque assim acontecem a maioria dos *tsunamis* e porque toda infância arrasta sóis e sombras. Algumas infâncias de rios turbulentos arrastam mais sombras – devo ressaltar. Não consigo supor uma infância em que a pessoa, ou melhor, o pequeno ser venha crescendo somente com suas forças. O entorno precisa estar lá, sustentando, evitando o ser perdido no espaço, exposto assustadoramente às leis da gravidade. Nesse início somos tão frágeis, sujeitos a fendas, fraturas, falhas relativas (aquelas que nos auxiliam a prosseguir) ou absolutas (aquelas que são capazes de nos fazer aproximar das agonias impensáveis). Nessas circunstâncias, quantos de nós não arrastam infâncias sombrias, *tsunamis* adiados. Nem sempre a tristeza segue à mostra; muitas vezes o colapso – *tsunami* – estará oculto no correr de uma vida tediosa ou em um rosto suave ou alegre ou eufórico ou bem-sucedido. Mas o anúncio de todo *tsunami* – poucos sabem – é o recuar imponente do mar, a maré baixa promissora de águas cristalinas, oferecendo águas rasas de corais à mostra.

Entretanto, tanto recuar das águas e tanta generosidade são puro engano, e os que conhecem as artimanhas do mar sabem que ondas gigantescas vêm, derrubando além das margens e engolindo as terras, poupando apenas os moradores das montanhas.

Não posso deixar de imaginar a mente atormentada com todas as turbulências, enormes ondas às quais não sobrevive de tão ocupada de *tsunamis*. Um após o outro, com pausas e promessas de dias idílicos e a volta de mais uma traição da natureza.

O longo recuar das águas veio da infância quando a menina se retraía mais que concha, em estado de silêncio que depois saberíamos de águas ameaçadoras. Um retraimento que se traduzia como timidez ou retrato da boa moça, os moletons ou mais tarde as golas *roulé* escondendo o convulsionar da angústia abaixo das roupas. Anos e mais anos de submissão, de ficar à mercê dos adultos e de suas histórias que não estava preparada para ouvir. A mãe (como objeto externo) lhe aparece precocemente, fora do alcance de seu gesto em ânsia de criá-la. O gesto cai no vazio. A espontaneidade cede lugar à desesperança. Capitula para ser aceita. A mãe debruça-se sobre a filha. Ah! Não pensem que em estado de devoção absoluta, mas em olhar pedinte. Também tem olhos azuis a mãe de Ariadne e lhe pede socorro atormentadoramente. A mãe roubou seu sorriso.

Depois vieram os anos de rebeldia. Desastrada. Mas todo repúdio traz um tanto de desastre e a recusa de minha jovem paciente não poderia vir mansa. Colocar abaixo anos de submissão. Quebrar copos, xícaras, lançar ao espaço sua baba ardente de ódio, porque fora oferecida em sacrifício à loucura dos pais... Porque a loucura dos pais deita-se como um manto ardente sobre o corpo jovem, e não é nada fácil ser feliz ou livrar-se de sua própria loucura, se os pais permanecem em seu cenário de insanidade... Mas viera todo o esforço para desfazer-se da submissão: o desfazer do encobrir das roupas, da sexualidade guardada, o mostrar em desespero o corpo. Porque sempre oscilou; se tentassem dar um nome à sua imprecisão e se não suportasse, com razão, tanta rebelião; era a busca por um mar confiável, por uma terra estável capaz de sossegar seus pés inquietos. No olho do furacão, entre a tristeza e o desvario, a calmaria e o mar revolto, mora a busca por equilíbrio. Sempre me falou da necessidade de seu equilíbrio:

Numa disciplina constante procuro a lei da liberdade medindo o equilíbrio dos meus passos.

Mas as coisas têm mascaras e véus com que enganam, e,

quando em um momento espantada me esqueço,
a força perversa das coisas ata-me os braços e atira-me,
prisioneira de ninguém mas só de laços,
para o vazio horror das voltas do caminho
(Andresen, 2003, p. 22)

Foi em uma foto de Ariadne pequena que eu vi confirmadas sua beleza e a tristeza de seus olhos. Atravessara a infância ouvindo as dores da mãe, tal qual um bebê sábio ferencziano – dores em função de um casamento atormentado com um marido enlouquecido. Ariadne fazia par com a mãe, depositária de seus lamentos. Quando a separação dos pais parecia prestes a acontecer, o casal voltava a juntar-se. E Ariadne retornava à sua solidão sem nome. Nunca a chamaram pelo nome? Nunca a chamaram "linda!"? Ficava ali, rosto suspenso, despido e permeável. Ali lhe faltara um olhar que a devolvesse a si mesma. Diga-me: em que espelho perdeu sua face?

Osmose lenta...

Rosto desfeito,

Rosto sem recusa onde nada se defende,

Rosto que se dá na angústia do pedido,

Rosto que as vozes atravessam...

(Andresen, 2003, p. 93)

Ficara ali, rosto à espera, boca aberta à disposição do próximo pedido materno – era assim que a troca se dava, não pelo olhar da mãe que a devolvesse como pessoa, não pela voz do pai que a chamasse com a ternura dos pais dedicados comuns. Sua boca aberta carente de amamentar- se, com o tumulto que a mãe lhe oferecia antes que o casal se voltasse ao próprio convívio e deixasse à margem seu rosto esquecido.

Não era a mãe que se perdia; mas o tormento com que era alimentada. O pai louco arrancava a mãe para sua rede de cacos e roubava da filha o seu olhar. Vozes de angústia recebia a pequena, choros de imensa tristeza testemunhava, encostada que ficava no quarto trancado da mãe em depressão, desesperada com as inúmeras tentativas de suicídio. Sem contar o caos que o casal impunha, percorrendo com suas brigas infernais os cômodos da casa. E o pai louco enredado por suas graves oscilações de humor e por seus livros de mente brilhante.

Ariadne me contava sobre sua sensação de nunca ter sido vista – nem bebê, nem criança, nem jovem. Como diz Winnicott (1975b):

> O que vê o bebê quando olha para o rosto da mãe? Em outros termos, a mãe está olhando para o bebê e aquilo com o que ela se parece se acha relacionado com o que ela vê ali... Entretanto, isso não é tão evidente assim – e se o bebê cuja mãe reflete o próprio humor dela ou, pior ainda, a rigidez de suas próprias defesas. Em tal caso, o que é que o bebê vê? (p. 154)

Nesses casos os bebês não se veem a si mesmos. O rosto da mãe não constitui um espelho. A capacidade criativa começa a atrofiar--se e a percepção toma o lugar da apercepção. Isso se estende em termos da criança e da família.

Continuando com Bollas (2003): "E se o *status* essencial deste objeto primário estiver calcado menos em seu caráter especular do que no tumulto emocional que ocorre no *self* quando se o tem em mente?" (p. 6). Nesses casos, o objeto primário não se apresenta como figurativo, mas como a própria disrupção – representado como tormento emocional. O objeto apresenta-se temido, entretanto, inevitavelmente desejado, já que permanece sendo o objeto primário.

Ariadne, sempre perturbada pelo ambiente, alimentada pelos esvaziamentos/evacuações dentro dela – segundo Bollas, experimentando o objeto primário como um repetido efeito dentro do *self*, não como um fenômeno especular a ser introjetado como parte do desenvolvimento normal. Quando alguma emoção insinua a presença desse objeto, o *borderline* é sempre tentado a encontrá-lo intensificando um objeto comum, transformando-o em uma experiência perturbadora.

Tal efeito maternal não informa o *self* de uma maneira alimentadora, que deveria funcionar inconscientemente comunicando o próprio idioma por meio de seu discreto efeito no inconsciente do outro. Destituído dos essenciais e acumulativos *desenhos* do desejo maternal que deveriam formatar e estruturar as necessidades do bebê em uma sensibilidade com um futuro, o resultado é de puro caos.

Colapso

> *Eu só quero silêncio neste porto*
> *Do mar vermelho, do mar morto*
> *Perdida, balouçar*
> *No ritmo das águas cheias*
> *Quero ficar sozinha neste espanto*
> *Dum tempo que perdeu a sua forma*
> *Quero ficar sozinha nesta tarde*
> *Em que as árvores verdes me abandonam*
>
> Andresen, 2003, p. 52

Se antes era o recolher das águas, como já dissera, o primeiro *tsunami* aconteceu – imprevisível, nunca anunciável.

Numa viagem, num encontro efêmero de uma semana, engravida de um rapaz que nunca conhecera. A grávida transforma o mar morto onde parecera buscar silêncio e porto num oceano de águas cheias e tenebrosas. O pai enfurecido quer o aborto; Ariadne até hoje, com um filho de 13 anos, não entende: por que teve? Por que não abortou? A gravidez – escolha incompreensível para ela – fora vivida como inferno: o pai maldizendo a filha, a mãe ao lado do pai. Não há palavras para descrever o castigo imposto pelo pai e pela pequena cidade interiorana. Quando nasceu o bebê, queria-o de volta à barriga; não por amor a ela, mas pela visão do filho não desejado. Outro inferno se inicia: "Como não sabia quão terrível era ter um filho?!". Os primeiros meses foram sem ajuda da mãe. Ainda hoje afirma: "Ele é um peso para mim. Jamais deveria tê-lo tido". Desejar colocar para dentro aquele pedaço de vida – extensão sua. O que lhe oferecer? Pedaço de vida, que denuncia movimento, mas onde vê pura ausência e maldição.

Sozinha, sem a anuência do pai da criança, quase adolescente – não tem um filho para criar, mas um peso a carregar. Quando o menino completa 2 ou 3 anos, conheço Ariadne. Finalizara a faculdade e voltara para a cidade de origem para trabalhar com o pai na mesma profissão. Saíra de uma depressão que julgara branda, mas chegava aflita – com a criança, o pai, a cidade. Chega a mim uma moça séria, tímida, sempre com golas *roulé*, angustiada em relação a como seria trabalhar com o pai. Foi um caminho que trilhamos juntas: sua paixão pelo pai, sua gradativa aproximação, a busca por reconhecimento e aceitação. A relação com o pai sempre distante agora ganhava intimidade.

Simultaneamente ao abandono das golas *roulé*, é tempo de desvario, o mergulho nas baladas, o uso exagerado de álcool, a amnésia alcoólica. O filho impedindo que caísse mais na noite, que vivesse o que achava que não vivera, que transasse com tantos, que sofresse por outros. Nessa fase também tinha muita vergonha de ser mãe solteira, de comparecer às festinhas na escola, de nunca encontrar um namorado que prometesse abrigo para ela e para o filho.

Nas baladas saía à busca do homem – porto e fonte de alegria – que a salvasse da solidão e da perdição. Entretanto, apenas ressaca, cama vazia, sonhos desfeitos. No trabalho, enorme exigência em proceder com perfeição, o tormento de se sentir sufocada pelo número de horas e pela necessidade de se mostrar boa profissional.

Nessa fase, há sete anos, não senti o não ser de Ariadne que hoje vejo tão presente, sua ausência de si mesma, o *rosto suspenso, despido e permeável*. Havia uma espécie de consistência – podia tocá-la, senti-la; ela poderia estar mesmo apenas cheia de ar, mas parecia que existia.

Depois de algumas paixões não correspondidas, relacionamentos desfeitos, Ariadne encontra um companheiro aparentemente tranquilo, bonito, doce, apaixonado. Em alguns meses estão morando juntos. Em alguns meses o inferno começa. Ele, quieto, passivo, recebe as brigas, xingamentos, insatisfação de sua parceira. Qualquer desatenção não era uma gota d'água – era uma pororoca, um *tsunami*, catástrofe, desastre. O *negativo* surgira. Era ali no tormento e/ou no negativo que Ariadne existia. As qualidades positivas do marido não se apresentavam, era – como dizia Winnicott – o negativo dele o mais real que ela possuía.

Nas palavras de Green (2003):

> *tudo o que se refere a uma falta ou lacuna: ausência de memória, ausência na mente, ausência de contato, ausência de sentir-se vivo – todas estas ausências podem ser condensadas na ideia de falta ou lacuna. Mas essa falta ou lacuna, em vez de se referir a um simples vácuo ou a algo que está faltando, torna-se o substrato para o que é real. (p. 74)*

Segundo Winnicott (1975a): "a coisa real é a coisa que não se encontra ali" (p. 41). Com a convivência com o companheiro, surge com todas as forças o valor do negativo e do tormento no existir de Ariadne. Falta, logo existo. Se existe o inferno, logo existo.

Mais ou menos nessa ocasião percebi sua oscilação de humor, a experiência de qualquer afeto como irritação. Era visível no trabalho e na relação com o companheiro. Decepcionada ante qualquer suposta desatenção ou outros sentimentos, surgiram ira e fúria.

Segundo Bollas (2003):

> *Pensemos em como as pessoas* borderline *desmoronam em pedaços. Elas parecem psiquicamente propensas a*

acidentes, ainda que lançadas ao tormento pela aparente falta de sensibilidade do outro. E se, para elas, o objeto primário operar através deste tipo de acidente? E se, por qualquer motivo, o bebê ou a criança experimentou a mãe como um movimento disruptivo, posteriormente apenas reconhecível como uma transformação negativa do self? Um acidente na substância? Se for assim, o objeto de apego é o rastro emocional profundamente perturbado do outro, que abarca o terror, a raiva e ódio destrutivos despertados no self *borderline; uma angústia persecutória que, além disso, liga o* self *e seu objeto efetivo no momento através de um combate psiquicamente indistinguível de forças negativas. (p. 8)*

A essa altura, as depressões se repetiam, com a fúria completando a paisagem. Os tormentos eram relacionados ao trabalho, aos estudos e, especialmente, ao companheiro. O mundo era mau, eles (os perseguidores) proliferavam: rodízio de inimigos. É claro que eu entrava na roda desse mundo cruel, também volta e meia era um daqueles que a abandonavam, que a torturavam com sua incompreensão e ódio. Volta e meia eu entrava na roda e precisava sobreviver. Precisava estar lá com meu corpo presente, recebendo seu corpo de ódio; nunca meia-volta – precisava estar lá. Também nesse redemoinho de angústia e perseguição, quantas vezes eu não via entrada – quantas vezes a verdade de que o mundo não é tão mau, que o mundo também é bom precisaria ser enunciada de forma tal que a derrubada do edifício de ira e de olhos sombrios que a sustentava não a conduzisse ao chão, ao pó, revelando seus falsos alicerces de areia do mar. Porque estar assim em uma roda de perseguição deixa o corpo à mercê da solidão – corpo que não oferece saída, e o outro (eu) não vê(vejo) entrada.

Ódio

Quando percebi que Ariadne se sustentava em torno do ódio e que em cada momento escolhia um inimigo, pensei que estava diante de uma subjetividade paranoica. O ódio tão central em sua vida deveria ter um sentido.

Infância e adolescência de Ariadne: pais em brigas intensas, filha parceira da mãe e fruto de uma relação de ódio, percepção de um casal que se une pelo desprazer. Iniciando com esse breve resumo dos primeiros anos de vida (e na verdade essa situação de estar no meio das brigas violentas dos pais permanece), foi possível compreender a relação persecutória e de ódio de Ariadne com a vida e com os outros.

Segundo Aulagnier (1979), na paranoia, a questão do casal parental é fundamental na problemática do paciente. As teorias sexuais infantis, comuns a todos, são ideias em que a criança busca e dá respostas sobre suas origens, sobre o prazer ou desprazer vividos pelo casal parental quando foi concebida. Toda teoria sexual é sobre o nascimento, que responde à questão sobre a origem do corpo e sobre as origens. Remontamos a esse tema porque, se a esquizofrenia se vincula à relação mãe e filho, na paranoia a problemática central refere-se ao casal parental.

Voltando às teorias sexuais infantis: é preciso que a cena primária seja percebida como fonte de prazer, mesmo que em alguns momentos como fonte de desprazer. Isso é o que deve aparecer na cena do real no caso dos casais normais.

Na paranoia, Aulagnier (1979) observou que, na cena primária, os dois representantes do casal eram preservados desde que unidos por uma relação de conflito e ódio. Importante ressaltar que essa relação não é simples projeção – não é projeção nem percepção objetiva, mas percepção criativa, como afirma Minerbo (2009, p. 366). Ou seja, a partir de fragmentos de realidade histórica, a percepção é amplificada.

Para o paranoico, o ódio é fundamental, "uma necessidade absoluta, tal qual o cimento sem o qual a construção desabaria como um castelo de cartas" (Aulagnier, 1979, p. 237). Também é jogado ao abismo se o sistema lógico próprio ao sistema paranoide for recusado. Assim, o interlocutor é chamado a testemunhar, sem a menor possibilidade de duvidar, sob o risco de derrubar o edifício sobre o qual o paranoico se sustenta. É o que Aulagnier denomina "exigência de comunicação"; assim como a criança futura paranoica fora convocada a testemunhar a relação de conflito e ódio do casal parental, também precisa de testemunhas para confirmar que têm direitos e é rodeada de inimigos.

É importante detalharmos um pouco mais a relação do casal. O conflito entre o casal, inclusive a disputa em relação à criança, é erotizado; a exclusão é de outra ordem. Não é o olhar que é excluído, mas ao contrário: a criança é convocada como testemunha e o fato de se tratar de uma criança é esquecido. A criança também erotiza o que foi "escutado" e o ódio é concebido de maneira profunda. Outros sentimentos que poderiam ser relativizados, como cólera, zanga, rancor etc., são amplificados até ganharem a dimensão de ódio.

A relação do casal se encaminha de tal forma que se estabelecem como sinônimos: conflito e desejo, situação de casal e situação de ódio. E se a origem da existência de si próprio como do mundo remete ao estado de ódio, o sujeito só pode se preservar vivo e só pode preservar a existência do mundo na medida em que persista algo a odiar e alguém que o odeie.

O ódio está no centro de sua identidade, já que:

> *no caso do delírio paranóico o fragmento de realidade é o ódio efetivamente percebido na cena primária. Este ódio estará no centro de sua teoria sobre as origens e será o núcleo da subjetividade paranóica. De fato, o paranóico precisa de ódio para viver, e vive para dar sentido ao ódio. Uma vez constituído, seu sistema de pensamento não pode ter brechas sob pena de relançar o sujeito no não-sentido (Minerbo, 2009, p. 359)*

A criança fica no meio do ódio entre os pais e na disputa em relação a ela mesma. Um quer mostrar para a criança que o outro não presta. A mãe se apresenta como dedicada, sacrificada, mas como se soasse falso. O pai disputa de seu lado. Se no esquizofrênico o pai apresenta-se ausente, na paranoia: "o pai é o pai amado e idealizado da infância precoce, hiperpresente, excessivo, detentor da lei e do saber; ou é o pai violento, arbitrário, perseguidor, transformado em inimigo contra quem é preciso lutar" (Minerbo, 2009, p. 365).

No caso de Ariadne, o pai era idealizado por sua inteligência brilhante e capacidade de saber e por ser perseguidor em função de sua violência. Adulta, Ariadne percebe a loucura do pai e o desidealiza, mas não deixa de temê-lo, continuando, ora ao lado da mãe, ora também o odiando; e permanecendo no meio do casal em briga.

Podemos apresentar alguns questionamentos a partir do discutido sobre Ariadne: como estabelecer com um parceiro uma relação amorosa e de prazer, se apenas conhece uma relação de ódio? Como aceitar o filho e preservá-lo de seu ódio se ela mesma se percebeu como fruto de pais unidos pelo desprazer?

O acidente

Entretanto, aquele que queria como salvador permanecia sendo seu companheiro. O ódio veio num crescente em relação a ele, onda engolidora de ciúmes e perseguição até que o grande acidente aconteceu.

Onde existia Ariadne: na tristeza, na euforia, em lugar algum? Foi na oscilação que percebi suas mãos tornando-se garras escavando a vida para ganhar contornos e consistências e poder finalmente dizer: "Eu sou".

Não sei se erramos em não ver ou se as percepções nos chegam aos poucos.

As pequenas euforias – arremedo de alegria – eram tentativas não apenas de sair da depressão como ainda de se inventar alguém ou uma saída. Um carro caro, um anel de brilhante, uma festa de casamento, uma siliconada. Formas equivocadas de se inventar, obturar o vazio ou se presentear naquilo que a vida e a tristeza lhe roubaram? Tais percepções me chegaram aos poucos – as oscilações, as fúrias indomáveis ocultas na timidez de outrora, a mente atormentada alimentando-se de suplícios, a falta como realidade mais verdadeira.

Se o mar me acompanhou em todo o relato, é porque o recuar excessivo das ondas trouxe, enfim, o grande desastre. E era assim que Ariadne funcionava – entre tristeza, pequenas euforias e grandes tormentos dos quais se nutria com temor e paradoxal gratificação.

O grande desastre. A voz da mãe me diz ao telefone: "Ariadne está em coma no hospital". Mais tarde me explicou: brigara com o companheiro e saíra enlouquecida dirigindo seu carro. Um grande acidente, e eu perplexa, espantada. A menina e seu desastre.

Acompanho notícias e a visito: já acordada, não fala, apenas baba, com total descontrole motor, debatendo-se. Será que me reconhece? Não há nome para meu susto: aquela ali não era a menina que eu conhecera. Quem estava ali destruída, enfurecida? O que restava de Ariadne e seu rosto desfeito, perdido.

Que amargos ventos de secura em si sepultam
E que as ondas do mar puríssimas lamentam?
(Andresen, 2003, p. 93)

Pouco tempo se passou após o surpreendente restabelecimento de Ariadne. Estamos há um ano e meio do acidente, e sua voz, seu andar impreciso, o tremor dos gestos, a memória vacilante retornam ao normal para espanto e alívio de todos nós. Havia uma longa distância entre a destruída e a moça de agora com sua normalidade recém-conquistada.

Entretanto, a profunda tristeza e a falta de sentido de viver se arrastaram por todos esses meses. Retornou à casa da mãe, que se desdobrava em cuidar da filha que sempre se sentira abandonada. Acompanhei seu restabelecimento, fazendo as sessões na casa materna. Precisava descansar. Estava tão cansada. Mas que direito tinha de ficar em casa ociosa e sem trabalho? Perguntava-se angustiada.

Amnésia cercava o acidente até que, muito lentamente, sem recordação, concluiu que fora um ato deliberado de desespero. Entre fases de um pouco de tranquilidade, o vazio foi escavando em volta, a falta de horizonte, a vontade de morrer. O vazio. O vazio.

Tristeza

Havia vários movimentos, se é que posso chamar assim. O tormento que era buscado e funcionava como alimento; o sentimento de injustiça, sentindo-se joguete e confusa no meio da guerra entre pai e mãe. Também ressalto o cuidado pela família, ela que fora terapeuta de mãe, continuava guardiã da família, compromissada com o encargo de curar seus membros enlouquecidos. Eu poderia citar Riviere, Pontalis, Searles: um interdito a aprisionava, como curar a si própria sem antes curar os seus? A tristeza dominava. Como ser feliz, se fora desde sempre acorrentada ao destino dos pais?

Raras tardes de domingo foram aquelas que o vazio não rondara, a melancolia determinando as cores do dia. Mesmo se o céu fosse do mais azul, o sol não podia lutar contra as trevas de dentro. A manhã-promessa acena como uma tela em branco de um mundo vazio pulsante de possibilidades e idas, deslocamentos, rio de criação, mas que desemboca e morre, vai murchando até a quase exata hora do meio do dia, quando o almoço se transforma num almoço de domingo. Não dava para ser um natural almoço de domingo? As tentativas de fincar os pés no presente acabavam ali. Um furacão, um ralo gigante suga – o quão verdadeiros são os filmes de terror! –, puxa para o passado; cheiro de cerva viva. Devolva-me o tempo do agora, cerca morta! Rendida à casa do passado indestrutível, à casa e sua família, à casa e seus irmãos, onde uma placa avisa "nunca demolirás" – "protege cada canto, azulejo, precioso lastro do álbum de família, cada pingente do grandioso lustre de cristal". Lido isso, dito isso, cai sem força numa fraqueza-tristeza em que nada faz sentido, nada é capaz de lhe despertar além da tarefa de fazer a vigília das horas, das horas que não passam.

Num lago estancado de águas barrentas, descrente dos sonhos de lagos azuis ou praias desertas que ressuscitam, larga-se no lençol amarrotado da casa do presente. Larga-se naquelas águas barrentas do tempo em que as ruas inundavam e as gentes olhavam da janela com menos temor e mais curiosidade, com a família protegida na casa. Agora uma cama, um lençol que supostamente protege, mas nenhuma paz nem prazer; ela que jamais conhecera a alegria.

Mas vai e vem no vão dos dedos, na areia do relógio-ampulheta; alegria é a melhor coisa que existe, e ela se nomeia a que não desistirá. Mas em cada momento, "já era"; os olhos secos guardam sacos e sacos de lágrimas e tristeza.

Toda paixão mal resolvida é algema no passado e um tanto equivocada, porque insensata. Se toda paixão mal resolvida guarda a intenção secreta de paralisar o rio do tempo, o que falar da paixão pelos ancestrais, dos olhos que exultam pelo antigo, de um jeito que inunda o de dentro, penetra nos sonhos, torna-os ou não pesadelos? O pior é não mudar o *script*: o mesmo casarão, o mesmo pavor diante dos azulejos desrespeitados, da pedra portuguesa dessacralizada, arrancada sem pedido de permissão do quintal onde pouco brincou. Como doeu ver o patrimônio assim devastado, ela que havia se tornado a guardiã da casa da infância dos filhos de sua mãe. Agora estava só, ao léu.

Ausência

Nós nos encontrávamos ao entardecer, quando desembocam todas as ausências. Ali presenciava sua aflição e tentava o quanto podia – será? – alcançar aquela ausência que lhe habitava o ser. De uma leveza de quem se ausenta da vida: nenhum sorriso, os pés soltos no ar. Eu com meu esforço de presença, margeando sua angústia, perscrutando seus vazios. E concluindo que minha menina, tão moça, já moça, sofre de ausência, ausência de si mesma. Se tento tocá-la, minhas mãos atravessam seu corpo inexistente: uma espécie de inconsistência. Ausentei-me também em algum momento, em algum lugar dessa geografia de terror? Perdi-me no labirinto em que ela mesma se perdera? Deveria deixá-la ir, dentro de mim, levada pelas correntezas, esquecê-la e confiar, porque "dentro do mar tem um rio" e lá é preciso saber navegar, beber de boa água, sentir-se em casa. Vou deixá-la ir, apesar das sessões desmarcadas, da mágoa pelo fracasso. Ela deve ausentar-se dentro de mim?

Quando nos encontrávamos ao entardecer e seu nome tão singular era chamado – tinha cuidado para que algum sorriso meu não esbarrasse na dor do rosto envergonhado de tanto sofrimento, envergonhado de não se sentir normal. Quantas vezes eu chegava sorrindo – *Como se fosse a primavera / Eu morrendo . . . / Quem lhe disse que eu era / riso sempre e nunca pranto? / Como se fosse a primavera / não sou tanto (Milanés & Guillén, 1984).*[2] As palavras do compositor pareciam pertinentes ao silêncio dos lábios franzidos, saindo com o vigor de quem sofre, e o outro chega derrubando. Era a minha vez de vergonha, e eu a recebia desmanchada para num árduo trabalho juntar os cacos. Cristal frágil demais: juntar cacos.

Está tão cansada. Quer existência e um pouco de alegria. E eu ao largo, ao lado. Tão perto e tão distante:

Tu e eu vamos

No fundo do mar

Absortos e correntes e desfeitos.

Agora és transparente

---

2 Trecho da letra da música "Como se fosse a primavera" (1984), de Pablo Milanés e Nicolás Guillén, gravada por Chico Buarque e lançada no álbum *Chico Buarque*.

À tona do teu rosto vêm peixes

E vens comigo

Morto, morto, morto

Morto em cada imagem

(Andresen, 2003, p. 50)

Referências

Andresen, S. M. B. (2003). *Coral*. Lisboa: Caminho.

Aulagnier, P. (1979). Sobre a paranóia: cena primária e teoria delirante primária. In *A violência da interpretação* (pp. 226-273). Rio de Janeiro: Imago.

Bollas, C. O. (2003). O desejo *borderline*. *Percurso Revista*, ano XVI, (30), 5-12.

Felinto, M. (1992). *As mulheres de Tijucopapo*. Rio de Janeiro: Editora 34.

Green, A. (2003). *André Green e a Fundação Squiggle*. São Paulo: Roca.

Minerbo, M. (2009). O ódio paranoico. In *Neurose e não neurose* (pp. 339-366). Itatiba, SP: Casa do Psicólogo.

Winnicott, D. W. (1975a). Objetos transicionais e fenômenos transicionais. In *O brincar e a realidade* (pp. 13-44), Rio de Janeiro: Imago. (Trabalho original publicado em 1953.)

Winnicott, D. W. (1975b). O papel do espelho da mãe e da família no desenvolvimento infantil. In *O brincar e a realidade* (pp. 153-162), Rio de Janeiro: Imago. (Trabalho original publicado em 1967.)

Winnicott, D. W. (1993). O desenvolvimento emocional primitivo. In *Textos selecionados da pediatria à psicanálise* (pp. 269-285). Rio de Janeiro: Francisco Alves. (Trabalho original publicado em 1945.)

Asas presas no sótão[1]

No texto "Análise terminável e interminável", Freud (1980b) questiona seu método veementemente, reconhecendo a importância da psicanálise como teoria, mas desconfiando de seu valor terapêutico. No mesmo texto, refere-se a resistências poderosas à mudança: a reação terapêutica negativa, nomeada em "O ego e o id" (1980a). Freud afirma que esses casos não são mais governados pelo princípio do prazer. A ordem é invertida: busca-se o desprazer.

Para Green (1980), Freud sugere uma nova lógica que governa as atividades psíquicas nesses pacientes. Tal lógica não se vincula a satisfações ocultas, masoquismo ou gozo como é comum pensar. Para o autor, a lógica que preside tais casos – que se agarram ao sofrimento, que repetem no dia a dia suas mágoas, que se recusam a melhorar – é denominada lógica do desespero, da desesperança.

São doentes de desesperança que atacam a nossa própria esperança: Fédida (1988) denomina-os "casos difíceis", Pontalis chama

---

1 Uma versão anterior deste texto foi publicada em 2009 na revista *Mente & Cérebro*, ano XVII, (202), 60-65, com o título "A clínica dos casos intratáveis".

de "casos intratáveis". Desafiam-nos colocando em xeque nossa própria posição enquanto psicanalistas. Entretanto, somos chamados, atraídos pelo sofrimento enquanto, paradoxalmente, nos questionamos, como Pontalis (1991): "Que loucura é esta que nos acomete de querer mudar os outros?" (p. 10).

Duas grandes questões nos são impostas: como se estrutura a lógica da desesperança e como podemos atuar – qual a técnica possível? – frente a tais casos difíceis: Na tentativa de melhor compreender esses dois temas utilizo dois conceitos fundamentais: a reação terapêutica negativa e a recusa (*Verleugnung*). Esta última corresponde a um termo, em alemão, usado por Freud para designar um modo de defesa que consiste na evitação por parte do sujeito em reconhecer a realidade de uma percepção traumatizante – essencialmente a da ausência de pênis da mulher. E esse mecanismo, que pode explicar fetichismos e psicoses, estende-se a outros casos, segundo psicanalistas como Mannoni (1973) e Penot (1992).

Em relação à reação terapêutica negativa, os autores Riviere e Pontalis trazem novo enfoque sobre o conceito. Riviere, com tradição teórica de Klein, apresenta-nos um texto elucidativo: "A contribution to the analysis of the negative of the therapeutic reaction" (1991). Segundo ela, nesses casos, a proposta de cura analítica é recusada pelo paciente, pois é sentida como equivalente ao abandono de seus objetos internos.

A proposta do analista de contribuir para que o paciente se sinta melhor é percebida inconscientemente como sedução e traição; significa ajudá-lo a abandonar sua tarefa de cuidar de seus objetos internos, amados. Ao colocar a si próprio em primeiro lugar, ele os "destrói", em vez de ajudá-los. Essa resistência tão poderosa é marcada pelo amor aos objetos internos, que provoca culpa e dor intoleráveis – e pede o sacrifício de sua vida. Seguindo a trilha proposta por Riviere, Pontalis (1991) também compreende a reação terapêutica negativa como desejo de reparação e cura dos objetos internos primários: o paciente não se cura, se mantendo em uma espécie de autossacrifício. Eis a hipótese fundamental do autor: "O que constitui a mola da reação terapêutica negativa é uma paixão, uma vontade desvairada de mudar, de curar a mãe enlouquecida no interior de si mesmo" (p. 64).

Compreendo essas resistências poderosas, a *Verleugnung* e basicamente a própria constituição do sujeito, relacionando-as à história inicial do paciente: nas primeiras relações parentais, especialmente com a mãe, luta-se com as "falhas maternas", caracterizadas pela falta ou pelo excesso de presença. O *reagir* corresponde a uma ação anterior, circunscrita ao território das origens. Assim, a recusa constitui uma tentativa de libertação de mandatos parentais. O negativo constitui a recusa de perda, de cura, de recusa de viver. Mas, paradoxalmente, lado a lado a tais negativos, desponta uma busca de ser dono de sua própria vida. "Reajo, logo existo." O *não* do paciente é uma reação. A quê? A quem? Houve uma história anterior na história dessas pessoas, palavras maternas sob a forma de atos, veredictos absolutos sem possibilidade de resposta, apenas de reação. Portanto, não podemos pensar a reação terapêutica negativa restringindo-a à pulsão de morte. Opto por compreendê-la como uma insistência vital, como uma "greve de fome", como resistência heroica diante do outro que foi vivido como dono de seu destino.

A denúncia da dominação nos deixa – e ao sujeito que se queixa – sem recurso: "Sou o que fizeram de mim, não me deixaram palavra ou pensamento". Assim, não há como atuar classicamente com esses pacientes, fazendo-lhes o convite de "voltar-se para si". No si mesmo há apenas o outro. Habitam casas de silêncio em que a palavra própria se apresenta alienada, mantendo-se refém do discurso parental. A palavra possível – desesperada janela nessas construções de silêncio ou encharcadas de vozes alheias – é o "não". O "não" como insistência de vida, como urro terrível que traz um pedido de qualificação e reconhecimento do ser, de sua individuação. Assim, a reação terapêutica negativa pode ser vista como comunicação, um anseio paradoxal – "não" – que oculta um pedido de vida própria.

Saber insuficiente

Quanto ao conceito freudiano de *Verleugnung* (ou recusa), autores como Mannoni e Penot estendem-no para além do fetichismo e das psicoses. Encontramos a recusa na clínica diária e em casos de pacientes fronteiriços. É muito interessante quando Mannoni (1973) repete a fala de muitos de nossos pacientes: "Eu sei... mas mesmo assim". Ou dizem: "Eu sei racionalmente, mas isso não traz mudança, não promove transformação". O *insight* aqui não é suficiente.

Adentramos o terreno da técnica. Como se muda, afinal? Ficamos perplexos diante dessa questão/afirmação tão crucial. Não há como fazer desse saber algo útil, como assinala o psicanalista Figueiredo (2003). Nesse caso, pensar em recalcamento (mecanismo de defesa próprio das neuroses) não nos auxilia. Não adianta considerar que a interpretação não chegou ao inconsciente. Estamos diante de outro mecanismo de defesa: a *Verleugnung*.

A recusa do falo materno traça o modelo de todas as rejeições da realidade. Trata-se aqui do repúdio do reconhecimento da realidade: esse momento de apavoramento, de dor profunda e aguda que está presente, de algum modo, na vida de todos nós ou visita com frequência alguns pacientes. Aqui, o conceito de reação terapêutica negativa aproxima-se da *Verleugnung*, porque a pessoa repele constatações racionais. Certamente, houve um momento de origem em que a realidade se apresentou de forma nua e crua, excessiva para a capacidade de percepção. Isso ocorre quando o corpo é tomado de assalto pela violência imposta, a pele "perfurada" não serve mais de superfície de proteção. O corpo torna-se puro susto. O mais próximo do verbalizável é "Eu não posso acreditar, isso não está acontecendo". É como se algo se dilacerasse e fosse exposta a fragilidade humana à violência que pode ser infligida sem piedade por outro cuidador.

Nesses casos, o papel do objeto primário (a mãe, primordialmente, ou outra pessoa que desempenhe a função materna) é fundamental. É essa pessoa que vai apresentar a realidade ao filho e, segundo tal apresentação, o indivíduo constituirá seu caminho na vida. Uma mãe é capaz de deixar marcas profundas no psiquismo da criança por falta (pelo abandono, desamparo) e por excesso (por meio de uma postura invasiva, é a mãe que não se deixa esquecer, segundo Green (2010)). Dessa forma, compreender os pacientes difíceis exige a consideração de sua história primitiva e de sua relação com a realidade.

Tanto a mãe que se ausenta como aquela que "não ensina o filho a esquecê-la" podem conduzir o sujeito ao imperativo de dizer "não". Não à dominação materna, não à realidade, não à perda do objeto amado. Tais mães são, ao mesmo tempo, alvo de ódio e prioritariamente objetos de amor. O filho, assim, vê-se aprisionado no deserto de dor (e muitas vezes de terror), lutando – ao dizer não – para afirmar a própria vida, seu direito de existir além do desejo materno.

E o psicanalista frente a tais pacientes? Como afirma Mannoni (1973), o "eu sei... mas mesmo assim" (p. 14) não é uma questão de recalcamento, ou seja, não houve algo esquecido que precisa ser recordado. Não há como não articular essas modalidades clínicas (de pacientes refratários) à falta de fé e esperança. Estamos distantes de "tornar o inconsciente consciente". Distanciamo-nos do *insight*. Entra em cena a perplexidade do terapeuta. Como agir? Como auxiliar no processo de mudança?

Posso dizer que, nessas formas de existir e de sofrer que apresentam os sentimentos pelo avesso, existe em comum a espera do outro (que, ironicamente, está sempre presente). Uma espera às vezes silenciosa, às vezes enfurecida. Os pacientes precisam da presença e, fundamentalmente, da esperança. E não basta que o terapeuta se ofereça de forma ingênua, é necessário que aja tal qual um equilibrista, tentando estar ao lado sem repetir a invasão da qual foram vítimas. Uma esperança que faz contraponto a esses desesperados que sofrem de "desesperança congênita", como denomina Winnicott (1993, p. 326). Em nossos pacientes feridos, fechados à vida e ao outro, predomina uma desesperança radical. Algo pulsa no vazio, à espera do nada.

É fabuloso pensar que por trás de tantos *nãos*, seja na "loucura doce", seja na furiosa, se apresenta uma afirmação imperiosa e, apesar dos parcos recursos, uma tentativa de cura. E quando chegam ao consultório, estão lá por um fio de esperança? Apenas estarei lá? É só estar? Também minha desumanidade e desesperança comparecerão, abandonando os "intratáveis" ao seu próprio desalento?

Em alguns casos, conseguimos acompanhá-los abrir janelas no sótão, soltar asas presas, sedentas de voo. São "asas presas no sótão" – como escreveu o poeta Drummond de Andrade, em "Bordão" (1967, p. 75) – que solicitam nossa presença ou, em casos radicais, estão prestes a desistir. Desabrigados sob viadutos, andarilhos da tristeza. Surge uma pergunta: eles procuram mudança ou nos convocam a testemunhar seu desejo de não mudança? Como compreendê-los e estar junto deles? E será possível pensar em completos desesperançados, aqueles que optaram por não existir?

Ao escrever sobre a comunicação da dupla, em "A comunicação entre o bebê e a mãe", Winnicott (1988) sugere que seja resumida em termos de criatividade e condescendência. Na saúde, a prioridade é o gesto criativo do bebê para que possa vir a "acontecer como ser humano". Só depois pode ser capaz de sujeitar-se sem perder a dignidade. Se a submissão prevalece, ocorre o adoecimento.

Quando nossos pacientes dizem "não", afirmam um modo de existir à sua maneira e lutam por recuperar a dignidade. Como psicanalistas, ora ajudamos, ora fracassamos. O fundamental é reconhecer na recusa, no "não enunciado", a busca de um modo próprio de existir com dignidade, não submetido aos mandatos parentais, verbais ou atuados, ou ao que pode vir a ser proposto pelo analista. Compreender, sem negar a dimensão trágica do vivido, da vida por um fio, o não como "sóbria oração na sombra / reza de pedras entre dentes / afã de bicho acuado", como escreve o poeta carioca Freitas Filho (2000, p. 49). É a dimensão trágica habitando o interior da clínica naquilo que desconhecemos, em nossos limites e fracassos. Nesse sentido, nossa tarefa psicoterapêutica, quase sempre limitada, deve ser fazer pouco frente ao excesso que nos é apresentado. Uma tarefa delicada e tortuosa: acolher a recusa e a desesperança.

Referências

Andrade, C. D. de (1967). *Obra completa* (Vol. Único). Rio de Janeiro: José Aguilar.

Fédida, P. (1988). Amor e morte na transferência. In *Clínica psicanalítica: estudos* (pp. 21-66). São Paulo: Escuta. (Trabalho original publicado em 1981)

Figueiredo, L. C. (2003). *Psicanálise: elementos para a clínica contemporânea*. São Paulo: Escuta.

Freud, S. (1980a). O ego e o id. In *Edição standard das obras completas de Sigmund Freud* (Vol. XIX, pp. 23-83). Rio de Janeiro: Imago. (Trabalho original publicado em 1923.)

Freud, S. (1980b). Análise terminável e interminável. In *Edição standard das obras completas de Sigmund Freud* (Vol. XXIII, pp. 247-287). Rio de Janeiro: Imago. (Trabalho original publicado em 1937.)

Freitas Filho, A. (2000). *Fio terra*. Rio de Janeiro: Nova Fronteira.

Green, A. (1980). A psicanálise e modos comuns de pensamento. In *Sobre a loucura pessoal* (pp. 23-35). Rio de Janeiro: Imago.

Green, A. (2010). *O trabalho do negativo*. Porto Alegre: Artmed.

Mannoni, O. (1973). Eu sei, mas mesmo assim... In *Chaves para o imaginário* (pp. 9-34). Petrópolis, RJ: Vozes.

Penot, B. (1992). *Figuras da recusa: aquém do negativo*. Porto Alegre: Artes Médicas.

Pontalis, J. B. (1991). *Perder de vista: da fantasia de recuperação do objeto perdido*. Rio de Janeiro: Jorge Zahar.

Riviere, J. (1991). A contribution to the analysis of the negative of the therapeutic reaction. In *The inner world and Joan Riviere. Collected Papers: 1920-1958* (pp. 134-153). London/New York: Karnac Books. (Trabalho original publicado em 1936.)

Winnicott, D. W. (1988). A comunicação entre o bebê e a mãe e entre a mãe e o bebê: convergências e divergências. In *Os bebês e suas mães* (pp. 79-92). São Paulo: Martins Fontes. (Trabalho original publicado em 1968.)

Winnicott, D. W. (1993). Recordações do nascimento, trauma do nascimento e ansiedade. In *Textos selecionados da pediatria à psicanálise* (pp. 313-339). Rio de Janeiro: Francisco Alves. (Trabalho original publicado em 1949.)

Para que servem as emoções?[1]

> *Esteja ao meu lado quando minha luz enfraquecer*
> *Quando o sangue se arrastar arrepiando,*
> *e os nervos alfinetarem*
> *E formigarem; e o coração estiver doente,*
> *E todas as rodas da Existência se tornarem mais lentas.*
> *Esteja ao meu lado quando a imagem sensual*
> *For torturada por agonias que subjugam a confiança;*
> *E o Tempo, poeira maníaca dispersante,*
> *E a Vida, chama lançada de Fúria.*
>
> Tennyson[2]

A cada trabalho que faço, as perguntas permanecem: para que serve a psicanálise? Qual o papel/posição do psicanalista? O

---

[1] Uma versão anterior deste texto foi publicada em 2011 em *Alter – Revista de Estudos Psicanalíticos*, 29(1), 69-87.

[2] Tradução de Maria Cristina Monteiro de parte do poema "In Memoriam A. H. H.", de Alfred Tennyson, de 1849, citado por Tustin, F. (1990). *Barreiras autísticas em pacientes neuróticos* (p. 137). Porto Alegre: Artes Médicas.

quanto ajudamos aquele que nos procura? Já não tento responder à questão proposta por Pontalis (1991): "Que loucura é essa que, às vezes, nos acomete de querer curar os outros?" (p. 10). Sossego, tem pergunta sem resposta. Mas há questões que insistem, são aquelas que se referem à nossa posição de analista e, diretamente, à ética na qual nossa tarefa diária de terapeuta se insere. Acerco-me do *fundamental* e tudo o que é fundamental é difícil de definir: o que é psicanálise, o quanto ajudamos etc. Penso que temos de transitar entre o esforço de responder e a renúncia à definição. Isso é paradoxo: por isso, com frequência, deixo ao leitor que pesque nas entrelinhas e convido-o a um percurso à meia-luz.

O trabalho é múltiplo, tantas vidas humanas, umas surgidas do Brejo da Cruz ou da Lanterna dos Afogados, outras emergem dos Jardins com suas queixas vagas, suas dores enviesadas. Eu, de meu lado, sinto muitas, pela diversidade de emoções que me despertam, pelo sono que surge em determinado encontro, pela vivacidade que atravessa o outro. Sou muitas à medida que construo enquadres distintos conduzidos pelas necessidades da dupla e, fundamentalmente, do paciente. Embora estabeleçamos enquadres e encontros tão variados – sou a mesma – segundo meu *idioma*[3] me nomeio e sou nomeada.

Fazemos, ou melhor, tentamos fazer aquilo que o paciente necessita – como já disse Winnicott (1982) –; fazemos psicanálise, se não, somos psicanalistas fazendo outra coisa. E por que não haveria de ser?

---

3 Refiro-me aqui ao conceito de idioma segundo Bollas (1992): "O idioma de uma pessoa refere-se ao núcleo único de cada indivíduo, uma figuração do ser parecida com uma semente que pode, sob condições favoráveis, evoluir e se articular. O idioma humano é a essência definidora de cada sujeito, e, embora todos nós tenhamos certo sentido sutil do idioma do outro, esse conhecimento é virtualmente impensável" (p. 236).

Figueiredo (2009) afirma que as diferenças entre os casos nos parecem tão grandes que fica difícil encontrarmos aspectos mais ou menos comuns aos processos analíticos. Como definir o que fazemos como psicanálise? O autor responde:

> *Em todas as circunstâncias estamos às voltas com alguma elaboração da experiência emocional (Bion, 1977). Turbulência emocional é que se gera quando analista e seu "paciente" (ou "candidato a paciente") se encontram. Neste momento, de alguma forma se evoca algum aspecto da "loucura precoce", com seus extremos passionais (Green, 1980), bem como aí também se evocam as defesas contra as turbulências. (p. 102)*

Encontramo-nos em uma situação especial: o enquadre analítico e, também este, assegura Figueiredo (2009), varia bastante de paciente para paciente, correspondendo a um

> *enclave na vida civilizada, uma clareira nas formas de vida civil, capaz de evocar e convocar (para não dizer, induzir), e, ao mesmo tempo, conter a experiência emocional primitiva (a experiência de 'loucura precoce' com suas altas voltagens de excitação e frustração, voracidade, raiva e pavor), cuja intensidade passional é incompatível com as 'boas maneiras' (p. 103).*

O enquadre também é visto como "quadro de espera" (Donnet, 1976). Para Figueiredo (2009):

> *a oportunidade de esperar e induzir alguma regressão destinada à escuta do infantil (da loucura) e sua pro-*

gressiva elaboração, vale dizer, à escuta das fantasias inconscientes correlatas às experiências primordiais, fascinantes e mais ou menos traumáticas, a partir das quais se constituiu e reconstituiu o psiquismo do paciente. São elas, bem como as defesas primárias contra elas, que são evocadas e provocadas na regressão propiciada pelo enquadre: a isso chamamos de transferência, uma reativação e uma relativa atualização da loucura, sob controle. (p. 106)

Adiante, Figueiredo (2009) conclui que o que instala o enquadre "é a oferta de escuta a uma demanda proveniente do infantil, escuta em reserva, escuta em espera, aberta ao que sofre e se repete" (p. 107).

Tanta variedade na clínica – os casos neuróticos, os pacientes não neuróticos, as patologias do *self*, as psicoses mais organizadas – determina que o enquadre vá sendo ajustado, respeitando as singularidades para provocar, abrir espaço para a emergência da loucura e do infantil.

Alguns encontros nos comunicam o sentimento de que estamos diante de alguém para quem a vida trouxe tantas feridas, mas está ali disposto a se deixar remexer apesar de todos os movimentos de revolta frente ao sofrimento que o visita. Em outras palavras, disponível para a regressão, para a emergência do infantil e da comunicação de sua loucura precoce.

Mexida e remexida são chavões antigos, mas não consigo impedir que me venham à mente outras palavras para descrever Lóri quando chega para me pedir ajuda. Como se alguém tivesse adentrado seu peito, arrancado vísceras, coração, ela me chega assim ferida, para lá de remexida – apresentando dores até então desconhecidas.

História da perda

> Abandonar alguém é um ato de uma covardia.
> É de uma brutalidade típica da morte.
> Somente a morte pega as pessoas assim
> desarmadas, de pernas abertas, nuas.
>
> Felinto, 2002, p. 38

> Deveria haver uma lei que proibisse
> a obscenidade do abandono.
> Um decreto cheio de artigos,
> parágrafos, itens e subitens
> que proibissem a usurpação das ilusões
> e as fraudes amorosas. Que estabelecesse
> o direito humano alienável e incontestável
> de ser amado pela pessoa amada.
>
> Felinto, 2002, p. 31

Lóri chorava desesperadamente porque o marido, interessado em outra, resolvera se separar. Assustada diante da reação de tanta dor, apavorada de herdar a "amargura da mãe": "nunca se vira assim com tanto sofrimento, passara a vida sem motivos para chorar". Mas me conta da separação do pai quando tinha 17 anos, dos oito irmãos desamparados pela mãe tarefeira e inacessível afetivamente, do pai que deixou a casa por causa de "outra" e que nunca mais cuidara dos filhos. No entanto, não via isso tudo como uma vida difícil. Estava, entretanto, apavorada de parecer com a mãe, que nunca mais se recuperara da separação, que arrastava fel e confusão por onde caminhava.

Chega à segunda sessão mais tranquila. Diz que eu tirei com minhas mãos a dor de dentro de seu peito e, agora, ela saíra da confusão, raciocinava enfim, graças a Deus a *razão* voltara. E tinha de ser assim, não podia ser de outro jeito: o racional comandando as emoções; elas serviam para quê?

Mas uma tristeza sonda seus caminhos, e "que mistério tem Lóri para andar assim tão triste", para além da separação e das dores atuais. Uma luta ferrenha se estabelece: tem regra, tem caminho, senha, atalho para deixar de chorar tanto uma separação? É só uma separação – afirma em dor. E as outras mulheres – quanto tempo leva uma mulher para se curar de dor de abandono, para se livrar do ódio da outra, porque a outra alimenta essa raiva que ela jamais havia sentido? Não admitia que pudesse demorar tanto a esquecer. Três dias é pouco? Três meses é muito? Mas já faz seis meses!

É preciso esquecer, tirar a pessoa da cabeça, da memória. Esquecer aquela pessoa, parar de pensar nela para sempre, cortar todas as lembranças. É uma tarefa monstruosa, porque a pessoa está instalada lá, como uma raiz instala e infiltra seus tentáculos no mais profundo da terra, esparramando-se a perder de vista, numa rede sem começo nem fim, numa meada sem ponta de fio, em nós que não desatam, como uma grande árvore de caule, de tronco poderoso e áspero e antigo, que é preciso cortar pela raiz ou esperar a eternidade que vai levar até que ela apodreça, tombe e caia. É preciso cortar pela raiz. (Felinto, 2002, p. 36)

Retrato provisório

Ela se apresenta como aquela que até então admirara as imperfeições humanas, amando os humanos em suas fragilidades: o tio mais chato, o pai abandonador, a fraqueza de um e outro. Também amara, até então, a vida de uma forma tão singular: o vento, os objetos, encantava-se com ardor diante de seres humanos e não humanos. Ela se via um tipo de Dr. Spock,[4] de *Jornadas nas Estrelas*, pela singular habilidade que unia a ambos: um estranho poder de, com as mãos, sentir o que o outro sente. Esse poder também se estendia a objetos: podia senti-los e encantar-se de tal forma que experimentava uma espécie de êxtase.

Que mistério tem Lóri? Mas isso tudo era seu lado secreto, incomunicável – quem haveria de compreendê-la? Nem o marido e, agora que ele se ia, vinha o terror de ser arrastada por um desejo tamanho que chamava despojamento. Temia que largasse tudo, porque essas vivências a conduziam não se sabe para onde. Largar tudo já começava no jeito de vestir – tendo um importante cargo público – com vestido de chita, sandalinha rasteira ou o mesmo sapato como os de um tempo antigo da marca Vulcabras. Os pés. Às vezes, eu pensava que Lóri se revelava pelos pés. O mesmo

---

4 Spock é um personagem da série de televisão *Star Trek* (*Jornada nas Estrelas*), interpretado por Leonard Nimoy (1931-2015). Spock tem um sobrenome, nome de família, que nunca é indicado na série, porque é impronunciável por seres humanos. É o filho do embaixador vulcaniano Sarek e da sua esposa humana, a professora Amanda Grayson. Embora Spock se identifique como vulcaniano – o primeiro a se juntar à frota estelar, ao contrário dos desejos de seu pai, que gostaria que ingressasse na Academia de Ciências de Vulcano –, apresentava um conflito interno permanente entre a razão e a lógica da sua metade vulcaniana e entre a emoção e a intuição humanas. Para os padrões humanos, no entanto, é inacreditavelmente lógico e totalmente destemido face ao perigo. (Texto adaptado. Disponível em: <http://pt.wikipedia.org/wiki/Spock>. Acesso em: 7 mar. 2019).

velho Vulcabras, o ritual de tirar o sapato e deixar os pés à mostra (pequenos demais para sua altura) e parecer ficar desse jeito à vontade ao meu lado – eu que fora escolhida para receber palavras nunca dantes pronunciadas. Os pés. Sem vergonha dos pés, chega esquecida no trabalho com a havaiana mais sujinha, mais velhinha. Mas não reparara, ela me afirma. Os outros é que avisam: "Olha aí, Lóri, tá demais!". Os outros seguram seus pés ao solo, senão ela pode voar. E para onde? – me pergunta aflita. Isso é loucura? É esse o caminho dos que enlouquecem? Uma encruzilhada: a ânsia por um estado de maravilhamento diante do mundo, ela e aquele formando uma coisa só e o medo dessa mistura conduzi-la à loucura e ao isolamento dos demais humanos.

Porém, agora ela não se reconhece mais, ela não se reconhece além de um feixe de dores sem sentido, e é quando me pergunta para que servem as emoções. Porque ela sempre fora racional, e o que queria conseguia. Agora não tem atalho, senha, caminho que encurte a dor. Eu me espanto porque a vida não lhe dera trégua, mas é na perda atual que desmorona: é quando o sofrimento a visita. Passara a infância sozinha, era mais uma de oito irmãos, passeando com seus bonecos, já experimentando pequenos encantamentos no vislumbre de teias de aranha e não conseguindo entender que importância podia ter pai ou mãe. Para que servia pai e mãe? Que danos poderia ter sofrido pelas vivências infantis que apenas *a posteriori* percebera como traumáticas?

Guardava como relíquias duas lembranças que sustentavam sua relação com os pais. Um dia a mãe a olhara com tamanha intensidade – aquilo supunha que era uma comunicação profunda. Um dia cortara a mão, e o pai a levara para o pronto-socorro – aquilo supunha que era amor verdadeiro. Em torno dessas lembranças, construíra sua relação com os pais – nenhuma a mais, nada mais de recordação –, mas aquilo era tão precioso, era muito, era demais, não tinha motivo para tanta lágrima. Tanto choro não tinha sentido, porque fora aquela que atravessara a vida sem dor. Se tinha algo a reclamar era de um período de solidão. Mas não de dor. Essa dor sem sentido.

A família

Lóri sempre quisera ter filhos, sua prioridade na vida era a família. Tivera quatro abortos espontâneos e agora seus filhos eram o que tinha de mais importante na vida. O casamento era estável, portanto, assustara-se quando o marido contou que estava se envolvendo com outra mulher. Fora só um beijo, mas o suficiente para deixá-lo confuso e atraído pela ideia de viver essa paixão. Lóri não apenas não aceita, como não compreende: o que tem de tão bom numa paixão? Como alguém se deixa apaixonar? Durante um tempo, o marido permanece em casa, aparentemente determinado a reconstruir o casamento. É um tempo em que as lágrimas secam, e Lóri se volta por completo e esperançosa para o marido. Depois de um período, ele sai finalmente de casa, e a mulher experimenta algo vizinho da dor: o ódio. Ser trocada dói demais e ela, sempre tão tolerante, que compreendera o próprio pai quando saíra de casa, não pode aceitar o abandono nem a troca.

Sua bondade caíra por terra, a raiva até então não apropriada emergira sob a forma de barracos, escândalos, *e-mails* desaforados. Aquela que tolerava tudo não existia mais: era-lhe assustador sentir tanta raiva. Pior que isso era não se reconhecer mais – como podia ser a mesma: aquela que amava as fragilidades, aquela que espumava de ira, aquela que acordava feliz, aquela que atravessava o território da dor? Alguém é uma coisa só, mas eu precisava comunicar-lhe que ela era todas. Eu era a testemunha de que ela continuava sendo a mesma. Entretanto, sentia-se abduzida por aspectos – corpos estranhos que revolviam seu ser e a faziam desconhecê-lo. Uma árvore em frente ao consultório tem no meio dos galhos outra árvore nascendo: aquilo era ela, me mostra. Essa estranheza emergindo do interno. Vejo a árvore, imagino antes algo monstruoso, uma parasita; surpreendo-me: é um arbusto verdejante que desafia a velha árvore. Parece coisa nova, mas quem disse que coisa nova não pode ser assustadora se não se incorpora ao próprio ser? Assim, Lóri lamenta, não há sinal de ressurreição naquilo que brota – aquilo que nunca fora dela, agora lhe era imposto por uma insurreição estrangeira.

Nesse percurso de desconhecimento de si, Lóri se via diante de dolorosas e novas percepções: o quanto fora sozinha, o quanto continuava sendo, uma triste concepção dos pais completamente diferente daquelas duas lembranças que ancoravam seu afeto por eles. A pergunta se mantinha: para que serviam as emoções? O que se aprende com o sofrimento?

A dor sem sentido

A dor em si não tem nenhum valor nem significado. O quanto de razão não teria Lóri? Para que a dor?

Ela está ali, feita de carne ou de pedra e, no entanto, para acalmá-la, temos que tomá-la como expressão de outra coisa, destacá-la do real, transformando-a em símbolo. Atribuir um valor simbólico a uma dor que é em si puro real, emoção brutal, hostil e estranha, é enfim o único gesto terapêutico que a torna suportável. Assim, o psicanalista é um intermediário que acolhe a dor inassimilável do paciente, e a transforma em dor simbolizada. (Nasio, 1997, p. 17)

Mas o que significa dar um sentido à dor e simbolizá-la? Esta é a pergunta que faz Nasio, com propriedade:.

> Não é, de modo algum, propor uma interpretação de sua causa, nem mesmo consolar o sofredor, e menos ainda estimulá-lo a atravessar sua pena como uma experiência formadora, que fortaleceria seu caráter. Não; dar um sentido à dor do outro significa, para o psicanalista, afinar-se com a dor, tentar vibrar com ela, e, nesse estado de ressonância, esperar que o tempo e as palavras se gastem. Com o paciente transformado nessa dor, o analista age como um bailarino que diante do tropeço de sua parceira, a segura, evita que ela caia e, sem perder o passo, leva o casal a reencontrar o ritmo inicial. Dar um sentido a uma dor insondável é finalmente construir para ela um lugar no seio da transferência onde ela poderá ser clamada, pranteada e gasta com lágrimas e palavras. (Nasio, 1997, p. 17)

Para que servem as emoções? O que se aprende com o sofrimento? Lóri me interroga sobre o *fundamental*, e como responder ou calar diante do *essencial*? Pergunta de dor e que, como diz Nasio, só pode ter um sentido se construirmos um *lugar* e atravessarmos juntas esse território de terror e lágrimas. Para ela, até então, era uma opção ver a vida e os seres com bons, excelentes olhos, querer era poder, a raiva era um sentimento desconhecido, a origem deserto de afeto só faria sentido *a posteriori*. Ter pai e mãe era algo estranho à Lóri: não "realizava" que eles tivessem falhado ou que tivesse precisado deles. Parecia não haver registro de que havia sido concebida (no desejo, na alma, antes que na carne) por um casal. Era mais uma entre oito, tinha a clara percepção de não ser vista e, para sustentar um pouco de experiência de ser olhada, guardava como tesouro precioso duas lembranças. Mas agora, em meio a tanta turbulência emocional, desconfiava delas. Solitária desde a infância, penso que Lóri se autoinventara – como se tivesse sido concebida por si própria. Paradoxalmente, seu projeto de vida era ter uma família e principalmente filhos. Não sabia que seria capaz de dar a eles o que não recebera. Sua relação intensa com os dois, especialmente com a filha, apresentava aspectos de indiscriminação. "Eram tão parecidas!", exclamava. Experimenta então uma experiência de fusão que não tivera na infância.

Não ter sido "concebida" e não ter sido vista determinaram tamanho desalojamento que impediu a identificação com o mundo humano: áreas do sentido de si mesma representadas como não humanas não puderam acontecer no encontro com o rosto do outro. O resultado é um profundo sentimento de estranheza e exclusão. Sente-se "a estranha" e sem parentesco algum com outro ser. As identificações vão se constituir fora da espécie humana: Spock, ETs... É interessante observar o percurso de identificação: o aparentamento com a árvore e seu broto estrangeiro estaria significando uma maior proximidade com o mundo dos homens? Um *lugar*: o consultório, os arredores, sua extensão acolhedora, *um porto para Lóri*? O encontro comigo como um espaço de esperança para se ver, finalmente, refletida no olhar do próximo?

Um lugar para Lóri

Aqui vale retornar às primeiras colocações do texto, quando apresentava o conceito e a importância do enquadre segundo

Figueiredo (2009). Ressalto em Lóri sua necessidade de enlouquecer, de deixar emergir o infantil. A oferta de um *lugar* (o enquadre) e de uma escuta em que a loucura pudesse se "esparramar" possibilitou que a confiança se estabelecesse, que uma experiência de cuidado fosse levada a cabo de modo a que eu me sentisse autorizada a dizer que isso é próximo do que se define como fazer psicanalítico.

Acompanho-a em seu prantear da dor por um luto que não se referia apenas à perda do objeto. Prantear a dor frente ao seu próprio enlouquecer, à perda de si, ao desconhecimento de si própria, aos seus pedaços desgarrados e incompreensíveis. Acompanhá-la equivale à oferta de um tempo e de um lugar para que a dor se gaste e o estranhamento frente às partes cindidas ceda lugar a um processo de integração. Eu preciso disponibilizar um habitar para sua loucura em um espaço protegido para a regressão. Nosso encontro tem-se fundado na *confiança*: o lugar emerge da confiança. Procuro estar disponível para acolher sua loucura e sua solidão – é essa sua *necessidade*.

Medeias

Como imaginar que aquela adolescente de outrora que ficara ao lado do pai e da outra, enquanto todos os outros irmãos lhes viravam os rostos, hoje se incendeia de ódio pela "sua" outra e pelo seu ex? É sua vez de virar o rosto; o intolerável é cruzar o olhar, não quer conversa, não compreende a paixão nem a traição e sabe que é tão parecida sua história com a de sua mãe, e agora reza pedindo perdão porque a via tão insuportável. E viveram/vivem ambas histórias que quase se sobrepõem.

A "tristeza é uma forma de egoísmo",[5] e as crianças – os oito de uma, os dois de outra – são quase sacrificadas. Lóri, se pudesse, fugia com os filhos para se salvar da dor e se vingar de seu Jasão. Amor e saber se separam, afirma Nasio (1997): "Entre a clareza do amor e a clareza do saber, escolho a opacidade do amor que acalma a minha dor" (p. 30). A cegueira vence e eu repito que Lóri é capaz de deitar sua dor sobre seus dois filhos e envená-los de egoísmo.

A inquietação das pernas

Minha proximidade de Lóri, proximidade que eu pretendia que acontecesse numa distância justa, capaz de manter um vínculo de empatia e diferenciação, me conduzia à imaginação de sua fala--expressão de terror vivenciado. Como se ela sentisse, se pudesse falar sobre as entranhas, falaria desta forma:

> *A inquietação nas pernas. A inquietação na alma. Essa impaciência que me corrói por dentro, por fora, que me revela quando eu gostaria de passar incógnita na minha loucura, que de doce não tem nada. É ardida e me traz essa inquietação nas pernas, os olhos que não sossegam, incapazes que estão de fazer deslizar a leitura nas linhas dos livros, dos textos, dos processos a serem trabalhados. Aquieta-me, Senhor, me oferta um lugar onde eu possa repousar. Me oferta uma pedra como no sonho de Jacó, da qual eu possa fazer meu travesseiro e deitar o corpo com serenidade. Porque todos os sentidos estão em alerta, inquietos, desesperados por paz.*

---

5 Trecho da letra da música "Alegria" (1995), de Arnaldo Antunes, lançada no álbum *Ninguém*.

Todos os cômodos da casa já foram percorridos e eu não me encontro em nenhum. Não o encontro, Senhor. Aquele homem que deitara comigo por tantos anos, dividimos o leito, o sustento da casa, o cuidado dos filhos – agora é um estranho. Perambulo perdida de referência dentro de meu próprio lar – agora sou também uma estranha. Mas posso chamar de lar aquilo que é casa, onde outrora sosseguei meu corpo e alma e hoje, aflita, não consigo habitar? Queria um punhado de paz de volta, não esse vai e vem de emoções, queria a linha continua de um horizonte capaz de apaziguar minha tormenta. Loucura ardida porque diferente da doideira doce de outrora, dos maravilhamentos que experimentava. Não é só tristeza não, que tristeza deixa a gente quieta num canto, tristeza faz a gente puxar um lençol e se embrulhar em lembrança doída. É que junto da tristeza, às vezes parece até pior, vem um mal estar no corpo, de um tipo que não é de imobilizar e derrubar e fazer a gente catar um quarto escuro qualquer. Não, pode ser o pior, nem sei mais, porque o espelho em que ficou a minha face se perdeu, se quebrou ou nunca existiu. O pior pode ser essa distância impaciente do mundo, é estar longe quando alguém me fala, as olheiras aprofundam porque eu sou toda ouvidos só para as minhas tortas dores. Alguém me fala e eu vou partindo quando eu dava tudo para estar junto novamente. Mas tem coisa na vida que puxa o tapete de você mesma. Tá lá o corpo estendido no chão. Mas um corpo que não se aquieta, que se debate: os olhos piscam, as pernas mexem, as mãos sem lugar onde sossegar. Ah! Tamanho *desassossego! Por isso tento dar um destino a tanta impaciência: rodo 30 minutos, 40, uma hora, duas horas de bicicleta até ela se quebrar; porque nem ela aguenta a sede de movimento desse corpo magro. É pior que a tristeza? Perder o rumo dos próprios gestos, percorrer cada cômodo da casa e não te encontrar, você, um vocezinho capaz de virar minha vida desse jeito. Como uma separação pode causar tanto desatino? Eu percorro cada cômodo da casa e não te encontro, você que foi infiel, que fodeu comigo e com nossos filhos. Eu percorro cada cômodo da casa e não sossego. Darei quantas voltas forem precisas até te esquecer, até me encontrar. Porque não sou eu nesse corpo inquieto, nesses gestos imprecisos, nesse gosto amargo na boca que me tira a fome. E eu vomitarei em ti, escarrarei, hei de maldizer teus caminhos, porque me tiraste do meu. Esse ódio que eu não conhecia. Livrai-me, Senhor, desse ódio que eu não conhecia.*

Fantasma

Lóri me entrega uma poesia:

Nada tenho a dizer
Nada tenho a fazer
Em nada interferir
sem dimensão, sem peso nem altura
Nas passagens não deixo marcas

As marcas que tenho são só minhas,

fantasias da alma

que não são vistas

que não são sentidas

que não existem

marcas reais e carnais

deixadas por um mundo

só de poesia.

"A perda do amado é uma ruptura não fora, mas dentro de mim", ressalta Nasio (1997, p. 32). O caminho por onde adentramos em nossos encontros confirma a proposição do psicanalista. Não se trata de uma história de perda apenas. No entanto, a perda do amado é como se a vida puxasse o tapete de seu edifício interior e o desmoronamento dissesse respeito a todas as perdas ou, mais exatamente, ao negativo: àquilo que não se constituiu. O efeito é a perda de sua unidade costurada, gambiarrada, de uma existência fantasma, de uma habitação precária no corpo. O corpo que hoje desconhece ou reconhece em seus disfarces de outrora: não se vê como mulher, como pessoa, com idade. Sempre sonhara ser um desses ETs que não se arrumam, todos iguais, sem emoção e ao mesmo tempo com total tolerância ao próximo. Agora, uma encruzilhada: porque as emoções perturbaram, mais que bagunçaram o coreto do que imaginara de si.

    A dor veio encoberta, arrastada em seus disfarces, arrastada desde a infância. "Uma infância são ânsias", diz Felinto (1992, p. 69). E o que fizera de suas ânsias? Um "punhadico" de lembranças, um amontoado de ausência que costurara de um jeito que não trazia sofrimento. Ausência traz sofrimento? Para que serve pai (para os filhos), se ela conseguira viver sem o seu? Mas a ausência se transmuta em curva de rio, onde se acumulam os destroços do impensável. E a perda de agora é que nem curva de rio que segura o fluxo, que guarda ausências e perdas anteriores. É preciso transpor uma montanha de inexistência para atravessar a perda – porque todo luto requer trabalho e tudo ficou embaralhado quando se deu o enlouquecimento da bússola interior: ora se perde o amado, ora se perde a si. E, provavelmente, a maior perda, ou melhor, a perda fundamental seja a perda do ser. Ou, mais precisamente, perda do que não houve e do que não se constituiu.

Um fantasma que pede contato, que clama por encontro. Não imaginem Lóri distante ou seca. Abraça-me com tamanha força que eu posso sentir seu corpo magro pedindo abrigo, sua solidão encarnada pedindo pertencimento. Mas não nesse mundo – afinal, quem haveria de compreender suas "loucuras"? Não há lugar no mundo onde sinta que faça parte: falar de roupa, de assuntos triviais? E quem acolheria sem susto sua "mistura" com o mundo, seu lado Dr. Spock que anda tão (infelizmente, lamenta) oculto pela dor? Um broto de pertencimento surge em nossos abraços, nossas conversas, tantas sem resposta. Repito: Lóri me questiona sobre o fundamental. Logo ela, a quem faltou fundamental. E eu perplexa – como não ficar boquiaberta diante do que é essencial?

O pavor dos excessos

É preciso que fique claro que, quando me refiro ao racional em Lóri, razão não equivale à ausência de afeto. Quando me pergunta para que servem as emoções, não pensem em alguém desafetado ou guiado exclusivamente pelo racional. O racional em Lóri se refere àquilo que mantém a proporcionalidade, às medidas, ao que não extrapola. Assim, o que a desarvora são os *excessos*, a desmesura: a raiva que sente do marido e a paixão dele pela outra mulher.

Lóri foi construindo sua vida; não dentro de um projeto asséptico, mas ordenado. O casamento fora um espaço em que ganhara ordenação: ter filhos e um marido. Não conhecera a paixão, pouco se interessara por outros homens. O escolhido fora aquele que a assediara por dez anos e ganhara sua confiança, não sua paixão. Assim, quando me pergunta: "Para que servem as emoções?", refere-se aos excessos, às emoções violentas, ao que escapa das medidas moderadas. Seria simplista pensar seu sofrimento como ciúme. O casamento, em particular, fora um projeto de razoabilidade que cai por terra diante da imprevisibilidade da traição. A dor, quase onipotente, é de não poder curar. Os excessos é que precisam ser curados: confusão e amargura maternas, a própria raiva, a paixão do marido. Este escapara de suas mãos cuidadoras: por que não anunciara o adoecimento (a paixão) que se aproximava paulatina e silenciosamente? Juntos cuidariam; assim como cuidara da mãe doente, do pai, de vizinhos necessitados, do tio chato. Escapara de seus movimentos de reparação. É diante do irreparável, do que foge ao seu controle, que colapsa. Fracassara ao não conseguir trazê-lo de volta à razão, à moderação. Ciúme e perda são palavras restritas, ralas para a compreensão de sua dor.

Reconhece que é aquela que viera ao mundo com uma missão: a de cuidar. É uma obrigação que não pesa, mas que também não traz maiores prazeres. Pensa que todos têm tal obrigação: uns fazem mais, outros fazem menos. Um furor reparatório que pode ser vinculado à matriz: "curar a mãe enlouquecida no interior de si mesmo" (Pontalis, 1991, p. 64). Porém, fracassa; daí a culpa que sente diante da mãe, a dor diante da partida do marido. Crescera num ambiente deserto de afeto: nunca se sentira olhada. Fora conquistada pelo olhar insistente daquele. Casara por laços de confiança e tão poderosos, não insuficientes, não mais fracos que a paixão. Podia ser abandonada por qualquer um, mas nunca, nunca supusera que a traição viria dali onde ancorara aquilo que denominava seu único vínculo de confiança; ali, só ali, onde se sentira olhada. Fala de quebra de confiança, e eu posso perceber que se ocultara uma desesperança congênita (Winnicott, 1994) por trás de seus movimentos reparatórios e do que denominava seu único vínculo de fé na vida.

Quando deixa de ser olhada por aquele homem, sente que tudo cai por terra: da Lóri missionária resta um nada, ela me afirma, rosto crispado de dor. Sem o olhar do único ser em que confiara, sente que deixa de existir. Restam suas experiências solitárias, ali onde a intensidade é permitida, mas a loucura ameaça. Mas isso é um nada, repete, um feixe de sensações difusas, que ninguém é capaz de compreender. Com quem poderá partilhar experiências tão estranhas? Sou eu agora a destinatária de suas comunicações e de tudo o que não pode ser nomeado, do indizível que a atrai para o seu lugar. Entretanto, esse que diz ser seu lugar, ela me assegura – não é como missionária que se encontra e/ou sente prazer –, é na solidão sensorial; ela que se denomina "a contemplativa".

Solidão

> Meu único caminho teria sido aceitar a marca
> de nascença, ficar sozinha, viver só.
> Meu erro foi a insistência, a procura incessante
> por um complemento,
> por um encontro, por uma companhia que fosse.
>
> Felinto, 2002, p. 29

Se o demasiado é para ela tão abominável, especialmente a raiva, as intensidades são bem-vindas em outros tipos de experiências. Como já disse, o lugar de Lóri não é nas missões. Cuida por obrigação, mas sem peso nem maiores deleites. Ela se encontra no jardim – escavando, cavando buracos, plantando flores inúmeras, marcando nas mãos e nas palmas os calos da atividade que lhe devolve uma experiência de lugar. Ela se vê e se sente intensa no contato com a terra, com o vento, com o barro, com as pedras. Pode identificar-se com cada elemento (não apenas da natureza, mas principalmente): coloca-se "no lugar" da terra e pode, como esta, sentir-se úmida e porosa. Como argila, sente-se fria e compacta. Com a chuva, é capaz de escorrer sem medo. Fusionada com os elementos, de contato em contato, vai vivenciando pequenos ou grandes êxtases que não podem ser partilhados com outros seres. O que tem de mais valioso é também sua maior desgraça. Porque me conta que se sente um ET – quem mais vivenciaria experiências tão estranhas quanto preciosas e intensas? Contemplativa, já desde a infância, quando admirava horas a fio aranhas em suas teias.

Entristece-se porque sente que também eu não partilho suas especiais experiências. Mas posso compreendê-la? Engatinhamos juntas... Acolho sua solidão, seu indizível tão maravilhoso quanto aterrorizador. E teço em silêncio minhas próprias considerações.

Dimensões da experiência

Eis-me diante de uma mulher adulta, que trabalha, que construiu sua vida apesar de um ambiente primário sem trocas de afeto – território pontuado de aridez. É uma mulher inteligente, ponderada, afetuosa, mas que mantém uma vida secreta de intensas experiências sensoriais. Avessa aos excessos emocionais, acolhe com sofreguidão os contatos sensoriais com o mundo.

"Não escolheu", me diz aflita, "é assim: ela é isso". Suponho um desamparo inicial, quando não estabeleceu com o objeto primário uma relação de fusão e de ilusão (Winnicott, 1975). Com cacos, retalhos do que o ambiente foi oferecendo, constituiu-se, mas dissociações se mantiveram.

O que tem de mais valioso não é a relação com os objetos, mas suas secretas e solitárias vivências sensoriais. A menina permaneceu oculta, contemplando teias de aranha: o que produz maravilhamento e estranhamento. Relata para mim esse modo primitivo de funcionar e espera que outro ser – que seja eu ao menos – compreenda e, mais, que sinta do mesmo modo.

Recorro a Ogden (1996) e Tustin (1990). O primeiro discorre sobre três modos de criar e organizar os significados psicológicos: cada um está associado a uma de três organizações psicológicas – a posição depressiva, a posição esquizoparanoide e a posição autista--contígua. O que me interessa aqui é a posição autista-contígua, que, embora anterior às posições descritas por Klein, coexiste dialeticamente com elas desde o início da vida psíquica: "É uma organização psicológica na qual a experiência de *self* está baseada na ordenação da experiência sensorial, particularmente das sensações na superfície da pele" (Ogden, 1996, p. 135). A palavra "contígua" designa superfícies que se tocam (pele, corpo): a cadência rítmica, a experiência de ser segurado ouvindo a voz da mãe, promovem as conexões e a organização da experiência. Assim, as superfícies de mãe e filho constituem uma unidade. Houve uma experiência de unidade com a mãe? Pergunto-me sobre Lóri.

É importante ressaltar o destaque dado à posição autista-contígua como modo mais primitivo de oferecer significado à experiência. Aqui, a angústia dominante refere-se ao colapso da sensação de delimitação sensorial. O terror constitui-se como sensação de cair ou de se derramar em um espaço infinito e sem forma.

A experiência de objeto em um modo de funcionamento segundo a posição autista- contígua se dá basicamente com formas autísticas e objetos autísticos (Tustin, 1990). Aqui nos distanciamos do mundo objetal. Uma forma autística é uma "forma-sentida" (p. 100):

> que consiste em impressões sensoriais idiossincráticas deixadas por um objeto quando este toca a superfície da nossa pele. Uma bola é a sensação de uma área de maciez firme que se cria quando o objeto toca a superfície da pele. Essas experiências primitivas relacionadas com objetos (experiências de contiguidade de superfícies) são calmantes por natureza. (Ogden, 1996, p. 136)

A posição autista-contígua pode ser pensada como pré-simbólica e caracteriza-se por uma forma particular de relação com o objeto, na qual o objeto é uma experiência sensorial (principalmente com a superfície da pele). Quando Lóri me abraça, é com força, mas não é apenas a celebração do encontro de duas pessoas que se gostam, ainda é a busca da sensação do contato com as superfícies de nossos corpos. Também o prazer com que toca a terra ou sente o vento, remete-nos às "formas-sentidas" descritas por Tustin (1990). Destaca-se a importância da compreensão dessas experiências sensoriais, tão celebradas pela paciente, que nos informam sobre sua forma de ingressar no mundo e proteger-se contra uma possível inospitalidade. Tais experiências trazem, portanto, uma dimensão de êxtase e de calma.

Ogden (1996) identifica uma forma de isolamento que se associa a uma experiência do tipo autista-contígua que implica uma separação mais profunda dos seres humanos do que aquelas descritas por Winnicott:

> *o isolamento de tipo autista-contíguo implica, em algum grau, o ato de substituição da mãe como ambiente por um ambiente sensorial autogerado. Ao substituir a mãe ambiental por uma matriz de sensação autônoma, o bebê cria uma pausa essencial na tensão (e no terror intermitente) inerente ao processo de vir à luz no âmbito de seres humanos vivos. (p. 172)*

A dimensão autista-contígua do isolamento constitui uma dimensão universal da experiência humana: representa um ponto de repouso ou um santuário dentro do processo de tornar-se (e ser) humano. O ambiente humano vivo é substituído por relações com experiências sensoriais totalmente confiáveis:

> *tais relações autistas-contíguas são maquínicas na precisão e portanto podem ser pensadas como uma substituição do mundo humano por um não humano. Contudo, o não humano não é sinônimo de morto, as formas e objetos sensoriais não humanos (maquínicos) proporcionam um contexto livre da imprevisibilidade das relações humanas vivas. (Ogden, 1996, p. 173)*

Ogden ressalta que o que descreve é uma suspensão do mundo dos vivos e sua substituição por um mundo de "relações com sensações perfeitas".

Reconheço Lóri quando se isola em seu santuário de imprevisibilidades (por meio do contato com objetos inumanos), resguardando-se da relação com o mundo humano vivo – com o mundo que se mexe, que foge ao seu controle, o marido que se distancia, as emoções que esparramam.

É fundamental, segundo Ogden (1996), que a mãe permita que seja substituída, mas também é igualmente importante que a mãe "seja capaz de competir com a perfeição do santuário dominado pelas sensações do bebê e devolvê-lo ao mundo dos vivos" (p. 174). Suponho que em sua infância precoce, mais uma entre oito filhos, Lóri era deixada em seu refúgio proporcionado pela experiência de não existir no mundo dos vivos.

Vale ressaltar que essa forma de experiência – de relações com formas e objetos autísticos – constitui uma faceta da experiência humana que serve de anteparo contra a contínua tensão de estar vivo no mundo dos humanos: na ausência dessa faceta da experiência, ficamos sem pele e insuportavelmente expostos. No caso de Lóri, entretanto, o lugar de repouso tornou-se o lugar de se sentir viva (ou protegida?) – ali é que ela se reconhece. O santuário ganhou importância essencial em sua vida – como anteparo frente ao imprevisível e como fonte de sensações autogeradas intensas. O isolamento tornou-se mais importante que se relacionar com o mundo humano vivo. E ela acredita que a verdadeira Lóri – seu lugar – é no santuário.

O modo de funcionamento autista-contíguo não existe isolado dos outros modos, estabelece uma interrelação dialética entre eles. Lóri não paralisou sua vida no modo mais primitivo, fez uma carreira de sucesso, constituiu uma família, construiu laços de amizade. Mas essas experiências sensoriais se mantiveram em segredo. Quando se espanta diante do óbvio que brota, quando pergunta sobre o porquê das emoções, pressinto seu terror de experimentar emoções humanas profundas; daí as substitui por formas de sensação (Tustin, 1990, p. 122). O sensorial é o refúgio necessário, intervalo entre as lutas que travara e trava com o mundo humano: a contemplação da teia de aranha quando criança, a experiência de prazer e êxtase no contato com a terra, com a dureza das pedras, com a sensação do vento na face.

O terror de enlouquecer fala do temor de aprisionamento sem volta no mundo de formas sensoriais. Como a paciente Mary, de Tustin (1990):

> *Ela está percebendo que pode ficar enclausurada lá para sempre e nunca ser capaz de escapar. Ela está percebendo que esconder-se em um mundo elementar de formas autoproduzidas é perigoso; ela pode nunca ser capaz de "fazer a volta" para viver no mundo normal de objetos e pessoas. (p. 123)*

O abandono do marido retirou Lóri violentamente de seu santuário sensorial, arremessando-a ao mundo das emoções profundas. A raiva, os excessos até então contidos irromperam, e não se conformava, porque "não se reconhecia mais". A perda do outro trouxera, como disse anteriormente, a perda de si, das fronteiras, dos diques que protegiam do demasiado que as ausências podem conter. Mais do que como vivência de rejeição, o abandono é vivido, segundo afirma Tustin (1990), como "rupturas físicas reais em um substrato que experimentavam como os apoiando. Literal e fisicamente, eles sentem-se "traídos". O chão parece ter-se aberto sob seus pés, e eles se sentem à beira de um abismo que surge diante de seus olhos" (p. 157).

O abandono confirma aquilo que trouxera como dor mais profunda: um sentimento de solidão, de não pertencimento que sempre a acompanhara e que então, junto ao marido, era "driblado". A solidão como "marca de nascença" se agudiza quando preciso me afastar por motivo de saúde. Reencontramo-nos e Lóri, amargurada, fala de sua solidão irremediável, da descrença do mundo dos humanos, da certeza de que o abandono está sempre presente no horizonte do devir humano. Minha presença e palavras não a trazem de volta – ante a ameaça de o chão abrir-se sob seus pés, ante o terror de cair e cair mais uma vez.

Uma pele terrivelmente exposta advém quando perde seu lugar de repouso, o marido como vínculo com o mundo humano (assim falava), quando o seu projeto de razoabilidade falhara, quando eu partira sem mais nem menos. Mãos calosas, ossos duros, pele seca, vestes distraídas, pés descalços e eu, envolvida em uma teia de delicadezas e afeto, eu que já fora cativada, percebo meus braços no ar, em vão, em uma última tentativa de alcançá-la.

Últimas palavras

Considerando sua história de vida e a ausência afetiva dos pais – a vivência de invisibilidade, no lugar de ser fonte de dor e de reconhecimento das falhas parentais, transformou-se em recurso para que sobrevivesse psiquicamente. O "santuário sensorial" foi a saída possível que possibilitou a criação de um mundo secreto e particular no lugar do confronto com o mundo inóspito do qual poderia ser possível habitante.

Como disse anteriormente, outros modos de funcionamento psíquico impediam que o modo autista-contíguo dominasse sua experiência de vida. Assim, pode construir uma carreira de trabalho sólido, casar, ter filhos, estabelecer contatos afetivos. Penso que as emoções intensas eram vividas na relação com os filhos, entretanto, talvez ficassem circunscritas ali. O vínculo com o marido era forte, de confiança, mas nunca paixão. Este constituía a ponte que a ligava ao mundo dos humanos, de uma forma que grandes emoções não invadissem seu mundo interno.

Todavia, a separação trouxe à tona a turbulência emocional até então não contatada, daí a renitente indagação: "Para que servem as emoções?". Vivia o ódio com estranhamento, não conseguia se conceber sendo a mesma: a que odeia, ama, se alegra, se entristece. Minha tarefa era a de acolher seus vários estados de ser, buscando uma continuidade que lhe possibilitasse o sentimento de que continuava sendo Lóri.

O colapso das defesas conduzira ainda à perda daquelas experiências sensoriais que possibilitavam estados de êxtase. Além de raras, surgia o medo de que as mesmas experiências a levassem ao isolamento total e à loucura. De modo contratransferencial, nossos encontros despertavam em mim um desejo de compreendê-la e um estado de atenção permanente e cuidadoso. Entretanto, seus aspectos mais primitivos me deixaram, de início, perplexa. Estar ao lado dela sem saber, como acontecem com vários encontros terapêuticos, fez parte da nossa história, que foi interrompida logo após o período de meu afastamento do consultório. Na volta, amargurada, reafirmou sua solidão no mundo e a impossibilidade de contar com alguém. Novamente perplexa, pois supunha que nosso vínculo sobrevivesse à separação, desconsiderei a dor e a vivência de descontinuidade que tal experiência poderia provocar.

Referências

Bion, W. R. (1977). *Emotional turbulence, in borderline personality disorders*. New York: International University Press. (Reimpresso em *Clinical seminars and other works*. London: Karnac, 1990.)

Bollas, C. (1992). *Forças do destino: psicanálise e idioma humano*. Rio de Janeiro: Imago.

Donnet, J.-L. (1976). Contre-transfert, transfert sur l'analyse. *Revue Française de Psychanalyse, 3*, 443-454.

Felinto, M. (1992). *As mulheres de Tijucopapo*. Rio de Janeiro: Editora 34.

Felinto, M. (2002). *Obsceno abandono*. Rio de Janeiro: Record.

Figueiredo, L. C. (2009). *As diversas faces do cuidar: novos ensaios de psicanálise contemporânea*. São Paulo: Escuta.

Green, A. (1980). As paixões e suas vicissitudes. In *Sobre a loucura pessoal* (pp. 217-256). Rio de Janeiro: Imago.

Nasio, J.-D. (1997). *O livro da dor e do amor*. Rio de Janeiro: Jorge Zahar.

Ogden, T. H. (1996). *Os sujeitos da psicanálise*. São Paulo: Casa do Psicólogo.

Pontalis, J.-B. (1991). *Perder de vista: da fantasia de recuperação do objeto perdido*. Rio de Janeiro: Jorge Zahar. (Trabalho original publicado em 1988.)

Tustin, F. (1990). *Barreiras autistas em pacientes neuróticos*. Porto Alegre: Artes Médicas.

Winnicott, D. W. (1975). Objetos transicionais e fenômenos transicionais. In *O brincar e a realidade* (pp. 13-44). Rio de Janeiro: Imago. (Trabalho original publicado em 1953.)

Winnicott, D. W. (1982). Os objetivos do tratamento psicanalítico. In *O ambiente e os processos de maturação* (pp. 152-155). Porto Alegre: Artes Médicas. (Trabalho original publicado em 1962.)

Winnicott, D. W. (1994). A experiência Mãe-Bebê de mutualidade. In *Explorações psicanalíticas* (pp. 195-202). Porto Alegre: Artes Médicas. (Trabalho original publicado em 1969.)

O barulho inaudível: adolescência, tédio e retraimento[1]

Atendo o telefone e uma voz feminina, pouco animada, soando quase fria e distante, solicita uma entrevista para conversarmos sobre seu filho de 15 anos, que, segundo ela, precisava de ajuda psicológica. Cheguei a pensar, na ocasião desse primeiro contato, que era a mulher quem buscava ajuda, parecendo trazer um sofrimento silencioso.

Marcamos a entrevista. Recebi os pais, que me pareceram angustiados e dominados pela ânsia de decifrar o filho, que aqui chamo Alan, e sua estranha adolescência. Descreveram seu isolamento, o tédio, a não comunicação, o afastamento e a reclusão no quarto, sempre monossilábico e sem amigos, dedicando-se quase exclusivamente a jogos no computador. "A culpa será desse computador?", eles me perguntaram. "Afinal, essa geração é viciada em joguinhos..." Para os pais, algo de muito errado estava acontecendo com Alan e, por isso, resolveram pedir ajuda. Em seu desesperado gesto de tentar trazer o filho ao contato consigo e com a vida,

---

1 Uma versão anterior deste texto foi publicada na *Revista Ágora* (Rio de Janeiro), *22*(3), 343-352, set.-dez./2019, em coautoria com Luís Claudio Figueiredo.

a mãe convidava amigos – em vão, pois ele não conversava com ninguém e continuava no quarto. Pergunto-me: do que será que o quarto-catedral, o quarto-santuário, o protege? Será que o jovem Alan se esconde ou estará perdido?

Impaciente, o pai não se conformava com esse desperdiçar da vida; afinal, adolescência "é a melhor fase, a mais feliz". Ele tentava falar com o filho sobre carros, mas sem sucesso: "Como pode um menino não gostar de carros?". O casal também estranhava a apatia de Alan frente a times e jogos de futebol, já que, antes, quando menor, acompanhava torneios em companhia do pai. Além de não fazer amigos na escola, não se inscrevia nas atividades extracurriculares, o que também causava indignação. Embora obediente, cordato, "um menino bonzinho", que deixava de lado seus joguinhos para atender a pedidos dos pais, Alan seguia apático e entediado.

Sofridos e perdidos como se mostravam, estariam esses pais preparados para acolher os anos de desesperada indiferença que o adolescente parecia atravessar? Pareceu-me, nesses primeiros encontros, que o casal estava no limite, "trocando os pés pelas mãos", sem saber o que fazer diante da não comunicação que predominava no ambiente familiar.

Lembrei-me então das palavras de Winnicott (1983): o adolescente *é* um isolado. Mas quais seriam as dimensões do isolamento de Alan? Também me veio à mente o filme *As virgens suicidas*, de Sophia Coppola (2000),[2] que conta a história trágica do suicídio coletivo de cinco irmãs adolescentes, em um subúrbio dos Estados Unidos, nos anos 1970. Logo no início, a irmã caçula, após uma tentativa frustrada de tirar a vida, frente às ocas palavras do médico, que lhe pergunta "O que você está fazendo aqui, meu bem? Você nem tem idade para saber o quanto a vida pode se tornar

---

2 O filme se baseia no livro homônimo do norte-americano Jeffrey Eugenides, lançado em 1993, já publicado em 34 idiomas.

ruim", responde, provocativa: "É óbvio, doutor, você nunca foi uma menina de 13 anos".

Decerto tomada pela comunicação nas entrelinhas, "pescando" o sofrimento da mãe, ainda nesse primeiro encontro, perguntei a ela: "Você está triste?". Aqui, faço um adendo: penso o quanto podem ser promissoras e férteis tais inusitadas e repentinas intervenções, que, sem nos darmos conta, buscam fazer eco à comunicação lançada. Assisti a um desabar de mágoa e ressentimento. Sim, ela estava triste; sim, mais que triste, estava infeliz. Não gostava de sua vida: nascera em São Paulo e não conseguia se adaptar ao "arrastar" da cidade em que moravam. Adorava a faculdade que cursava, mas teve de parar por falta de dinheiro, que foi destinado à construção da casa nova desejada por todos da família, menos por ela. Embora fosse a casa que projetou, sonhava com uma família unida, idealizara um espaço que juntasse a todos; porém, cada um se isolava em seu quarto, incomunicável.

Finalizamos essa primeira sessão já deixando agendado o encontro com Alan, que relato a seguir.

Buscando Alan

Foi em meio a pensamentos e muitas dúvidas que recebi Alan. De imediato, eu me surpreendi: encontrei um menino franzino, com altura inferior à de outros de sua idade, parecendo ter 12 ou 13 anos. Sério, retraído, foi, entretanto, deixando-se levar pelo contato comigo. Procurei segui-lo, buscá-lo, mas também me surpreendi com seus movimentos de resposta a meus gestos em seu encalço. Iniciei falando do motivo de nosso encontro, perguntando se tinha desejo de realizar um trabalho comigo. Alan respondeu que queria estar ali, que era bom.

Enquanto lhe dirigia essas perguntas, eu me lembrei da psicanalista canadense Alvarez (2012). A partir do atendimento de seu paciente Robbie, um autista grave, ela ressaltou a importância de, frente a determinados casos, assumir uma postura mais ativa. Alvarez discorre sobre o que denomina três níveis de trabalho analítico que poderiam estar interligados. O primeiro seria "explicativo" (Freud e Klein) e o segundo, "descritivo", correspondendo à continência de Bion. Porém, além do *insight* e de outros níveis mais primários, haveria a necessidade de um terceiro nível, mais primitivo – tanto de psicopatologia como de técnica. Ressalta que é fundamental encontrar o nível de intervenção adequado ao de patologia e/ou desenvolvimento do ego e do objeto do paciente; para tanto, é preciso se levar em conta a capacidade de introjeção dele.

O terceiro nível, a grande contribuição de Alvarez (2012), corresponde a uma intervenção intensificada e é denominado "reivindicação" ou "reclamação", correspondendo ao sentimento contratransferencial de urgência. Robbie, que apresentava um retraimento severo, assim como outros pacientes com risco de morte psíquica, requerem algo além da continência receptiva, passiva em demasia: necessitam de uma postura ativa, um tom de voz enérgico, com maior urgência emocional. Uma técnica intensificada, que a autora sublinha que não seria necessária com um paciente com ego suficiente e com interesse pela vida, de modo a lutar contra a tendência a se retrair. O paciente Robbie, em sua quase morte psíquica, estava mais próximo de uma desistência – um paciente passivo desesperado – do que de um refúgio defensivo – antes perdido do que escondido, antes deserto do que refúgio. Ele não se afastara, ele desistira. Nas palavras da psicanalista: "o refúgio ao menos oferece um lugar para ir; o deserto não oferece nada" (Alvarez, 2012, p. 179).

Embora tenha concluído que o adoecimento de Alan não se situava em um nível de gravidade semelhante ao de Robbie, seu afastamento me conduziu a uma posição mais ativa, como acontece com outros de meus pacientes retraídos – transporto para esses casos o conceito de "reivindicação" de Alvarez. Restava-me saber se meu paciente se escondia, se refugiava, ou se o nada e a ausência dominavam a cena. A morte psíquica, deserto sem recurso, nos acena, exigindo uma urgência para ir em busca, alcançar aquele que precisa fazer parte da família humana.

Fomos assim nos conhecendo com certa lentidão: Alan sempre tão sério, enquanto eu me oferecia com uma postura vitalizada. E como disse, vez ou outra, ele me surpreendia, respondendo aos meus chamados, às minhas perguntas, não deixando que o silêncio dominasse o encontro. Minha intenção era, claramente, evitar a repetição dos aspectos mortíferos do cenário familiar.

Green (1988), em seu texto "A mãe morta", discorre acerca do desinvestimento materno em relação ao filho, quando a mãe deprime por algum motivo e sua tristeza e desinteresse pela criança se apresentam em primeiro plano. O que constitui o "complexo da mãe morta" é o que o psicanalista denomina "depressão de transferência", que se traduz como repetição de uma depressão infantil não motivada, necessariamente, por uma perda real do objeto: "o traço essencial desta depressão é que ela se dá em presença de um objeto, ele mesmo absorto num luto" (p. 255). Anteriormente, uma relação viva e feliz se dava com a mãe, que fora abruptamente interrompida. O luto súbito da mãe é vivido pelo filho como catástrofe, e ele tenta em vão trazê-la de volta à vida. Depois do fracasso dessa tentativa, outras defesas são acionadas, sendo a mais importante "o desinvestimento do objeto materno e a identificação com a mãe morta" (p. 257). Daí a capacidade de amar fica bloqueada, já que seu amor se encontra hipotecado à mãe morta, e o amor gelado domina.

No caso de Alan, penso que podemos articular um estado retraído ao "complexo da mãe morta": é possível relacionar a apatia de meu paciente não apenas à tristeza da mãe como também ao distanciamento afetivo apresentado pelo casal. Na verdade, à medida que as sessões foram se sucedendo, foi se revelando, *pari passu* ao retraimento, uma tristeza aguda. "Esse menino nunca sorri?", eu estranhava. E seguia me perguntando: "Onde o prazer, onde a vida, onde alguma alegria?".

Tal digressão tem também como objetivo nos conduzir para a reflexão de Green (1988) sobre a técnica indicada frente ao complexo descrito. Se adotamos a técnica clássica, o silêncio pode levar à repetição da relação com a mãe morta. Assim, retomo o que já iniciara a discorrer: minha opção por evitar longos silêncios. O autor escolhe como atitude técnica nesses casos a que "faz do analista um objeto sempre vivo, interessado, acordado pelo seu analisando e testemunhando sua vitalidade pelos laços associativos que comunica ao analisando, sem nunca sair da neutralidade" (p. 271). O paciente precisa, pois, sentir-se narcisicamente investido pelo analista. Aqui podemos vincular a postura técnica de Green à já apresentada "reivindicação/reclamação" de Alvarez.

De poucas, entretanto, eloquentes palavras

Foi assim, com uma postura ativa, que consegui me aproximar de Alan. Embora de poucas palavras, ele ia respondendo aos meus movimentos; eu lançava extensa corda (à semelhança de Alvarez com seu paciente Robbie) para alcançá-lo e, assim, oferecer-lhe um ambiente vitalizado.

Observei que um rancor relativamente disfarçado vazava ao falar dos pais. Alan não se comunicava, não participava das refeições, isolava-se no quarto, evitando fazer contato, "porque só brigam e gritam, gritam demais". O menino bonzinho ia me mostrando, sutilmente, suas garras: por que faz o que pedem? Por que obedece? Para "não encherem o saco", ele respondia, assertivo. Também deixava de falar acerca de sua vida pessoal, principalmente na escola, "para não encherem o saco". Assim, em todas as sessões, palavras cruas e indóceis revelavam seu mal-estar quanto à convivência com os pais. Também não gostava dos colegas da escola, não tinha amigos, pois "só querem estudar". Por outro lado, a palavra "animação" se repetia nos encontros. Quando a família recebia visitas ou promovia alguma festa, era bom, por ser animado e porque, nessas ocasiões, os pais não brigavam. Alan me falava de um ambiente desvitalizado, aquele mesmo que eu testemunhara no encontro com o casal – melancolia e hostilidade deitavam suas sombras sobre o filho.

Pergunto-me: qual uso meu paciente vinha fazendo da não comunicação no ambiente familiar? O que buscava comunicar ao não se comunicar?

No texto intitulado "Comunicação e falta de comunicação levando ao estudo de certos opostos", Winnicott (1983) destaca a importância da não comunicação como fundamental para a saúde, pois se conecta ao *self* verdadeiro, sendo experiência fundante da subjetividade. Também a destaca como retraimento esquizoide, conforme abordo adiante.

No início, quando o objeto é subjetivo, a comunicação é silenciosa e não precisa ser explícita. À medida que o objeto passa a ser objetivamente percebido, a comunicação pode ser explícita ou, ao contrário, confusa. Aqui, o indivíduo pode experimentar prazer com os modos de comunicação, mas também merece destaque a não comunicação do *self* individual ou o núcleo do *self* que é um verdadeiro isolado. A sensação de ser real provém, justamente, da comunicação silenciosa com objetos subjetivos; ou seja, o relacionamento e a comunicação significativos são silenciosos. A necessidade de estar só ganha, portanto, um valor positivo. Assim, Winnicott (1983) propõe um paradoxo: "embora as pessoas normais se comuniquem e apreciem se comunicar, o outro fato é igualmente verdadeiro, que cada indivíduo é isolado, permanentemente desconhecido, na realidade nunca encontrado" (p. 170).

Winnicott (1983) continua:

Este fato duro é amenizado por se compartilhar o que pertence à experiência cultural. No centro de cada pessoa há um elemento não comunicável, e isto é sagrado e merece ser preservado. As experiências traumáticas que levam à organização das defesas primitivas fazem parte da ameaça ao núcleo isolado, da ameaça a ser isolado, da ameaça dele ser encontrado, alterado, e de se comunicar com ele. Estupro, ser devorado por canibais, isso são bagatelas comparados com a violação do núcleo do self*, alteração dos elementos centrais do* self *pela comunicação varando as defesas. Como ser isolado sem ser solitário? (p. 170)*

Se o isolamento é uma necessidade para todos, para os adolescentes ganha maior importância, pois é parte essencial de sua busca por uma identidade e "para o estabelecimento de uma técnica pessoal de comunicação que não leva à violação de seu *self* central", como afirma Winnicott (1983, p. 173), destacando que os adolescentes não gostam de psicanálise devido ao temor de serem "violados espiritualmente". Isso não impossibilita que o analista, por meio do manejo, consiga evitar a confirmação dos medos do adolescente. Frente a tantas mudanças, ele precisa defender-se contra ser descoberto, isto é, "ser encontrado antes de estar lá para ser encontrado" (p. 173). O que é sentido como real é defendido a todo custo, mesmo que não haja espaço para conciliação. Os adolescentes apresentam uma "moralidade feroz", como diz o pediatra e psicanalista.

Nessa perspectiva, compreendi que necessitava entender a recusa de Alan, sua não comunicação, sob dois aspectos: a defesa contra a violação do que era verdadeiramente pessoal, próprio da adolescência, e também reconhecer em sua falta de comunicação uma reclusão patológica.

Recorro mais uma vez a Winnicott (1983), que, comentando um de seus casos clínicos, afirma: "Uma criança estabelecendo um eu privado que não se comunica, e, ao mesmo tempo, querendo se comunicar e ser encontrada. É um sofisticado jogo de esconder em que é uma alegria estar escondido, mas um desastre não ser achado". (p. 169)

Com Alan, precisava, portanto, não repetir as invasões parentais, que pareciam violar seu *self* central, oferecendo espaço para seu próprio gesto; mas, como já disse anteriormente, evitando silêncios prolongados que viessem a atualizar o abandono, o desastre de não ser encontrado. Seu isolamento me parecia se constituir menos como lugar de repouso que como refúgio defensivo; portanto, ele precisava ser resgatado – e, realmente, poderia ser um desastre se não fosse alcançado.

Coelho Jr. e Barone (2007), destacando a importância da teoria de Winnicott sobre a comunicação para se pensar a autenticidade e a vitalidade do espaço analítico, afirmam:

> A análise deveria representar um jogo de esconder e mostrar, no qual o paciente pode recuperar certa privacidade, ao mesmo tempo que pode comunicar o que julga importante. É a mesma tarefa desempenhada pela mãe que não se comunica com seu bebê a não ser como um objeto subjetivo. Essa presença implicada e reservada permite manter um paradoxo entre os aspectos comunicáveis e a privacidade do self. Assim, a posição do analista deve, paradoxalmente, ser capaz de estar aberta às comunicações do paciente e ao seu silêncio. É uma presença paradoxal que contempla uma espécie de ausência: a posição do analista deve, sem desistir de buscar o paciente, respeitar sua necessidade de se esconder. A ética do método analítico sustenta-se nesse equilíbrio paradoxal entre comunicar-se e não se comunicar. (p. 90)

Não desistir de buscar o paciente é vetor nessa balança/presença paradoxal que deve prevalecer em qualquer encontro analítico; porém, ressalto aqui tal posição mais ativa em determinados casos de retraimento. Segundo Winnicott (1983), o estudo da não comunicação nos auxilia a entender os estados retraídos. Assim, se até agora ressaltei a necessidade de estar só como um aspecto da saúde, outro tipo de não comunicação, configurando estados de reclusão, deve ser situado no campo da patologia.

À medida que o objeto passa a ser objetivamente percebido e se estabelece uma comunicação explícita entre o bebê e a mãe, duas categorias opostas a essa comunicação surgem: a não comunicação simples e a não comunicação ativa ou reativa. A primeira estaria no campo da saúde, equivalendo ao repousar, antecedendo e surgindo após os momentos de comunicação explícita. Na não comunicação ativa ou reativa, o ambiente falhou em algum grau e deu-se um *splitting* nas relações objetais: uma parte se relaciona com o objeto por meio do falso *self* e outra parte com o objeto subjetivo, não sendo influenciada pela percepção objetiva do mundo. Enquanto, como já vimos, a comunicação com os objetos subjetivos possibilita a sensação de ser real, a comunicação por meio do falso *self* não é verdadeira porque não envolve o *self* verdadeiro; daí a sensação de irrealidade e futilidade. A segunda tem, portanto, uma dimensão psicopatológica que emerge da dissociação entre falso e verdadeiro *self* e cujo extremo levaria à esquizofrenia infantil, incluindo aqui o retraimento esquizoide, objeto de nosso estudo, mas também uma dimensão não patológica – a necessidade de manter o núcleo do *self* incomunicado. Na saúde, essa necessidade de isolamento só faz sentido, ressalto, se articulada com a comunicação explícita.

Winnicott (1983) aborda ainda, de outra maneira, dois opostos da comunicação: a comunicação pode se originar da não comunicação como uma transição natural ou pode ser a negação de uma não comunicação ativa ou reativa. Aqui, é importante tomarmos cuidado para que, em uma análise de pacientes com algum elemento esquizoide oculto, não ocorra um conluio do analista com o paciente para a negação da não comunicação. O silêncio pode, nesse caso, tornar-se a contribuição mais positiva, sendo que o melhor a fazer por parte do analista é esperar, em vez de interpretar, impedindo que o paciente descubra, criativamente, o que se passa.

Com relação ao meu paciente, outro ponto destacado pelo autor merece atenção. Trata-se do fator antivida.

Antes de finalizar a abordagem do texto mencionado, ao se manter na discussão sobre opostos que fazem parte da negação, Winnicott (1983) apresenta seu pensamento sobre a pulsão de morte:

> *Vejo o que não posso aceitar é que a vida tenha a morte como seu oposto, exceto clinicamente na oscilação maníaco depressiva e no conceito de defesa maníaca em que a depressão é negada e tomada em seu oposto. No desenvolvimento do lactente, viver se origina e estabelece a partir do não viver e existir se torna um acontecimento que substitui o não viver, assim como a comunicação origina do silêncio. A morte só se torna significativa no processo vital do lactente quando surge o ódio, que ocorre em data posterior, distante dos fenômenos que utilizamos para construir a teoria das bases da agressão.*
>
> *Por isso, para mim não tem utilidade unir a palavra morte com a palavra instinto, e ainda menos se referir ao ódio e raiva pelo uso das palavras instinto de morte.*
>
> *É difícil se chegar às raízes da agressão, mas não nos auxilia o uso de opostos como vida e morte, que nada significam no estágio de imaturidade que está em consideração. (pp. 173-174)*

Penso ser fundamental destacar que, embora não aceite a pulsão de morte, Winnicott (1983) se refere a um "fator antivida", derivado da depressão materna. A importância dessa referência se inscreve no reconhecimento, no pensamento do autor, de forças destrutivas provenientes da falha ambiental traumatizante. De qualquer modo, o mortífero deve ser reconhecido em seu pensamento teórico-clínico, como podemos ver mais fortemente no texto "O medo do colapso" (Winnicott, 1994) e na articulação do conceito de "agonia" com algo que se aproxima de uma radical passividade e de uma ameaça de morte psíquica.

Como afirma Coelho Jr. (2018):

> *A agonia constitui uma vivência do que antecede e antecipa a experiência da morte, a experiência do vazio desvitalizado. Dissemos que as angústias podem ser pensadas como fenômenos da vida, de uma vida agitada pelas pulsões e pelos afetos, assim como pelas impressões sensoriais e pelos sofrimentos que a vida comporta. Já a agonia, neste contexto, indica um fenômeno da morte, de uma morte antecipada, ou da morte em estado de suspensão. (p. 132)*

O vazio desvitalizado a que se refere Coelho Jr. pode ser identificado no silêncio quando este não constitui não comunicação simples, mas lugar de inércia e passividade – algo presente no caso de Alan. Essas patologias da passividade, que se situam no modelo de adoecimento psíquico que se dá por passivação – que Figueiredo e Coelho Jr. (2018) denominam de matriz ferencziana –, requerem, como afirma Ferenczi (1992a) a oferta de "impulsões de vida positivas" (p. 51), o que não pode se transformar, equivocadamente, em uma intervenção maníaca.

Uma breve digressão cabe aqui para explicitarmos os dois modelos de adoecimento psíquico. Figueiredo e Coelho Jr. (2018) nos apontam duas tradições: a freudo-kleiniana e a ferencziana (esta última incluindo também Balint e Winnicott) que se distinguem em termos de reação ao trauma. Na primeira tradição, por mais importantes que sejam o trauma e o estado de desamparo e por mais primitivas as angústias, sempre há recursos defensivos: uma resposta ativa. Já na matriz ferencziana, o trauma ultrapassa as possibilidades de defesa ativa. Portanto, na matriz freudo-kleiniana os adoecimentos se dão por ativação (das angústias e das defesas) e na ferencziana certos adoecimentos se dão por passivação (processo cujo desfecho é a condução do psiquismo à inércia, ao não ser).

Para Ferenczi, Balint e Winnicott, há, pois, uma consideração da morte que aprofunda o que estamos ressaltando em relação à diferença entre as duas matrizes – seja a morte absoluta, quando um bebê é submetido a traumas graves e precoces (como vemos em Ferenczi (1992a), em seu texto "A criança mal acolhida e sua pulsão de morte"), sejam as formas de morte em vida ou a morte temida, entretanto, já acontecida (em função de uma falha grave do ambiente ocorrida no período da dependência absoluta), mas não experimentada (como destaca Winnicott em "O medo do colapso" (1994)). A articulação de forças mortíferas ou apassivadoras advindas da ação de outro sobre o indivíduo traumatizado que aqui reconhecemos em Winnicott se insere, pois, na linhagem do pensamento ferencziano.

Continuando com Coelho Jr. (2018):

> *Os quadros psicopatológicos decorrentes dos traumas precoces trazem a marca das cisões e seus aspectos mortíferos, que, para Ferenczi, parecem estar mais próximos do que Avello (1998) denomina de "paixão de morte", do que da pulsão de morte tal como concebida por Freud. Trata-se de uma forma de "resposta" passiva e passional do sujeito à ação traumatogênica vinda do ambiente. Mais do que uma força mortífera constitucional seria a presença da inoculação de aspectos mortíferos oriundos do objeto, seja por sua ausência e desinteresse, seja por seus aspectos sádicos e destrutivos. (p. 124)*

O que é fundamental nesse novo contexto é o reconhecimento dos "traumatismos precoces", experiências de ruptura que produzem uma verdadeira aniquilação das capacidades de defesa e resistência ou que simplesmente as impedem de se estabelecerem. Nesse sentido, as angústias que vimos descrevendo na matriz anterior não chegam a se formar; podemos pensar que são impedidas e evitadas por uma verdadeira extinção de áreas do psiquismo que morrem ou deixam-se morrer. Mais diretamente e de forma total, como sugeriu Ferenczi (1992a): "Eu queria apenas indicar a probabilidade do fato que crianças acolhidas com rudeza e sem carinho morrem facilmente e de bom grado" (p. 49). Como o autor ainda descreve pela voz de vários pacientes com esses quadros: "Depressa, ajude-me, não me deixe morrer nesta angústia" (Ferenczi, 1992b, p. 98).

Retornemos agora à citação de Winnicott (1983) sobre a pulsão de morte e o que ele denomina de fator antivida. Para o autor, existe um oposto ao viver que difere da pausa e do silêncio:

Este oposto não é atuante na maioria dos casos. Habitualmente a mãe de um lactente tem objetos internos vivos e o lactente se ajusta ao preconceito (pré-concepção) de uma criança viva. Normalmente a mãe não é deprimida ou depressiva. Em certos casos, contudo, o objeto central interno da mãe está morto durante o período crítico da infância inicial da criança, e seu estado de ânimo é o de depressão. Aí o lactente tem que se ajustar ao papel de objeto morto ou então tem de ser vivaz para contrabalançar o preconceito da mãe (pré- -concepção) da ideia de estado de morte da criança. Aí o oposto da vivacidade do lactente é um fator antivida. A tarefa do lactente, em casos tais, é estar vivo e parecer

> *vivo e comunicar o estar vivo; na verdade, este é o objetivo máximo de tal indivíduo que tem a si negado o que pertence a lactentes mais afortunados, a apreciação do que a vida e o viver trazem. Estar vivo é tudo. (p. 174)*

Tal vivacidade é artificial e constitui uma saída maníaca que visa negar a depressão: eis a saída para não se identificar com o objeto morto da mãe. Comentando o fundamental trecho anterior, acompanhemos Gurfinkel (2001):

> *Trata-se da afirmação da imortalidade do objeto-mãe e do si-mesmo como defesa maníaca, caracterizando uma onipotência patológica e reativa absolutamente diversa da experiência de onipotência do bebê, fundante da ilusão. Ela pouco tem a ver com a simples ausência de vida da pausa na comunicação, mas vincula-se verdadeiramente à experiência de morte pelo mecanismo da negação: é uma vivacidade artificial – corolário do falso si-mesmo – a fim de negar uma "morte fenomenal" efetivamente ocorrida, e provavelmente não inteiramente experimentada pelo Eu, conforme Winnicott descreve em "O medo do colapso" (1963/1994). (pp. 264-265)*

Penso que entender o que Winnicott descreve como "morte fenomenal" ou o que oferece como alternativa à pulsão de morte é muito útil para a compreensão desses estados de reclusão patológica ou da condição de pacientes gravemente traumatizados. Devemos ressaltar que, embora não reconheça a pulsão de morte, está presente em sua psicopatologia a ideia de aspectos mortíferos, que denomina fator antivida e "morte fenomenal". Aqui, a morte não é pulsional nem se refere a uma herança filogenética, devendo ser definida como algo que aconteceu ao indivíduo quando ele ainda não estava lá; em outras palavras, quando era demasiadamente imaturo para experimentá-la, tendo, portanto, sentido de aniquilação. Em função de sucessivas invasões decorrentes de fracassos ambientais e as consequentes reações do paciente, dá-se uma interrupção na continuidade do ser. A repetição se apresenta, mas não como a noção freudiana de "compulsão à repetição": o vivido, mas não experienciado e que se manteve "congelado", fica à espera de condições ambientais que possibilitem ao ego abarcar sob seu domínio, dentro da área da onipotência pessoal, o que antes ficara impossibilitado de ser integrado.

Em "O medo do colapso", Winnicott (1994) destaca:

> *Segundo minha experiência, existem momentos em que se precisa dizer a um paciente que o colapso, do qual o medo destrói-lhe a vida, já aconteceu. Trata-se de um fato que se carrega consigo escondido no inconsciente. Este último aqui, não é exatamente o inconsciente reprimido da psiconeurose, nem, tampouco, o inconsciente da formação freudiana da parte da psique que se acha muito próxima do funcionamento neurofisiológico... Neste contexto especial, o inconsciente quer dizer que a integração do ego não é capaz de abranger algo. O ego é imaturo demais para reunir todos os fenômenos dentro da área da onipotência pessoal. (p. 70)*

Como se dá a repetição? Pela necessidade de colocar a experiência na área do controle do *self*, o indivíduo procura aquelas situações que reapresentam as condições da situação traumática vivida no passado. Assim, tal repetição tem como objetivo experienciar o que foi cindido. A regressão não é referente à situação traumática, mas ao momento anterior ao trauma, em que as defesas ainda não tinham se configurado, e ao momento anterior ao colapso, sendo possível, a partir daí, retomar a continuidade de ser que fora interrompida. Se esse momento é vivido na análise com a sustentação do analista, a situação de colapso pode ser vivida sem que a pessoa seja aniquilada.

Gurfinkel (2001) sublinha que o fator antivida não é derivado da pulsão de morte:

> *Ele é o resultado de fraturas precoces – ontogenéticas – na constituição psíquica de certos indivíduos que produziram, ainda antes da formação de um Eu que pudesse "fazer experiência", uma ruptura na continuidade do ser. A linha do viver foi cortada em algum ponto, e neste sentido uma morte aconteceu. O que é a morte, senão uma ruptura na continuidade da vida ou do "ser"?* (p. 266; grifos do autor)

A "morte acontecida" é, portanto, guardada pelo indivíduo sob uma forma especial de inconsciência, compulsivamente buscada para ser integrada, abarcada pelo eu.

Voltando ao caso clínico aqui descrito, penso que o fator antivida de Alan se vinculava a uma mãe deprimida, psiquicamente morta, mostrando apatia e inércia. Diante desse humor deprimido da mãe e da desvitalização apresentada pelo casal parental, o paciente se mantinha em passividade. Estando, então, o que aqui denominamos mortífero ou psiquicamente morto à frouxidão dos laços que pareciam unir/desunir o casal. Pergunto: como Alan poderia experimentar sua espontaneidade e instintualidade no meio de tamanha flacidez de vínculos? Recolhido em seu quarto, isolado, levado em hipnose pelos sucessivos jogos, sua tenacidade estava apenas no evocar de insultos e guerra.

Considerações finais

> *Quando o mar tem mais segredo*
> *Não é quando ele se agita*
> *Nem é quando é tempestade*
> *Nem é quando é ventania*
> *Quando o mar tem mais segredo*
> *É quando é calmaria*
> Cacaso & Costa, 1977[3]

Qual sentido teria a recusa a agir de Alan, o menino-imóvel? Seria uma estranha paixão pela imobilidade?

> *Que bem tão precioso e tão frágil é esse, que o menor movimento lhe é fragmentação, desgaste nocivo, chegada do frio? Que ar tépido é esse que ele respira seu sopro próprio? Podemos pressenti-lo; é a infância, a enorme casa da infância. Que encontra ele nessa casa, naquele tempo? Já o sono, a imobilidade. (Pontalis, 1991, p. 10)*

"Nada se mexia, era a eternidade" (Pontalis, 1991, p. 11). (Ah! Exceto os gritos, uivos de escuro segredo.) Quando o menino, antes ativo, encantado pelo movimento da bola, dos jogos de futebol, renunciara ao agir? Em meio à aflição dos desencontros, nem os gritos salvam a casa sonolenta de sua imobilidade. Gritos que

---

3 Trecho da letra da música "Amor, amor" (1977), de Sueli Costa e Cacaso, lançada no álbum *Sueli Costa*.

apenas conduzem à queda, à distância de vazios e ao desamor. O desamor, os corações gelados que lançam a promessa de laços em poço ermo e sombrio.

Para onde fora a atividade de meu paciente? Por que restara essa passividade? Entretanto, Alan ansiava ser animado pelos vivos, aqueles que enchem a casa de sons e alegres movimentos. Como a casa adormecida, apenas acordada por festas e visitas, o menino também dorme. Como ir ao seu encontro, quando esboça gestos para fora da sonolência familiar, quando pede festa e barulhos que não sejam os gritos de guerra?

Como disse anteriormente, frente a esse jovem retraído e apático, faz-se necessária uma postura mais ativa, como sugere Alvarez (1994). Não é à toa que a palavra "animado" se repete nas falas de Alan, quando se refere a pessoas com quem estabelece algum vínculo. Também eu preciso me apresentar "animada" – com "alma", mostrando-me interessada, com um tom de voz mais enérgico, recorrendo ao humor, na busca por um espaço em que o brincar seja possível. Mas não é fácil; a atmosfera desvitalizada experimentada nas entrevistas com os pais se repete no contato com o jovem paciente.

Tomada contratransferencialmente por uma urgência de reclamá-lo para a vida, a cada sessão vou a seu encontro receosa quanto à possibilidade de contato. São dúvidas que me levam a, também eu, como os pais, me ver ansiosa, insegura a ponto de, certa vez, comunicar minha incerteza quanto a seu desejo de estar ali comigo (movida pela fantasia do menino "bonzinho" estar se submetendo mais uma vez para "não encherem o saco"). Sua resposta me surpreendeu: com um pequeno sorriso no canto da boca diz: "Relaxa". Aproveito para rir frente a essa nesga de saúde que se revela em um cenário de morosidade e apatia. Sua seriedade me impressiona, quase não sorri: não é apenas retraído como também taciturno, com um humor sombrio.

Nossos encontros transcorrem a partir de meu chamado. Pergunto sobre o fim de semana (nossa sessão acontece às segundas-feiras), a escola, os jogos, o encontro que tem todos os domingos em um centro espírita, os pequenos movimentos para a vida. Seus interesses são restritos: em casa, só é permitido usar o computador para jogar nos fins de semana, fica então no celular "assistindo aos campeonatos". Gosta de *shopping* e de restaurantes. Sua ligação com as aulas de tênis e com o grupo de jovens se dá, principalmente, porque, tanto o professor de tênis quanto os dirigentes do centro espírita, são "animados". Fica bem clara sua busca por referências de jovens ou mesmo de adultos que tragam vitalidade – um contraponto à desvitalização vivida com os pais.

Apesar de ainda estar tateando, procurando caminhos que favoreçam a emergência de seus recursos saudáveis e de uma atmosfera de maior leveza, penso que parece existir uma demanda para um espaço de encontro comigo, também eu fazendo parte do restrito, porém vivo círculo de "animadores". Em recente entrevista com os pais, relataram que, com o objetivo de contenção de custos, perguntaram a Alan o que deixaria: as aulas de tênis, as aulas de computação ou a terapia. Alan optou pelas aulas de computação. Também se recusa a contar para os pais sobre "o que conversamos", o que demonstra estar sendo tecido um espaço de intimidade entre nós.

"Relaxa", disse-me o menino, ensinando-me sobre paciência e espera. "Relaxa", digo a mim mesma, também precisando recorrer aos meus recursos de saúde, de atividade, de humor; sustentando a esperança que volta e meia esmorece no paciente em sua indiferença desesperada, nos pais que lutam para resgatar o filho e em mim, quando sou desafiada a trabalhar na perspectiva de uma clínica revitalizadora.

Lembro-me do texto de Winnicott (1982, p. 152) intitulado "Os objetivos do tratamento psicanalítico". Logo em seu início, o psicanalista inglês fala de, ao praticar psicanálise, ter o propósito de se manter vivo (*"keeping alive"*), manter-se bem e desperto. Não é à toa que nessas linhas finais me recordo de objetivos tão essenciais.

Manter-me (ou mantendo-me) viva, bem e desperta é tarefa requerida em qualquer análise, mas aqui ressalto a importância junto a Alan de um ambiente vitalizado. Uma atenção reservada que equivale ao manter-se desperta também se faz imprescindível: ocorre-me a imagem de um obstetra verificando os batimentos cardíacos do bebê no ventre materno. Tateia o ventre, surge no meio do silêncio, primeiramente baixo, depois a escuta dos batimentos vigorosos. Estar junto a Alan me remete a esta imagem: não há barulhos de ondas em revolta nem agitações incontidas como nos adoecimentos por ativação, mas um barulho que vem lento, de longe, quase secreto, inaudível e oculto pela tendência à passividade. O coração a ser alcançado em meio à distância e aos muros de proteção. "Tem alguém vivo aí?" E, avançando para além das forças mortíferas, sigo em busca da resposta que vem com o coração a bater: viva, desperta e bem, preciso prosseguir, desconfiando da ausência de mares turbulentos, mas confiante de que o barulho inaudível pode ganhar a força dos gritos de clamor. Pois o mar é mais perigoso na calmaria.

Referências

Alvarez, A. (1994). *Companhia viva: psicoterapia psicanalítica com crianças autistas, borderline, carentes e maltratadas*. Porto Alegre: Artes Médicas. (Trabalho original publicado em 1992.)

Alvarez, A. (2012). Níveis de trabalho analítico e níveis de patologia: o trabalho de calibragem. *Livro Anual de Psicanálise*, XXVI, 173-190.

Avello, J. J. (1998). Metapsychology in Ferenczi: death instinct or death passion? *International Forum of Psychoanalysis*, 7(4), 229-234.

Coelho Jr., N. E. & Barone, K. C. (2007). A importância da teoria de Winnicott sobre a comunicação para a construção do significado ético da psicanálise. *Revista Brasileira de Psicanálise*, 41, 88-100.

Coelho Jr., N. E. (2018). A matriz ferencziana. In L. C. Figueiredo e N. E. Coelho Jr. *Adoecimentos psíquicos e estratégias de cura: matrizes e modelos em psicanálise* (pp. 117-185). São Paulo: Blucher.

Coppola, S. (Diretora) (2000). *As virgens suicidas* [Filme-vídeo]. Estados Unidos: American Zoetrope/Eternity Pictures/Muse Productions/Virgin Suicides LLC.

Ferenczi, S. (1992a). A criança mal acolhida e sua pulsão de morte. In *Obras completas* (Vol. IV, pp. 47-51). São Paulo: Martins Fontes. (Trabalho original publicado em 1929.)

Ferenczi, S. (1992b). Confusão de língua entre os adultos e a criança. In *Obras completas* (Vol. IV, pp. 97-106). São Paulo: Martins Fontes. (Trabalho original publicado em 1932.)

Figueiredo, L. C. & Coelho Jr., N. E. (2018). *Adoecimentos psíquicos e estratégias de cura: matrizes e modelos em psicanálise* (P. C. Ribeiro e I. Fontes, colabs.). São Paulo: Blucher.

Green, A. (1988). A mãe morta. In *Narcisismo de vida, narcisismo de morte* (pp. 247-282). São Paulo: Escuta. (Trabalho original publicado em 1980.)

Gurfinkel, D. (2001). *Do sonho ao trauma: psicossoma e adicções*. São Paulo: Casa do Psicólogo.

Pontalis, J. B. (1991). O homem imóvel. In *Perder de vista: da fantasia de recuperação do objeto perdido* (pp. 9-14). Rio de Janeiro: Jorge Zahar. (Trabalho original publicado em 1988.)

Winnicott, D. W. (1982). Os objetivos do tratamento psicanalítico. In *O ambiente e os processos de maturação* (pp. 152-155). Porto Alegre: Artes Médicas. (Trabalho original publicado em 1962.)

Winnicott, D. W. (1983). Comunicação e falta de comunicação levando ao estudo de certos opostos. In *O ambiente e os processos de maturação* (pp. 163-174). Porto Alegre: Artes médicas. (Trabalho original publicado em 1963.)

Winnicott, D. W. (1994). O medo do colapso (*Breakdown*). In *Explorações psicanalíticas* (pp. 70-76). Porto Alegre: Artes Médicas. (Trabalho original publicado em 1963.)

Do frio ao tórrido: escutas de silêncio e fúria[1]

Conhecendo Mateus

> *Seu coração não bateu no peito, o coração batia oco entre o estômago e os intestinos.*
>
> Lispector, 1978, p. 158

Mateus chegou sem fazer barulho: 34 anos, sua queixa principal se referia a um desânimo generalizado, apatia, "falta de entusiasmo". No ano anterior havia caído; machucou o pé e uma dor crônica o deixou em repouso na casa dos pais, sem trabalhar por quase um ano. O pé ainda doía quando chegou para a terapia, o que o perturbava bastante, já que o limitava principalmente em relação à prática de esportes. Talvez não por acaso procure análise quando ainda se encontra em restabelecimento: o que teria significado para Mateus ficar sob cuidados, uma relação de dependência?

---

[1] Uma versão anterior deste texto foi publicada em junho de 2018 na *Revista Latinoamericana de Psicopatologia Fundamental*, 21(2), 269-292, em coautoria com Luís Claudio Figueiredo.

Não apenas o pé o fez buscar ajuda. Apresentava também uma perplexidade sem dor quando descrevia sua anestesia frente ao sofrimento humano. Para exemplificar seu distanciamento afetivo, relata a história do atropelamento de um cachorro, que o comove, que o faz chorar, em contrapartida à insensibilidade diante de seus pacientes. Trabalhando como intensivista em vários hospitais da cidade, relata que se dedica com competência, porém com o mínimo de envolvimento afetivo. Não poucas vezes pergunto sobre seu interesse pelo trabalho em UTI. É também com poucas palavras que me responde que fez um estágio, gostou e nunca se interessou por outra área.

Ficava comigo a questão da escolha, recusava-se a refletir sobre os caminhos que o conduziram a cuidar de pacientes em situação de risco. Eu ficava a pensar que não sem razão alguém escolhe tal caminho: a proximidade da morte buscada como ressonância com aspectos mortíferos, que o habitavam e o colocavam em uma forma de existir tão desvitalizada. Paradoxalmente, se a quase morte ganha um lugar circunscrito, pode-se também supor que uma procura do vivo se insinua: "morto e vivo entrelaçados", fazendo aqui uso do título do belíssimo texto de Pontalis (1999, p. 243). Faltava a Mateus sentir? Seria esta uma de sua(s) busca(s), perante o desconforto da anestesia, que viesse um sentimento, em especial, a compaixão?

O que aqui chamo compaixão talvez se refira ao que Mateus denominava falta de caridade, diferentemente de seus pais e irmão. Eles eram caridosos, altruístas, ao contrário dele, tão egoísta. Também os envolvimentos amorosos traziam a marca da distância: iniciavam com paixão e depois passavam a um crescente desinvestimento. Assim, "empurra" um namoro de dois anos com uma moça "muito boa", "dócil", "dedicada" e que não merece sua falta de comprometimento.

Também se queixa de "não conseguir urinar fora de casa". Como em relação a outras questões, não faz associações, não vê sentido. Eu também não compreendo, esperando que algo lance um pouco de entendimento nessa limitação.

Nesse início, eu acreditava estar diante de uma psicopatologia do vazio e do silêncio, o que requereria de mim uma escuta do inaudível e do inanimado. Parecia-me que navegávamos em mares gelados; o frio dominando a cena analítica, o enunciar do mortífero comparecendo em cada sessão.

A constituição da situação analisante

Quando um paciente chega a nós, faz-se necessário que identifiquemos diante de qual adoecimento psíquico estamos; se é neurose ou não neurose, à qual configuração psicopatológica pertence. Como veremos adiante, busco desenvolver um pensamento sobre dispositivos analíticos que aqui enuncio: escuta, transferência, contratransferência e diagnóstico, os quais constituem instrumentos para o entendimento da dinâmica do caso, das forças e afetos envolvidos e da técnica requerida. Sendo assim, faço uma pausa no relato de meus encontros com Mateus com o intuito de, ao me ancorar teórica e tecnicamente, eu me capacito, dentro do possível, a escutar o campo analisante que vai se desenhando e a cuidar do que emerge por parte do paciente em busca de socorro e cuidado.

Nessa perspectiva, tem sido de grande uso pensar a interrupção nos processos de saúde seguindo o que Figueiredo e Coelho Jr. (2018) vêm designando como matrizes criadas a partir do pensamento psicanalítico das modalidades do adoecimento psíquico: a matriz freudo-kleiniana e a matriz ferencziana. A cada uma das matrizes corresponde determinada estratégia de cura. No contexto da matriz freudo-kleiniana estão Freud, Klein e seus seguidores; na matriz ferencziana, temos Ferenczi, seu discípulo Balint, Winnicott e Kohut. Uma terceira matriz, a transmatricial, correspondente à psicanálise contemporânea, busca a articulação das duas matrizes anteriormente citadas.

Na primeira tradição, por mais sérios que sejam o trauma e o estado de desamparo, por mais primitivas que sejam as angústias, sempre há recursos defensivos: uma resposta ativa. Sendo assim, faz-se necessário analisar os processos de formação das angústias e os mecanismos de defesa acionados. Figueiredo e Coelho Jr. (2018) ressaltam que os adoecimentos decorrem não das falhas das defesas, mas de seu "sucesso". Isso não impede que intensas e variadas angústias sejam geradas nem a compulsão à repetição. O adoecimento se dá por um *excesso* de resposta ativa, por uma ativação de defesas, com a angústia e suas defesas se localizando como centrais.

Assim, é imprescindível analisar os processos de formação das angústias e suas configurações, bem como os mecanismos de defesa contra elas acionados, mostrando como os adoecimentos decorrem, paradoxalmente, não das falhas das defesas, mas, ao contrário, do seu "sucesso". Intenso sofrimento psíquico se apresenta, assim como o "círculo vicioso das repetições": a *compulsão à repetição* configurando determinada forma de interrupção nos processos de saúde.

A estratégia terapêutica centra-se no enfrentamento das *resistências*: não necessariamente uma análise das resistências, não que ocupe um lugar central, mas deve sempre acontecer a fim de que se efetive uma desconstrução das defesas contra a angústia. Também as experiências angustiantes devem ser "cuidadas" para que, por um lado, não precisem ser evitadas de forma radical e, por outro, para que não sejam exacerbadas de um modo a produzir estados de fragmentação e outras interrupções nos processos de saúde. Figueiredo (2012) fala aqui de uma clínica da continência, seguindo Bion, e ainda de uma "clínica do confronto" e de uma "clínica da ausência e do silêncio". Configura-se assim uma clínica da *desativação*: trata-se do desativar de angústias e defesas capazes de provocar o adoecimento psíquico entendido no contexto dessa matriz.

A matriz ferencziana surge não como central (exceto em alguns casos), mas como suplementar à freudo-kleiniana. Entretanto, é fundamental para se pensar determinadas modalidades de adoecimento, que não são adequadamente passíveis de serem entendidas pela primeira matriz.

Aqui as cisões que se dão são mais radicais e graves que aquelas, por exemplo, descritas por Klein (1991). A reação imediata ao trauma é a "comoção psíquica", descrita como uma vivência que se refere a uma "grande dor", isto é, uma "agonia psíquica e física que acarreta uma dor incompreensível e insuportável" (Ferenczi, 1990a, p. 79). Ferenczi se refere a "choque" e o identifica à aniquilação do sentimento de si. Assinala que a palavra *Erschutterung* (comoção psíquica) deriva de *Schutt* (restos, destroços) e "engloba o desmoronamento, a perda de sua forma própria e a aceitação fácil e sem resistência de uma forma outorgada", à maneira de um saco de farinha (1990b, p. 109).

Da grande dor para a clivagem: uma parte sensível é brutalmente destruída enquanto a outra parte "sabe tudo, mas nada sente". O traumático é da ordem do irrepresentável, do que é impossível de se inscrever – uma ordem distinta do recalcamento. Além de mais graves, os traumatismos nessa matriz se dão mais precocemente e na clivagem narcísica uma parte morre ou deixa-se morrer para que outra sobreviva; estratégia para apartar-se da vivência traumática e conter uma dor insuportável.

Figueiredo (2001) sugere que ressaltemos a ideia de "autotomia" desenvolvida em "Thalassa" (Ferenczi, 2011). Designado como um "modelo biológico do recalcamento" corresponde a um fenômeno que ocorre nas formas elementares de vida: uma parte lesada se desprende do resto, para que o organismo sobreviva. A autotomia deve ser pensada como uma forma radical de dissociação. De acordo com o autor: "A autotomia é uma função defensiva clara. Mesmo que não ocorra o desligamento total, mesmo quando ocorre apenas a morte (necrose) ou amortecimento anestesiante de uma forma injuriada, já aí é nítida a operação de clivagem" (Figueiredo, 2001, p. 221).

A morte aqui se apresenta duplamente: de um lado, a parte ferida fica silenciosa e encolhida – um verdadeiro *self* protegido, mas também mortificado –; de outro, o falso *self*, que muito diligente funciona, em casos extremos, quase como um autômato: sua pseudomaturidade é também pseudovitalidade – decorre daí a sensação de não vida, de irrealidade, de vazio a que se referia Winnicott (1994a). Paradoxalmente para manter a vida, retorna-se à quase morte pela identificação com o agressor, pela autotomia, pela autoanestesia.

Um processo de passivação emerge em decorrência do trauma precoce, determinando uma condição de passividade, anestesia, de retorno ao inerte. Trauma severo e cisão radical que conduzem a uma condição de desamparo e de indefensabilidade.

Faz-se imprescindível destacar que no lugar de angústias, no contexto da matriz ferencziana, cabe falar em *agonia* – termo sugerido por Winnicott (1994a) –, que se apresenta mais adequada para descrever a vivência do que antecede a experiência de morte do moribundo. E mais: as angústias podem ser pensadas como fenômenos da vida agitada por pulsões e afetos e por sofrimentos intensos próprios da vida; a agonia é, por sua vez, um fenômeno da morte. Entretanto, um tanto de sobrevida advém desses estados de quase morte. A clivagem pós-traumática busca algum apaziguamento diante de uma dor insuportável, de um desespero existencial. Para evadir-se do estado de aflição, nomeadamente da "agonia", o indivíduo deixa de sentir: eis um coração gelado, um núcleo frio que leva a uma evitação dos investimentos de objeto. Mas se há tal sobrevida, com a agonia prevalecendo, como se conduz o trabalho psíquico? Não se trata de moderar angústias nem de enfrentar defesas e resistências. Aqui não cabem a clínica do confronto nem do silêncio, quando ausência e silêncio poderiam atualizar a experiência da morte. Requer-se uma clínica da "revitalização": seguindo uma estratégia de reanimação psíquica, suplementar à da desativação.

Modalidades de escutas

"As palavras"
São como um cristal,
as palavras.
Algumas, um punhal,
um incêndio.
Outras,
orvalho apenas.

Secretas vêm, cheias de memória.
Inseguras navegam:
barcos ou beijos,
as águas estremecem.

*Desamparadas, inocentes,
leves.
Tecidas são de luz
e são a noite.
E mesmo pálidas
verdes paraísos lembram ainda.

Quem as escuta? Quem
as recolhe, assim,
cruéis, desfeitas,
nas suas conchas puras?*

Andrade[2]

Para complementar o estudo das modalidades de adoecimento psíquico, prossigo propondo uma reflexão sobre a escuta na clínica. Justifico: no decorrer do texto teço considerações a respeito das várias formas da escuta e dos caminhos por onde minha escuta seguiu na medida em que minha história com Mateus ganhava novos desdobramentos.

Nosso fazer na clínica, como somos conduzidos e conduzimos o processo e como se entrelaçam transferência e contratransferência vão depender de como escutamos. A escuta vai ganhando novas faces, como pude constatar nos percalços enfrentados nos encontros com meu paciente. Afinar a escuta é tarefa permanente, e vi-me surpreendida pela emergência de novas configurações do campo analisante. Fica a questão: até que ponto se deu uma mudança significativa na cena analítica ou eu estaria escutando equivocadamente, distante do que Mateus pretendia comunicar?

---

2 In Cruz, Gastão (Org.) (2004). *Quinze poetas portugueses do século XX*. Lisboa: Assírio & Alvim, p. 220.

Mas deixemos para depois o relato de onde se deram possíveis extravios e sigamos em um estudo sobre as escutas a partir do texto de Figueiredo (2014) intitulado "Escutas em análise. Escutas poéticas". Esse caminho percorrido pelo autor e, que apresento ao leitor, surge, portanto, da necessidade de se pensar minha clínica, os impasses que venho enfrentando, como estou escutando o paciente que chega pedindo ajuda, como afinar minha escuta e buscar adequá-la à modalidade de adoecimento psíquico que se apresenta na cena analítica.

No texto referido, Figueiredo (2014) faz uma apresentação, seguindo a clínica e a história das várias estratégias de escuta em psicanálise. As várias modalidades de escuta das várias dimensões do inconsciente são descritas com base na história da psicanálise, de Freud até hoje, destacando cinco momentos e mais um, dos dias atuais: desde a escuta do inconsciente recalcado nos adoecimentos neuróticos até a escuta de outras dimensões inconscientes do psiquismo, decisivas nos padecimentos psicóticos e narcísico-identitários, quando as palavras são silenciadas em função de condições traumáticas relevantes. Acompanhemos Figueiredo.

Quando nos referimos à escuta em "atenção flutuante", é tão necessário quanto insuficiente: tal *disposição da mente* deve-se manter, mas as estratégias de escuta foram se tornando mais complexas: a ética deve ser conservada *pari passu* à alteração significativa da técnica desde as proposições freudianas de origem.

Se a psicanálise é uma *terapia pela fala*, mais fundamentalmente é uma *terapia pela escuta*: é pela escuta analítica que se instala a situação analisante. Deve-se ressaltar ainda a articulação entre a diversidade de procedimentos de escuta e as novas questões psicopatológicas com novas compreensões de casos clínicos. Desse modo, Figueiredo (2014) diz que, enquanto *a disposição de mente*, a posição do analista e sua ética devem continuar orientando sua prática; o procedimento padrão da escuta foi sendo ampliado, dando espaço para novas modalidades técnicas: "a posição ética é condição do procedimento, e este é a realização da ética" (p. 124).

Num primeiro momento, denominado por Figueiredo (2014) o "Momento Freudiano da criação: a atenção livremente flutuante" (p. 124), a atenção flutuante designa tanto um procedimento como uma disposição da mente.

> O procedimento era o acompanhamento paciente e meticuloso (mas não obsessivo) das trilhas associativas da fala em associação livre, o que devia ser feito com o mínimo de interferências, interrupções e/ou induções, e com uma sensibilidade aguda às irregularidades, aos detalhes, às lacunas e aos fragmentos. A posição do analista (sua ética) para propiciar tal procedimento implicava no chamado "encontro entre inconscientes": manter-se em reserva e deixar-se entregue ao próprio trabalho inconsciente para sustentar esta sensibilidade especial aos efeitos do inconsciente recalcado na fala do paciente em associação livre. (p. 124)

O segundo momento da história das escutas em psicanálise começa ainda com Freud, a partir de 1923, quando outras dimensões do inconsciente recalcado são consideradas. Aqui o que se destaca é o enfrentamento de resistências maiores ligadas à "reação terapêutica negativa" que tornam a análise mais difícil, quando não inviabilizada. Como proceder à escuta nessas análises difíceis? A escuta se torna mais complexa: faz-se necessário escutar também os aspectos inconscientes ligados ao isso, ao eu e ao supereu. Figueiredo (2014) denomina tal escuta, realizada também por Abraham, Fenichel, Balint e Reich:

escuta gestáltica dos sistemas resistenciais; formas, estilos, modo de funcionamento, atmosferas relacionais tornam-se os objetos de suas considerações, caracterizando o que pode ser denominado de "escuta estética" ou empática. Ao invés de fragmentos, lacunas e sequências, capta-se uma totalidade, um estilo, um modo de funcionar, um sistema resistencial em que elas se manifestam. (p. 126)

O terceiro momento é o kleiniano, que se manifestou de forma decisiva com base no conceito de *identificação projetiva* em 1946. Nova questão se coloca: como escutar as identificações projetivas? Aqui a escuta se dá pela mediação dos efeitos que tais identificações exercem sobre o analista. Aqui se inicia a escuta da contratransferência, quando sentimos nossa mente sendo "*colonizada*" e "*agida*" por uma espécie de corpo estranho. O analista sofre então uma perda de liberdade, um ataque à neutralidade e à disposição de mente analítica.

As questões contratransferenciais no contexto da técnica são importantes, entretanto, Figueiredo (2014) ressalta que conduzem a impasses que demandam um novo tipo de escuta.

O momento bioniano é o quarto, quando algo se constitui para além das reações contratransferenciais frente às transferências do paciente: é o que Figueiredo (2014) denomina *escuta imaginativa no sonho/rêverie*. Mas o analista precisa ultrapassar o aprisionamento do campo transferencial-contratransferencial, libertando-se das identificações projetivas, e isso depende da retomada da problemática ética de Freud (1969). No dizer de Figueiredo (2014):

o lema "sem memória, sem desejo e sem compreensão prévia" nos parece uma explicitação da atenção flutu-

ante em sua dimensão ética, tornada mais difícil, complexa, arriscada e necessária diante das identificações projetivas e da clínica com pacientes psicóticos, onde a escuta kleiniana corria o risco da saturação. (p. 127)

O quinto momento é identificado como *escuta empática*, na qual o analista tenta escutar o inaudível, o sofrimento emudecido: Winnicott (1993b) e Kohut (1959) são aqueles a quem devemos a possibilidade de escutar o não acontecido, as falhas derivadas do não atendimento das necessidades do eu pelos objetos primários. Como ressalta Figueiredo (2014), o sofrimento se mantém inaudível não apenas quando o retraimento e o silêncio predominam como também quando emerge algum barulho, seja nos casos dos "narcisistas furiosos" descritos por Kohut, seja nos pacientes "falso *self*" descritos por Winnicott – fazendo-se necessária a escuta do sofrimento silenciado tanto pela hiperadaptação como pela "dramatização histeriforme" (p. 127).

A escuta empática de aspectos silenciosos do eu (e aqui ressalto o emudecido/o silêncio encoberto por estados furiosos ou negativistas) foi ganhando cada vez maior importância, na medida em que ficamos diante de psicopatologias que requerem a escuta dos processos inconscientes não decorrentes do retorno do recalcado e das identificações projetivas.

Figueiredo (2014), lançando a questão fundamental sobre a escuta do inaudível e sobre as estratégias necessárias para o reconhecimento das necessidades do eu em estado de emudecimento e retraimento, reconhece em Winnicott um pensamento sobre a escuta empática com base em conceitos de preocupação materna primária (1993b) e em mutualidade mãe-bebê (1994b). Também Kohut (1959) ressalta a empatia como central em todo o campo das práticas psicanalíticas.

Sempre atento à articulação entre técnica e ética, Figueiredo (2014) adverte sobre o perigo de, nas clínicas winnicottiana e kohutiana, ocorrer uma confusão entre empatia e as projeções do analista, principalmente as projeções de seus pressupostos teóricos. Aqui se faz necessária a articulação entre a atenção livremente flutuante de inspiração bioniana e a escuta empática.

O sexto momento que contempla a complexidade da escuta na psicanálise contemporânea pode nos ajudar a colocar a questão ética no contexto da "empatia" dos estados silenciosos do *self*. Atualmente, deve-se considerar a importância de todas as estratégias de escuta, enfatizando-se tanto o primeiro momento freudiano como o momento bioniano, na medida em que nos possibilitam uma abertura para o inesperado, como afirma Figueiredo (2014): "sem memória, sem desejo e sem compreensão prévia serão sempre o melhor dos antídotos contra a saturação da escuta analítica" (p. 127).

A escuta de Mateus ou o degelar dos vulcões

> *Isto não é um lamento, é um grito de ave de rapina.*
> Lispector, 1999, p. 13

> *Ouve apenas superficialmente o que digo*
> *e da falta de sentido nascerá um sentido*
> *como de mim nasce inexplicavelmente*
> *vida alta e leve.*
> Lispector, 1998, p. 25

O tempo de escrita sobre as modalidades de adoecimento psíquico e sobre os seis momentos de escuta identificados por

Figueiredo (2014) teve como propósito não apenas a apresentação de ideias relevantes para a reflexão sobre a prática psicanalítica como também foi se constituindo um tempo de elaboração no decorrer do qual procurava contextualizar minha história com Mateus. Retomo-a agora, sempre me perguntando sobre os caminhos de diagnóstico e de escuta: embates, encontros e desencontros, busca do que se oculta, do que se esconde por trás do manifesto.

Até agora vinha falando do frio, da névoa e do silêncio. A queixa principal de falta de entusiasmo me levava a pensar que a matriz ferencziana poderia ser mais adequada para a compreensão do caso. Mas já vimos que uma matriz é suplementar à outra: o emudecido convivendo com furores, o inanimado se alternando com tremores de terra. Começou a dar-se a aparição, no subterrâneo da queixa de apatia, de uma agitação mal disfarçada que me conduzia para um lugar ora de confusão, ora de passividade. O núcleo frio convivia gradativamente com ventos abafados, o que me fazia perder o rumo. Via-me sem bússola, sem leme, e é assim que deve prosseguir a séria aventura analítica – o que não nos impede, entretanto, de nos interrogarmos ansiando por ganhar algum prumo: como escutar?

O clima começou a esquentar: Mateus, tão educado, tão polido, um verdadeiro cavalheiro, começara a reclamar que nenhuma melhora via em relação ao tédio e à inércia. Reclamações que se apresentavam ainda sem muita intensidade, mas o suficiente para sentir-me incomodada. A terapia cognitivo-comportamental era citada como alternativa, embora não fizesse movimentos para interromper a análise. As sessões consistiam em descrições do mal--estar vivido e reivindicações incisivas dirigidas a mim.

Mateus começava a "me chamar para a briga": era o que lentamente se desenhava. De onde vinham essas forças/afetos transferenciais que investiam maciçamente sobre meu eu/corpo, eu já dominada, perdendo a liberdade e em vias de perder também a neutralidade? Faço minha a questão de Pontalis (1990): "a transferência é algo novo, é algo velho ou algo novo feito com algo velho? Prosa laboriosa do que foi ou poesia do que advém?" (p. 81). Se vêm com tamanha força – identificações projetivas lançadas dentro e sobre mim –, faz-se necessária uma escuta a partir da contratransferência, do quanto sou atravessada pelo outrora gelo que agora se transfigura em chamas.

Mas a disposição de mente (Figueiredo, 2014) necessária para a instalação da situação analisante foi quase soterrada no "campo de batalha" em que *enactments e contraenactments* se intercruzavam. Como Mateus se automedicava e as reclamações de não melhora se intensificavam, sugeri que procurasse um psiquiatra para ser adequadamente medicado. Vi tal indicação como um *contraenactment*: estava acuada, surda, imobilizada e incapacitada de pescar nas entrelinhas. Queria acalmar a fúria que avançava insidiosamente sobre mim. O que precisava, entretanto, era resgatar o lema bioniano (2006) "sem memória e sem desejo", libertando-me do aprisionamento transferencial-contratransferencial.

A essa altura, deixava de escutar Mateus seguindo a matriz ferencziana: sons e fúria me levavam a pensar na matriz freudo--kleiniana. Com o uso da medicação (ou não apenas dela), a queixa que se apresentava como principal (tédio e apatia) arrefeceu. No lugar, começou a reclamar de seu "egoísmo" e novas facetas se revelavam. Era explosivo, irritava-se quando contrariado e feria "pessoas boas" como sua mãe ou a namorada. Propus que devíamos entender o que ele chamava de egoísmo. Mostrei-me disponível para acolher aspectos que eram repudiados. Tiro no pé: eu parecia sua mãe passando a mão na sua cabeça, retrucou com a raiva que não mais disfarçava. Queria então me chamar para um embate? Precisava da minha agressividade? Reconheci o risco apontado por Figueiredo (2014) de, na escuta empática, confundir empatia com as projeções do analista. Lembrei-me também da concepção de Winnicott (1993a) sobre o amor que não pode ser puro sentimentalismo: a atitude da mãe não pode ser sentimental, negando o ódio e a irritação, pois dessa forma a criança tem dificuldades ao amadurecer de "tolerar toda a extensão de seu ódio" – a criança "precisa de ódio para poder odiar" (p. 352).

Era isso: eu estava equivocadamente sendo sentimental, o que irritava Mateus, atiçando seu sadismo que pouco a pouco se apresentava. Meu ódio era convocado: não sob a forma de retaliação, mas de tônus – eu precisava sobreviver, mas sobreviver não se resume a não revidar – inclui força e vigor. Sempre preservando a família e sem disponibilidade para fazer associações, muito *en passant* ele se referira à severidade do pai e, antes que eu dissesse algo, concluíra: "pode ser que minhas explosões tenham a ver com ele, mas e daí? O que muda saber? Quero objetividade". Estamos distantes do momento freudiano da associação livre. Há muito, as montanhas cobertas de neve degelaram, revelando vulcões furiosos. O inanimado deu lugar às paixões. De qualquer modo, dois extremos de afetos brutos: o frio e o quente, o silêncio e o barulho sem possibilidade de mediação simbólica para fora do *agir*.

O campo transferencial-contratransferencial: Mateus me atinge em carne morta

Pontalis (1990), em seu texto "A estranheza da transferência", relaciona a transferência com a paixão e a repetição:

> *Em vez de rememorar, elaborar, ou seja, de fazer o que se espera deles, eles repetem, repetem incansavelmente.*

> *Em vez de dizer e simbolizar agem, pois a repetição, mesmo que utilize a via das palavras, é um "agir". Uma memória agida, se assim podemos dizer, isto é, uma não memória, uma recusa da memória que é totalmente diferente de uma amnésia. Enfim – o cúmulo para a tese original da realização do desejo – o que se repete é a experiência dolorosa... Repetição pode ser uma palavra enganosa. Mais que "transferência ainda, que implica pelo menos deslocamento, ela designa algo passado: repete-se um ato, uma frase, uma cena. Por quê? Não para desprender-se, mas ao contrário, para ser mais fiel ao que já está aí, para ficar o mais possível do original... Para que tudo seja o mesmo, e se possível uma vez por todas! Palavra enganosa, dizia eu, se a orientamos inteiramente para o passado, pois o que a repetição da transferência visa é o presente. (pp. 82-84)*

Para que tudo seja o mesmo: Mateus recusa-se a mudar (enquanto seus ataques se dirigem quase sempre ao fato da análise não o "fazer" mudar), a perder o passado, paradoxalmente; é ao presente que visa suas paixões-repetições. É no presente que trabalhamos, minha escuta não deve distrair-se em busca de uma origem reveladora do adoecimento, deve centrar-se nesta arena de ardências e temores erigida no atual.

E, continuando com o presente, acompanhemos ainda Pontalis (1990): "É preciso que a coisa esteja lá, que o laço com ela esteja assegurado – laço de amor ou de ódio, mas o de ódio, como se sabe, é mais estável, pois institui e fixa para mim o objeto, em seu estatuto não eu. O paciente 'age suas paixões'. No presente" (p. 86). Impiedoso, vem com seu ódio, seu desprezo por minhas intervenções (por mim também?); e há nós mais estreitos? Quando o amor toma a fisionomia do ódio, o ódio sela um pacto de fidelidade eterna ao objeto primário. Pelo ódio, o vínculo se mantém sólido, indestrutível, eterno.

O alvo é minha própria carne: a ela que se dirigem as palavras-paixões, inflexíveis. Aqui a transferência é completamente situada no *agieren*. Deixa de ser metáfora para constituir a relação com o objeto em que o sujeito investe toda a sua energia psíquica (lógica do desespero). Tudo extremo, tenso, a ponto de se romper: não há tédio de minha parte, mas sofrimento. Também, portanto, a contratransferência se situa sob a forma de *agieren*: apenas o corpo do analista se exprime em uma imobilização física acompanhada de uma paralisia do curso do pensamento. A atenção não flutua, mas se focaliza – "controle e vigilância recíprocos – pulsão de dominação" (Pontalis, 1991, p. 63).

A agressividade, explosões das quais tanto se queixa, ganha agora nova direção, concentrando-se na cena analítica. Algo que se movimenta para dentro da relação é possibilidade-promessa do fortalecimento dos laços nunca frouxos. Mas, em minhas tentativas de comunicar a migração da irritação, a resposta vem com maior violência: "Você entende as coisas para o lado pessoal". Recorro novamente a Pontalis: "A transferência é um 'agir', a transferência é uma paixão, não um 'dizer' (ou, então, um 'dizer' que é 'fazer'), e é isso que torna tão difícil, tanto para o paciente, quanto para o analista, falar do assunto" (1990, p. 88).

Oferecendo intervenções com o propósito de comunicar a violência na minha direção, corro o risco de me aproximar de uma escuta kleiniana com suas interpretações saturadas. Além disso, Mateus se compraz de negar os ataques que são tão visíveis. Continuo tateando e vejo que não é esse o caminho. A imagem que me surge: eu, refém, amarrada em uma cadeira, cordas vigorosas me aprisionando. Um misto de "passividade" (sobre a qual discorro adiante) e "linguagem da ternura" de Ferenczi (1992) (que se condensa com o sentimentalismo já referido) impossibilita que a força e o tônus necessários sejam apropriados por mim. Aqui também Pontalis (1990) nos auxilia: "concebe-se que, quando a análise acaba falando assim a linguagem da paixão..., o analista, numa situação inversa à de Ferenczi evocando a confusão das línguas entre a criança e o adulto, fique tentado a se proteger pela linguagem da ternura" (p. 89).

Não é somente agora, mas desde as primeiras falas, que me mostro implicada "até o pescoço", portanto, a contratransferência apresenta-se em suas múltiplas facetas. Pontalis (1990) adverte que, se a transferência é realmente aquilo por meio do qual se exprime o "essencial", também a contratransferência precisa ser considerada: ele identifica quatro palavras designando o que está por trás da palavra "contratransferência". Aqui destaco o quarto registro, denominado dominação, relacionado a certos pacientes que – independentemente da entidade nosográfica – exercem uma violência particular. É suscitada no analista uma paralisia do pensamento, da psique e até do corpo:

> nada se move, nada tem mais o direito de mover-se, tudo está sob interdição: ausência de pensamentos, de representações, constrição corporal. Dessa vez, eu diria que se é atingido não em carne viva, mas morta... Poder-se-ia dizer certamente que esse é um tipo particular de reação (de reação passiva, por assim dizer: não nos sentimos passivos, mas "apassivados"), transferindo o paciente em nós, mais do que para nós, a fim de livrar-se dela, a sua loucura privada, o seu poder destruidor ou, em termos kleinianos, os seus maus objetos. Poder-se-ia também, nesse ponto, dar ao gegen o

> *seu pleno sentido de "contra": ficamos contrariados em nossas capacidades, tornados incapazes, completamente absorvidos que estamos pela dor de não conseguir representar, fantasiar, associar, de não nos sentirmos outra coisa senão aquilo que o paciente faz de nós. Não é mais um papel que ele nos atribui. Ele nos atinge em nosso ser: seu "esforço" para nos tornar loucos (segundo a fórmula de Searles), para nos tornar idiotas, doentes, amedrontados, dará resultado? (Pontalis, 1990, pp. 103-104)*

Não encontro descrição mais apropriada do que acontece entre mim e Mateus: apassivada, imobilizada, e novamente minha imagem amarrada na cadeira, mas fazendo movimentos (e para isso servem a teoria e minha autoanálise ou análise e, de modo especial, aqui utilizei – à semelhança de restos diurnos – o estudo das modalidades de adoecimentos psíquicos e das escutas em psicanálise e a incessante busca por discriminar o que são na contratransferência aspectos da minha "equação pessoal" e o que é próprio da relação). Escrever este texto é um dos movimentos para desamarrar-me, *desfazer-me de mim*, para a partir da disposição de mente, ocupando uma posição técnica e ética, tornar a análise de Mateus operante.

Faço minha a afirmativa de Pontalis (1990): contratransferência constitui a "transferência para nós do estranho – do que é mais estranho ao paciente" (p. 110). E o que será mais estranho a Mateus que precisa, em desespero, transferir para mim?

A impotência, a passividade, a violência, o desespero

> *Tira as mãos de mim*
> *Põe as mãos em mim*
> *E vê se a febre dele*
> *Guardada em mim*
> *Te contagia um pouco*
>
> Buarque & Guerra, 1972[3]

Circunscrever o que é transferido é perder em abertura para o que pode advir, fechar a questão, saturar os sentidos. Aqui tudo é plural. Assim como são inúmeros os "ataques" de Mateus, sempre em torno da não mudança quanto ao seu "egoísmo". Interroga-me hostilmente: "Quero saber a verdade ou vou passar mais um ano sendo ludibriado? Vou mudar ou não?".

Mateus também me coloca no rol das pessoas (mulheres?) mansas, como sua mãe. Falo do tédio que o "manso" pode gerar e ele concorda. Mas, se com as namoradas mansas, a paixão se desfaz, a convivência ganhando uma conotação claustrofóbica, com as explosivas como ele a relação "desanda". Desse modo, não há abertura para entrar em uma experiência de intimidade: não tolera "perder a liberdade", não tem vontade de casar nem de ter filhos. Rompe com a namorada "doce" e se mostra satisfeito com a vida de solteiro.

Também comigo se *debate*, em uma recusa obstinada de receber o que ofereço, impossibilitando qualquer tipo de troca. Recusa afagos em preferência a fogo e insultos? Repudia a possibilidade

---

3 Trecho da letra da música "Tira as mãos de mim" (1972), de Chico Buarque e Ruy Guerra, lançada para a peça *Calabar*.

da experiência de formar uma dupla comigo e de receber cuidados. Parece que o sentir-se vivo está restrito aos estados excitados: assim, faz barulho, balança a água de nossos encontros, mais que marolas, provoca *tsunamis*; embolamo-nos em "caixotes", ondas gigantescas nos derrubando até o "morrer na praia". Retém a urina em uma tentativa de conter o venenoso e destruidor?

Porém, se continua, apesar do negativismo radical e das reivindicações violentas é porque algo faz sentido: a busca por cuidado, embora como um bebê que se debate no colo, a cena analítica como arena, concentrando suas tendências destrutivas (fala que não explode mais, embora a irritação continue). Como ele diz: "Porque você é persistente". Sou persistente porque sou a "boba", "café com leite", de seu jogo imobilizador e/ou porque sobrevivo? Dá-se um movimento duplo e paradoxal: se, por um lado, aprisiona-me na passividade; por outro, convoca-me para ser ativa. Se sou "derrubada", também ganho tônus – uma resposta ativa, fico atenta, coloco-me com vigor.

Sua violência e o esforço permanente para colocar-me em uma posição de passividade me alertam sobre a necessidade de transferir para *dentro* de mim seus aspectos apassivados/mortos ("o morrer na praia"). Assim, começo a pensar segundo a matriz transmatricial: o silêncio/o inanimado e o barulho ensurdecedor se misturando. Não apenas gritos precisam ser ouvidos como também o emudecido busca uma escuta empática.

O terror oculto

Ser
Da neve no fogo um só ardor.
Andrade, 2013, p. 28

Não foi à toa que me recordei de outra paciente: psicótica, com núcleos saudáveis preservados, criativa e sagaz, que fez uma comunicação eloquente sobre seu estado de ser. Relatou que, ao saber da história de uma mãe que jogou em um rio seu bebê, não se compadecia em relação a este, mas sim em relação à mãe, por causa do terror que ela devia estar experimentando para chegar a fazer isso.

Penso em Mateus: também o terror pode estar oculto sob as camadas de destrutividade. Falo sobre quão difícil deve ser conviver com a dúvida sobre sua própria bondade. Foi uma das poucas intervenções minhas que ele aceitou de um modo em que pareceu experimentar alguma tranquilização.

Ele sabe que precisa de análise: embora disfarçada, mantém-se à procura obstinada de um espaço para o terror que o habita. O texto "A função do objeto na ligação e desligamento das pulsões", de Roussillon (2015), auxiliou-me no direcionamento de uma escuta capaz de ampliar o entendimento da destrutividade e da violência a partir de uma análise de seu significado não em sentido absoluto, mas do que significa para determinado indivíduo.

A lembrança da fala de minha outra paciente, assinalando o terror por trás do ato desumano, articula-se com as proposições de Roussillon (2015). Segundo esse autor, a violência não deve ser encarada como expressão de uma "pulsão destrutiva": outros fatores inconscientes podem estar relacionados – *ansiedade, desamparo, sofrimento*, etc. E mais: é preciso considerar como a destrutividade se articula com a outra força "com a qual precisa entrar em acordo – a criatividade e o amor que está por trás dela" (p. 96).

Roussillon (2015) ainda destaca três formas que tal articulação pode apresentar. O primeiro nível é o de "ligação" – o que chama de "amálgama primário das pulsões" (p. 96). A "pulsão de morte" seria uma indicação da falência de tal ligação – o que leva ao *desligamento*. O segundo se refere à forma como o conflito de ambivalência se estrutura: implica a diferenciação de amor e ódio, ternura de violência e criatividade de destrutividade. O terceiro nível corresponde à predominância de amor ou de criatividade. Em relação a Mateus, podemos pensar em como o *desligamento* domina seu funcionamento psíquico, tanto na apresentação de muitos momentos de "destruição pura" como na dificuldade enunciada sob a queixa de "egoísmo" que nos direciona para o reconhecimento de uma dificuldade de ligação com o objeto.

Acompanhemos a distinção feita por Roussillon (2015) entre conflito e paradoxalidade. Conflito tem a ver com pulsões no contexto de relações objetais, conflito de ambivalência requer uma estrutura psíquica regida pelo princípio de prazer-desprazer, com o indivíduo sendo capaz de discriminar o "bom" do "mau", experiências de prazer de experiências de desprazer. O paradoxo se refere a questões envolvendo narcisismo: alguns tipos de paradoxalidade impossibilitam essas diferenciações, ocasionando uma confusão entre prazer e desprazer.

> *A reversão paradoxal de mal em bem desorganiza a conflitualidade fundamental, baseada na contraposição entre bom e mau e o início do conflito entre bem e mal. Daí em diante, nada pode contrabalançar a destrutividade, nada pode ficar em seu caminho – ela é, de fato, tratada como o "bem" supremo. (Roussillon, 2015, p. 97)*

Na medida em que o tratamento analítico avança, produz-se uma situação "limítrofe" ou "extrema", dá-se origem a reações terapêuticas negativas. Reconheço em Mateus o recrudescimento de processos de reação terapêutica negativa caminhando *pari passu* a explosões de destrutividade e negativismo. Tal resistência maciça se configura na forma de uma série de "nãos", relacionados a negativismos: "não" ao desejo do outro pelo terror de ser capturado, "não" à análise e ao analista, "não" à própria cura, "não" como recusa por perder o objeto e ser perdedor, "não" à separação. Portanto, o reconhecimento da reação terapêutica nesse caso ganha relevância.

A recusa se dirige também a receber: apresenta-se, como afirma Roussillon (2015) uma espécie de autoprocriação – "uma rejeição de qualquer tipo de dependência" (p. 99). Sendo assim, a negatividade acirrada de Mateus dirigida a mim revela tal repúdio a entrar em uma relação de dependência. Já faz tempo que seu pé não dói, até que ponto precisara adoecer para entrar em uma condição de precisar de dependência, momento em que necessitara viver no corpo o que é repudiado? Até que ponto essa pontual experiência de dependência fez-se necessária na direção de conduzi-lo para a busca de ajuda? Recentemente falara que chegara mal por causa das dores. "Que dores?", pergunto. "No pé", responde. "Mas apenas?", retruco. "Emocionais também", fala. Agora não mais a falta de ânimo – o que dói é essa destrutividade que tanto fere o outro como a si próprio.

Roussillon recorre a Marx, humorista estadunidense, para exemplificar o funcionamento de uma paciente que via no outro o bom, desqualificando o que ela própria tinha e atribuindo o bom somente ao outro: "Não quero ser sócio de um clube que aceita como membro pessoas como eu". Uma fala dessa mesma paciente se aproxima do que vivo com Mateus: "Tudo o que me toca se torna ruim, porque eu sou o mal". Eu também serei o mal na medida em que fracasso em o libertar de seu mal-estar interno, eu que o toco, entretanto "desprezada", pois sou um clube que o aceitou como sócio.

No lugar da esperança, para "se preparar para o pior", prefere a decepção: "O que é mau é mais 'certo', mais previsível do que o bem, que é mais incerto e, portanto, o mal é investido e reproduzido em maior proporção" (Roussillon, 2015, p. 100). Roussillon assinala que o indivíduo se coloca em uma posição de "recusa existencial". É tarde demais para receber, desse modo, nada se pode esperar da análise – a transferência e a necessária ilusão a ela relacionada se paralisam, porque o que deveria ter ocorrido na infância não ocorreu.

É importante destacar que Mateus fala minimamente dos pais, possivelmente para preservá-los e também insiste no contraste entre a caridade daqueles e seu egoísmo. Aqui podemos articular tal preservação dos pais ao que Roussillon (2015) fala sobre a relação do indivíduo com os objetos do passado. Se não recebeu o que precisava quando criança, é porque o indivíduo é mau, a culpa é dele, as pessoas da família não têm nada a ver com isso. Protege-se de experimentar afetos violentos em relação àqueles, impossibilitado que está de guardar rancor contra eles. Consequentemente, os afetos violentos voltam-se contra o *self*, dessa forma protegendo-se do desamparo infantil proveniente do confronto com as falhas dos objetos primários. Como diz o título do artigo, o objeto tem função fundamental na ligação e no desligamento das pulsões: experiências primárias muito precoces "produzem" a ligação das pulsões. O oposto também é verdadeiro: experiências traumáticas primárias impedem o estabelecimento dessa ligação primária.

Roussillon, com o objetivo de se aprofundar no entendimento dessas experiências iniciais, apresenta padrões clínicos, que se relacionam diretamente com o trabalho clínico psicanalítico e aqueles que não podem ser tratados pela forma tradicional de psicanálise, como o tratamento institucional. Todos esses padrões clínicos ou situações-problema se vinculam a situações do passado.

Vimos como o passado não é relatado por Mateus, paradoxalmente, assim como ele "age suas paixões", também "age seu passado". É o presente que é visado, mas o passado comparece, embora não possamos discriminar que tipo de experiência primária se vincula à configuração clínica que presenciamos.

Para entender situações-limite, Roussillon faz uso da descrição de situações extremas. A primeira a ser descrita se refere ao trabalho clínico com crianças extremamente violentas com o uso de um *setting* não tradicional. Não cabe aqui a descrição minuciosa desses atendimentos, mas sim ressaltar aspectos de suas conclusões que podem nos auxiliar no entendimento do funcionamento psíquico de Mateus. Nesse primeiro exemplo, um menino de 11 anos, após o fracasso de inúmeras terapias convencionais, era atendido de modo nada tradicional: era "envolvido" em um lençol à temperatura ambiente, com uma psicóloga deitada a seu lado, com o objetivo de fornecer-lhe apoio. Após dois meses de tratamento, o próprio menino pedia as sessões quando se achava em pânico. O que mais vale aqui, entretanto, são as conclusões destacadas por Roussillon (2015):

> *por trás da destrutividade manifesta estavam "a ansiedade de se fragmentar e o terror de explodir e desintegrar. O menino "explodiu" com raiva, com ódio, a fim de não ser estilhaçado nem explodido; ele "quebrou tudo", por se sentir ameaçado de ser quebrado e fez o que pôde para evitar isso. (p. 102)*

Roussillon conclui que a destrutividade não pode ser entendida apenas como expressão direta do "impulso destrutivo". Portanto, também podemos supor que, por trás de suas "explosões", Mateus oculta um terror de ser desintegrado, de explodir – o outro constituindo uma ameaça de ataque. Mais que uma ação, seguindo essa hipótese, constitui-se uma reação: "reajo, logo existo".

O "reagir" seria resposta a um "agir" anterior, um par de termos muito estreitamente ligados, não opostos, mas que obedecem à mesma lógica.

Aqui podemos fazer uma articulação com a reação terapêutica negativa. Em trabalho anterior, afirmara: "uma defesa desesperada, em que prevalece o par ação-reação, obriga-nos a pensar sobre a questão da agressividade e do pedido de sobrevivência do objeto, ou seja, que este saia dessa lógica, desse território de guerra e caça" (Cesar, 2009, p. 65). Preciso sobreviver e não sei quanto tempo de sobrevivência será necessário para que se vislumbrem resultados positivos, para que um vínculo de confiança se estabeleça de maneira tal que Mateus não se sinta ameaçado em relação ao estabelecimento de uma experiência de dependência.

Outra conclusão referente ao caso do menino: por meio deste *setting*, pode-se reconstruir a privação narcísica primária vivida por crianças como o menino do caso descrito. Ele não foi simplesmente envolto em um lençol, mas foi fundamental a presença da psicóloga que funcionava como uma espécie de "dublê", colocando em palavras os sentimentos que ele parecia manifestar. Foi possível, dessa forma, o oferecimento de certa continência psíquica e a reunião de suas vivências fragmentadas. Pensar na condição psicológica de Mateus como situação-limite (não extrema) e fazendo uso dessas ideias de Roussillon, conduz-me a destacar a necessidade de oferecimento de continência: uma escuta que o auxilie na direção de uma integração das partes dissociadas e fragmentadas.

Outro padrão clínico se relaciona a bebês e crianças que sofreram um tipo de rejeição, especialmente uma rejeição físico-corporal. A criança rejeitada dessa forma, com a mãe não tocando seu bebê, desenvolve uma autorrepresentação como "lixo", e a violência se desenvolve como reação. O senso do *self* não se constrói em torno de "eu sou o seio", mas sim em torno de "eu sou o mal".

Roussillon (2015) se refere ainda a uma culpa primária e a sentimentos inconscientes de culpa. O que é relevante aqui para a compreensão da posição subjetiva de Mateus é, independentemente de como se deram suas experiências iniciais, o reconhecimento de uma culpa primária ou de uma atuação da violência (como os "*criminosos por sentimento de culpa*") com o objetivo de localizar os sentimentos inconscientes de culpa impossíveis de conter. Além disso, o "eu sou egoísta" pode ser entendido no sentido de um desligamento do objeto em função de estar repleto de conteúdos maus e perigosos. "Eu sou egoísta" se equivale a "eu sou o mal".

Falhas na satisfação primária constituem um terceiro padrão clínico que se referem não apenas à satisfação das necessidades ligadas à satisfação como também à presença afetiva do objeto e à sua função de espelho dos sentimentos da criança. A satisfação do objeto ao cuidar da criança é fundamental para que ela se aproprie de seu próprio prazer e satisfação. Como consequência, vemos pessoas que, embora experimentem prazer, não têm conhecimento algum de satisfação.

Aqui também a ligação das pulsões fica impossibilitada: a inveja fica exacerbada e a pessoa ocupa uma posição subjetiva de "eternamente insatisfeita". E mais:

> *quando a fusão das pulsões não for bem-sucedida, a destrutividade tende a ficar livre e permanecer fora de qualquer situação de conflito – um exemplo é a violência contra o self (por exemplo, em doenças somáticas) ou contra outras pessoas (em alguns tipos de negativismo e manifestações antissociais de violência).* (Roussillon, 2015, p. 105)

Novamente, penso em Mateus e nesse momento em que uma radical insatisfação se dirige a mim, além do negativismo predominante frente a meus movimentos e intervenções.

A última situação clínica relacionada à história passada do indivíduo se refere ao fracasso do que Winnicott denominou "sobrevivência" do objeto, necessária para a capacidade de "fazer uso do objeto" (Winnicott, 1975). Seguindo Winnicott, Roussillon ressalta a necessidade do objeto "sobreviver" à intensidade das pulsões, ao amor primitivo e às primeiras manifestações de destrutividade. O objeto precisa não retaliar para que possibilite que o indivíduo distinga objeto interno de objeto externo: "o objeto interno é o que está 'destruído' pela força das moções; ele se retira ou recebe represálias. O objeto externo é o que 'sobrevive', mantendo-se suficientemente firme em sua condição emocional" (Roussillon, 2015, p. 108). A possibilidade de destruir o objeto em fantasia contribui para a pacificação da destrutividade e para conquistar meios não destrutivos de expressão. A destrutividade agrava-se e fracassa em destruir na fantasia, bem como quando se confunde com a destruição real. E eis a afirmação fundamental de Roussillon (2015): "não conseguir criar uma fantasia destrutiva é incitação à destruição real" (p. 108).

Será pela sobrevivência do objeto que é possível a passagem da "relação do objeto" para o "uso do objeto", em que é visto objetivamente, de modo a poder ser colocado em uso como objeto externo, distinto do objeto interno – o objeto das pulsões. Quando o objeto sobrevive – "objeto, eu te amo porque você sobrevive" e "eu o destruo na minha fantasia inconsciente" –, possibilita a criação de um conflito de ambivalência, o qual, como vimos anteriormente, constitui para Roussillon (2015) a principal barreira contra a violência.

Minha "sobrevivência" é central na relação com Mateus, sendo condição para que ele alcance uma posição subjetiva diversa da que vem ocupando. Se eu "sobrevivo", a autorrepresentação "eu sou egoísta/eu sou o mal", os negativismos, as manifestações agressivas, as explosões como recurso defensivo para ele próprio não se fragmentar e a culpa primária podem vir a arrefecer. Espera-se ainda o resgate da confiança extraviada ou nunca experimentada de modo a se sentir seguro (sustentado) para comunicar aspectos de seu passado não revelados.

Mas será que venho sobrevivendo? Quando ele diz que sou "persistente" ou quando não retalio (não fico irritada, "não compro briga" etc.) parece que sim. É verdade que ele testa incansavelmente minha sobrevivência à sua destrutividade, movimentando-se na sessão de modo tirânico e sádico. Contudo, reconheço-me submetida ao que Pontalis (1999), em seu texto "A partir da contratransferência: o morto e o vivo entrelaçados", designou como "preensão contratransferencial"; afetado tanto no corpo como no funcionamento mental, o analista experimenta uma "mortificação", como efeito do impacto das partes mortas do paciente. Preciso criar condições para conter e transformar tanto os aspectos mortos de Mateus como aqueles concernentes à minha própria vida fantasmática e os dominados por sua patologia. Até que ponto me mantenho viva e criativa de modo a transmitir-lhe que sobrevivo? Até que ponto seus ataques incessantes, que ora me deixam acuada, ora me fazem escutar o terror oculto subjacente à sua violência, não conduzem ao recrudescimento de seus sentimentos de culpa inconscientes? Porque é isso que se dá: um oscilar entre uma passividade e uma escuta empática atenta (livremente) ao inanimado, ao que não se deixa falar.

Continuemos ainda com Pontalis (1999) que afirma que o funcionamento mental do analista fica ameaçado, embora falar de pensamento seja inadequado, porque "encontra-se enquistado num corpo inerte" (p. 248). A nossa saída será, segundo esse autor, imputar ao paciente a origem de nosso mal-estar: ele diz "tocado ao morto", o que indica a morte da realidade psíquica, e é pelo contato com a morte da realidade psíquica que ocorre o que denomina "*preensão*" da contratransferência. O analista se sente um depósito, como se fosse "nada", mas o depósito também é um receptáculo, "um continente onde o sujeito deposita em segurança os seus próprios desperdícios rejeitados" (Pontalis, 1999, p. 249). Um paradoxo: sou depósito, mas também receptáculo, e se me ofereço como continente, se contenho o seu "mal", abre-se caminho para o reconhecimento de que minha criatividade não foi destruída e para a ocupação de outra posição subjetiva que não seja "eu sou egoísta/eu sou o mal". Além disso, preciso não desconsiderar nem minimizar a gravidade do que busca me transmitir, reconhecendo no referido "egoísmo" uma comunicação desesperada de seu isolamento e desligamento do objeto, de sua vivência de "falta de humanidade" e compaixão.

Mateus relata que o que provoca irritação é o fato de as pessoas não funcionarem do jeito "que ele acha certo", é como se tivesse uma régua querendo que tudo funcionasse de acordo com suas convicções. Vejo aqui uma dificuldade em reconhecer a alteridade e também a necessidade de uma experiência de fusão, de indiferenciação. "Que o outro pense como eu" não seria equivalente à necessidade de o objeto ir ao seu encontro de modo fusionado? Chama-me a atenção seu pedido-ordem de que vá na sua frente quando entramos no consultório: acato sem interpretações retaliativas. Penso na oferta de um "meio maleável", conceito de Milner (1991) relacionado à necessidade de um tipo de experiência de fusão, que considera como uma necessidade primordial do ser humano. Isso é possível pela experiência de entorno pelo outro, de modo que, um tipo de envolvimento possibilite um encontro como se fosse uma continuidade de si.

Últimas palavras

> Palavra prima
> Uma palavra só, a crua palavra
> Que quer dizer
> Tudo
> Anterior ao entendimento, palavra
> Buarque, 1989[4]

Caminho junto a Mateus em meio a afetos brutos, oscilando entre o que se deixa muito silenciosamente apresentar, manifestando-se anterior ao entendimento, e gritos lancinantes. O que se apresenta mudo e o que é voz são igualmente crus; entretanto, arrastam ânsias de ganhar forma e eloquência, pedido desesperado de deciframento sem que seja desmascarado.

Os textos e autores que me acompanharam foram restos diurnos, forração-solo, para que eu sonhasse modos de cuidado, escuta e compreensão. Escutar superficialmente é disponibilizar-se em desapego de sentidos prévios: espera que o sentido vem! Ou melhor, mantenha-se distraído, que algo do que não se deixa ver fará sua aparição: "sem memória nem desejo". Porque é lamento e também grito de ave de rapina, sagaz, faminta, impiedosa.

Assim, ouso concluir que uma escuta complexa, polifônica, se impõe; aquela que se dirige às múltiplas vozes (por mais paradoxais que sejam) e às várias formas de silêncio – desde lamentos quase inaudíveis até gritos selvagens. Também a matriz transmatricial parece ser a mais adequada para o entendimento das superfícies e da queda em lodo sem fim: da imobilidade circunscrita a

---

4 Trecho da letra da música "Uma palavra" (1989), de Chico Buarque, lançada no álbum *Chico Buarque*.

quarto sem porta nem janela à agitação do condenado, que não se cansa de debater, amaldiçoado carregando um mal sem contornos.

Acompanhando Mateus, vi-me convocada a ser guiada por um *e* no lugar do *ou*: se no início, a passividade, o mortífero ocultava a vida, no decorrer de nossos encontros, a pseudovitalidade ocultava o morto. Do frio ao tórrido, o *páthos* sempre presente em ardências, mesmo no gelo inicial (pois o gelo também queima): ele e eu queimados, ora em carne viva, ora em carne morta. Porque Mateus anuncia que, mais ferido que o outro (e aqui cá estou eu também alvo de sua ira), ele é o que pouco se levanta das dores autoinfligidas, das dores que decorrem dos ataques ao outro dirigidos. Mateus enuncia: "Eu sou o que mais sofre". Entretanto, impiedoso, pede que eu seja testemunha tanto de sua crueldade como de seu desamparo. Desamparo gerado no território das origens? Por ora, reconheço o desamparo proveniente do estar à mercê de sua própria violência. Sou tanto depósito de sua urina, seus dejetos malditos, como receptáculo de sua inocência soterrada, encoberta por camadas inúmeras de destrutividade. (A urina retida seria em demasia temida devido ao risco que corre de descarregar, espalhar em fragmentos sua raiva, derramando sobre o corpo alheio lavas e restos venenosos de seu corpo indigno?).

Não posso ser eu mesma nem inocente nem sentimental: meu ódio comparecendo com a face da vitalidade e minha função maior deve ser a de sobreviver. Escutar os gritos de agonia que se misturam com os gritos de fúria e guerra. Nem retaliar nem esmorecer. Imagino-o em um poço ermo e profundo, enfurecido, impotente: fora esquecido ou escolhera abandonar seu lugar no asilo dos existentes? Fora ele quem se isolara em uma espécie de retraimento raivoso, barulhento, incendiário, desprezando o diferente, o que não atende a seus desmandos e expectativas? Porque, se pensamos em retraimento como um afastar-se em reclusão do mundo, figura de desfalecimentos e sombra, também gestos descontrolados por revolta perpétua, ao romperem laços, ao darem às costas à humanidade, podem, caso desfeitas as máscaras do falso vivente, revelar igualmente isolamento e desligamento.

De novo eu o vejo no poço abandonado, a imagem revelando seu semblante ora passivo: "Vai me tirar daqui? Ou vai me deixar à mercê de meus impulsos desumanos?". Lanço uma longa corda – tal qual o paciente Robbie de Alvarez (1994) –, até o fundo; mas também ele precisa com vigor responder ao meu chamado, segurando com tônus a corda salvadora. De que se salva Mateus? Ele que tanto fala, que é tão ativo, que tem tantos amigos; todavia guarda em segredo reclusão e isolamento. Entre chamas se esconde, é um incendiário sem dúvida, mas que desastre é não ser encontrado, resgatado do incêndio que queima seus recursos de ligação, sua necessidade de cuidado e dependência?

Ao falar de nãos e recusas, recordo-me do personagem Bartleby, de Melville (1986), o escriturário que, ora frente a indagações feitas com doçura, ora frente a enérgicas intervenções de seu chefe perplexo perante aquele homem enigmático, apenas enuncia: "Prefiro *não fazer*" (p.32). Pontalis em seu texto "L'affirmation negative" (2000), reconhece na imobilidade do escriturário a revelação não de uma resistência passiva, mas radical e imperativa: vê em sua repetida fórmula uma afirmativa. Também Mateus se afirma por meio de renitentes nãos. Mas, diferentemente de Bartleby com sua loucura doce, meu paciente se assemelha ao personagem Michael Kolhas, herói de Von Kleist, também lembrado por Pontalis. Kolhas agita-se sem relaxar; com violência, tenta fazer-se ouvir, despossuído de seus bens, incendeia vilas e povoados. Como Mateus, incendiário; ao mundo contra o qual se rebela, devota e dedica chamas. Eles não preferem, querem absolutamente. São obstinados em destruir. Como Bartleby, Mateus diz não; como Kolhas, atua por meio de sua agitação violenta.

Pontalis (2000) coloca Bartleby e Kolhas lado a lado, um em radical inquietação, outro imóvel, fúria e silêncio. E repete: os *intratáveis*. Acrescento Mateus ao lado desses caros humanos, que por meio de "nãos" ocultam seu desalento. Exercem em nós a fascinação de tratar sua loucura – *doce* ou *furiosa*. Com seus frágeis meios, tentam curar uma angústia sem nome a fim de extrair de sua solidão e loucura alguma possibilidade de cuidado e humanização. Uma escuta se impõe: por trás de tantos "nãos", de paisagens glaciais e inacessíveis, de destroços e incêndios, uma afirmação imperiosa: um pedido de cura e de pertencimento à família humana, quando se julga insensível, sem caridade, sem objeto fora de si mesmo, quando quer ardentemente libertar-se da maldição de seu egoísmo.

Referências

Alvarez, A. (1994). *Companhia viva: psicoterapia psicanalítica com crianças autistas,* borderline, *carentes e maltratadas*. Porto Alegre: Artes Médicas. (Trabalho original publicado em 1992.)

Andrade, E. (2013). Estribilhos de um dia de verão. In *Ostinato Rigore* (pp. 28). Porto, Portugal: Assírio & Alvim.

Bion, W.R. (2006) *A atenção e interpretação*. Rio de Janeiro: Imago.

Cesar, F. F. (2009). *Asas presas no sótão*. Aparecida, SP: Ideias e Letras.

Ferenczi, S. (1990a). Análise de crianças com adultos. In *Obras Completas* (Vol. IV, pp. 69-78). São Paulo: Martins Fontes. (Trabalho original publicado em 1931.)

Ferenczi, S. (1990b). Reflexões sobre o trauma. In *Obras Completas* (Vol. IV, pp. 109-117). São Paulo: Martins Fontes. (Trabalho original publicado em 1934.)

Ferenczi, S. (1992). Confusão de língua entre os adultos e a criança. In *Obras Completas* (Vol. IV, pp. 97-106). São Paulo: Martins Fontes. (Trabalho original publicado em 1932.)

Ferenczi, S. (2011). Thalassa. In *Obras Completas* (Vol. III, pp. 277-357). São Paulo: Martins Fontes. (Trabalho original publicado em 1924.)

Figueiredo, L. C. (2001). Modernidade, trauma e dissociação: a questão do sentido hoje. In B. Bezerra Jr. e C. A. Plastino. *Corpo, afeto, linguagem: a questão do sentido hoje* (pp. 219-221). Rio de Janeiro: Rios Ambiciosos.

Figueiredo, L. C. (2012). A clínica psicanalítica e seus vértices: continência, confronto, ausência. *Reverie: Revista de Psicanálise*, v.5, p.33-54.

Figueiredo, L. C. (2014). Escutas em análise. Escutas poéticas. *Revista Brasileira de Psicanálise*, 48(1), 123-137.

Figueiredo, L. C. & Coelho Jr., N. E. (2018). *Adoecimentos psíquicos e estratégias de cura: matrizes e modelos em psicanálise* (P. C. Ribeiro e I. Fontes, colabs.). São Paulo: Blucher.

Freud, S. (1969). Recomendações aos médicos que exercem a psicanálise. In *Edição standard brasileira das obras psicológicas completas de Sigmund Freud* (Vol. 12, pp. 149-159). Rio de Janeiro: Imago. (Trabalho original publicado em 1912.)

Klein, M. (1991). Notas sobre alguns mecanismos esquizoides. In *Inveja e gratidão e outros trabalhos* (pp. 17-43). Rio de Janeiro: Imago. (Trabalho original publicado em 1946.)

Kohut, H. (1959). Introspection, empathy and psychoanalysis: an examination of the relationship between mode of observation and theory. *Journal of the American Psychoanalytic Association, 7*, 459-483.

Lispector, C. (1978). *Laços de família*. Rio de Janeiro: José Olympio.

Lispector, C. (1998). *Água viva*. Rio de Janeiro: Rocco.

Lispector, C. (1999). *Um sopro de vida*. Rio de Janeiro: Rocco.

Melville, H. (1986). *Bartleby o escriturário*. Rio de Janeiro: Rocco.

Milner, M. (1991). A comunicação da experiência sensorial primária. In *A loucura suprimida do homem são* (pp. 118-169). Rio de Janeiro: Imago. (Trabalho original publicado em 1955.)

Pontalis, J.-B. (1990). A estranheza da transferência. In *A força de atração* (pp. 69-111). Rio de Janeiro: Jorge Zahar.

Pontalis, J.-B. (1991). *Perder de vista: da fantasia de recuperação do objeto perdido*. Rio de Janeiro: Jorge Zahar. (Trabalho original publicado em 1988.)

Pontalis, J.-B. (1999). A partir da contratransferência: o morto e o vivo entrelaçados. In *Entre o sonho e a dor* (pp. 243-263). Lisboa: Fenda/Gallimard.

Pontalis, J.-B. (2000). L'affirmation negative. *Libres cahiers pour la psychanalyse, 2*(2), 11-18.

Roussillon, R. (2015). A função do objeto na ligação e desligamento das pulsões. *Livro Anual de Psicanálise, 29*, 95-113.

Winnicott, D. W. (1975). O papel do espelho da mãe e da família no desenvolvimento infantil. In *O brincar e a realidade* (pp. 153-162). Rio de Janeiro: Imago. (Trabalho original publicado em 1967.)

Winnicott, D. W. (1993a). O ódio na contratransferência. In *Textos selecionados da pediatria à psicanálise* (pp. 341-353). Rio de Janeiro: Francisco Alves. (Trabalho original publicado em 1947.)

Winnicott, D. W. (1993b). Preocupação materna primária. In *Textos selecionados da pediatria à psicanálise* (pp. 491-498). Rio de Janeiro: Francisco Alves. (Trabalho original publicado em 1956.)

Winnicott, D. W. (1994a). O medo do colapso (*Breakdown*). In *Explorações psicanalíticas* (pp. 70-76). Porto Alegre: Artes Médicas. (Trabalho original publicado em 1963.)

Winnicott, D. W. (1994b). A Experiência Mãe-Bebê de mutualidade. In *Explorações psicanalíticas* (pp. 195-202). Porto Alegre: Artes Médicas. (Trabalho original publicado em 1969.)

"Ih! Tá chovendo!": histórias de retraimento e de reclamação[1]

Clarice, 21 anos, chega apresentando um quadro de extremo retraimento; sem amigos, enfrenta novo desafio que é o ingresso na faculdade fora da cidade. Clarice e sua reclusão. Clarice vegana. Clarice que balbucia, a fala saindo com dificuldade. Clarice e seus silêncios. Que mistérios tem Clarice? O mais marcante, desenhando em seu corpo a vergonha de existir (ou de não existir?): a cabeça baixa, os olhos permanentemente voltados para o chão. Até começar a falar, um gemido tímido e demorado anunciando a comunicação. É meu papel não a deixar entregue ao silêncio.

Lembro-me de Ogden (1996), quando, ao descrever a posição autista-contígua, denomina-a santuário: representa um repouso necessário do processo de vir a ser um ser humano. Não considero o isolamento de Clarice como constituindo tal posição; não, penso aqui em um adoecimento esquizoide. Mas uma colocação muito interessante de Ogden me possibilita estabelecer uma associação com o que se passa na sessão com seus ritmos de pausas e

---

[1] Uma versão anterior deste texto foi publicada em dezembro de 2017 na *Revista Percurso*, ano XXX, (59), 79-90.

fala e modulações. Nessa posição, no processo do bebê se isolar, a mãe deve permitir que ele a exclua: possibilitando que se dê uma suspensão da vida no mundo dos vivos e a substituição desse mundo por um mundo autônomo de "relações com sensações perfeitas" (Ogden, 1996, p. 174). Porém, o que quero destacar aqui é que a mãe deve competir com a perfeição do santuário, resgatando o bebê e devolvendo-o para o "mundo dos vivos".

De modo semelhante – voltando a ressaltar que estamos frente a um isolamento/refúgio/retraimento que não faz parte do processo normal do vir a ser humano – busco resgatar Clarice para o mundo dos vivos quando interrompo seus silêncios com perguntas. Posso começar simplesmente com: "O que você está pensando?" ou "Como foi sua semana?". Um pequeno tempo de hesitação precede o contato comigo, mas sempre de olhos baixos. Algumas comunicações-queixas vêm se estabelecendo: o fato de voltar todo fim de semana (leva três horas da cidade onde estuda até aqui), porque sente que os pais não aguentariam se ficasse lá. (Nas tentativas de ficar na outra cidade, os pais quiseram viajar para lá.) Reclamações tímidas das invasões parentais: telefonam todos os dias para saber o que ela comeu. E um desejo persistente de trabalhar pensando que, assim, poderia ganhar alguma independência.

Nos dias de muito calor, as chuvas me eram bem-vindas. No meio de uma de nossas sessões começou a chover. Espontaneamente falei com relativo entusiasmo: "Ih! Tá chovendo!". Clarice levantou o rosto, olhou-me nos olhos e perguntou: "A senhora também gosta de chuva?". Hoje, pensando no que aconteceu, reconheço um movimento espontâneo meu de investir impulsos positivos de vida. A chuva como elemento da vida entrando no nosso mundo, promovendo vitalização e coragem. A chuva transformando a terra ressequida, o desértico em promessa de florescimento, de verdejar o árido. Minha pessoalidade e meu vigor resgatando-a, por pouco tempo que tenha sido, para um olhar que refletia seu interesse por mim e pela vida. Além disso, os movimentos de hesitação, pausa e fala norteiam os encontros de modo a não a deixar entregue ao abandono que silêncios prolongados poderiam causar. A aposta de que um contato delicado, distinto das invasões de excessos por parte dos pais, possa fundar timidamente, vagarosamente, um campo de esperança e confiança.

Daqui segue uma reflexão sobre a clínica e o papel do analista em um cenário de desvitalização. A aparição de forma mais pontual da vitalidade do terapeuta por meio da intervenção: "Ih! Tá chovendo!" abriu um campo de comunicação no qual a pessoalidade do analista despertou na paciente possibilidades de acessar outro modo de estar junto, que ultrapassava seu costumeiro estado de passividade, apatia e desânimo. Revelou-se, a partir de sua reação, a necessidade de uma atuação mais vigorosa, pois foram acenados, no contraste entre a contínua cabeça cabisbaixa e o levantar o olhar com animação (alma), impulsos vitais encobertos até então pelo estado de retraimento.

"Tocado ao morto"

Há determinadas sessões com Clarice que sinto no corpo: pesadamente entregue a uma estranha pressa de que o encontro finalize, pesadamente lançada a uma zona de inquietação e desejo de me despedir. Surpreendida pela ideia/desejo: o que a vida me oferece depois do encontro? Esse horizonte que me espera depois, como um pote de ouro ao final do arco-íris, esse anseio de reencontrar a vida, alerta-me de que há quase morte nos rondando, de que corremos o risco de nos deixar aprisionar em um espaço/ mausoléu, se eu mesma não desperto, sendo essa a condição de estar apta a ir na sua direção e despertá-la.

Tudo é muito lento, suas palavras brotando aos poucos, seu rosto, olhos voltados para baixo, e eu nas minhas tentativas de trazê-la à vida. Vem-me então, em determinada sessão, a imagem de meu filho nascido prematuro, pesando pouco mais que 1,5 quilo, sendo amamentado pelas enfermeiras do berçário com uma chuquinha. Ele mal sugava e muito pouquinho conseguia trazer para dentro do corpo frágil o leite necessário. Eu que tinha os seios fartos de alimento, eu ameaçada por sua quase não existência, insistia encharcada pelo desejo de dar-lhe vida e pelo prazer de amamentá-lo com meu próprio corpo; dividindo com as outras mulheres enfermeiras a tarefa de garantir sua sobrevivência. Mas pela dificuldade de sucção, o leite entrava como em conta-gotas, e eu tinha a impressão de que um bebê franzino, sem força, que não parece ter fome, não animava as outras mulheres, que falavam com prazer dos bebês "sacos de açúcar", aqueles que já "nascem criados".

O estado mortificado me toma, uma indiferença desesperada me coloca ora como a mãe aflita, ora como as mulheres decepcionadas com o lento sugar. Também com Clarice, parece que o leite entra de pouquinho em pouquinho, a ameaça de morte que eu vivera faz sua aparição na cena analítica. Porém, tal qual meu filho, não é a inapetência que a separa da vida, mas a dificuldade de sucção. Uma fome vigorosa se escondia naquele sugar difícil, discreto e que se revelava no choro desesperado, quando o cansaço imposto pelas limitações da prematuridade o afastavam de meu peito ou das pequeníssimas mamadeiras. A cena do leite entrando em conta-gotas se soma à ideia da fome de leões que Clarice deve ter, assim como têm os recém-nascidos. Só não sabe sugar, não tem força, vai aos poucos, e minha função, entre outras, é de ensiná-la a sugar. Assim, enlaçam-se a quase morte e a fome estrangulada, que sinaliza a fome de viver: "morto e vivo entrelaçados" (Pontalis, 1999, p. 243). É um alento pensar que a cena, a imagem/figura que me visita, me desperta e me retira do imobilismo e da atenção voltada para o tempo que avança tão morosamente.

"Tocado ao morto" da paciente, dá-se o que Pontalis (1999, p. 248) designou como "preensão contratransferencial"; afetado tanto no corpo como no funcionamento mental, o analista experimenta uma "mortificação", como efeito do impacto das partes mortas dos pacientes. Se uma clínica de revitalização é proposta com o desejo imaginário de fazer o outro nascer para si próprio, guiando as estratégias de tratamento, faz-se imprescindível o trabalho psíquico do próprio analista no sentido de criar condições para conter e transformar os aspectos mortos dos pacientes, aqueles concernentes à sua vida fantasmática e a aspectos dominados pela patologia deles.

Se a análise é, segundo Freud, uma partida de xadrez, com os jogadores jogando cada um sua partida, o peso da contratransferência se apresenta quando não jogamos mais nossa partida, afirma Pontalis (1999), quando já não temos peões para avançar. "Petrificado", adverte o psicanalista, o que remete a sensações corporais que indicam:

> *uma impotência do movimento; paralisia vivida como forçada, que começa por vezes por atingir a pulsação mais "natural" do corpo; respiração contida, músculos abdominais apertados, acabando por conquistar progressivamente toda a superfície, não há mais gestos, nem mais ruídos, nem mais nada. Esta mortificação pode, segundo a patologia dominante do analista, assumir uma coloração mais claustrofóbica (sentir-se confinado no consultório) e suscitar mecanismos contrafóbicos: tentação, por exemplo, de abreviar a sessão, fugir mentalmente para a sessão do paciente seguinte,*

etc. ou uma coloração obsessiva, com a hipervigilância dela decorrente; ou ainda um tom francamente depressivo. O modo de responder é o próprio de cada um. (Pontalis, 1999, pp. 247-248)

É desse modo que sou apreendida, "tocado ao morto", com o corpo pesado, com ideias de abreviar a sessão, com o desejo de procurar prazer longe dali, porque na sessão o corpo encontra-se mortificado: tenho uma premência de ganhar um novo corpo.

Pontalis (1999) acrescenta que o funcionamento mental do analista está ameaçado, embora falar de pensamento seja inadequado, porque "encontra-se enquistado num corpo inerte" (p. 248). Continuando com esse autor: a nossa saída é imputar ao paciente a origem de nosso mal-estar: o "tocado ao morto" indica a morte da realidade psíquica, e é pelo contato com a morte da realidade psíquica que ocorre o que denomina *"preensão"* da contratransferência. O analista se sente um depósito, como se fosse "nada", mas o depósito também é um receptáculo, "um continente onde o sujeito deposita em segurança os seus próprios desperdícios rejeitados" (p. 249). Eis um laço positivo e também posso constatar em Clarice (um broto de) confiança de ter um espaço em que se gesta timidamente a possibilidade de existir, onde busca escapar de um "assassinato psíquico".

Em uma entrevista com os pais, fui informada de que demoraram dez anos para ter Clarice depois de tentarem muito. Por algum motivo que me escapa, não investigo se bebês foram perdidos nesse intervalo, quantas possíveis mortes assombram o nascimento da filha; além disso, ronda-me a fantasia dela ter sido adotada. Busco semelhanças físicas que possam me assegurar que não é verdade essa tal fantasia, mas se for... Retirei-me de tentar me aproximar do tempo inicial de Clarice sendo atropelada pelas falas dos pais:

"desejamos muito ela", "deixamos que faça suas escolhas". Eu também aprisionada, submetida ao conduzir das palavras parentais que acabaram por me afastar do que se recolhe por baixo das superfícies do discurso engessado e simultaneamente temeroso.

Mantêm-se debruçados sobre ela como se fosse um recém-nascido; trata-se de uma ocupação de seu espaço psíquico que resta a ela uma mínima chance de se movimentar: anda com cuidado extremo, como se não tivesse direito de existir para além dos mandatos parentais. O excesso de pais, o peso de ser o motivo maior da vida daqueles. Que peso esse de ser objeto de um investimento desmesurado? Peso de ser a fonte de todo mal e de todo bem e de corresponder à espera ansiosa de que cumpra um destino de desejos e escolhas idênticas. Acolho as palavras de Pontalis (1999), é como se dirigissem à filha com a única palavra possível: "ou existes para mim ou de todo em todo não existes" (p. 253). O retraimento severo surge como resultado do assassinato psíquico – uma impossibilidade de saída da casa parental e, simultaneamente, a única saída possível: resistência heroica, fortaleza que em silêncio se arma para deter as ininterruptas invasões bárbaras, a possessão por um corpo estranho que incessantemente invade. De um lado, o silêncio, a impossibilidade de enunciar suas próprias palavras, é gerador de extremo sofrimento; de outro, é reação à ocupação desvairada imposta pelos objetos primários. Esse misto de agonia e reação revela-se no isolamento/reclusão frente a pais, colegas e parentes (nenhum espaço onde as palavras ecoem com alguma liberdade) e na inexistência de um lugar onde possa se sentir em casa. Onde esteja, são inúmeros os pedidos de desculpa e licença.

O silêncio como comunicação agida visa, ainda, imputar ao outro o assassinato psíquico do qual foi vítima.

> *O propósito visado é impedir no outro aquilo que falta no sujeito: a constituição e o desdobrar-se de um espaço psíquico, de um "quarto para si próprio", em que o sujeito poderia encontrar-se encontrando outros objetos diferentes do objeto primário, ao qual se sente inexoravelmente ligado. (Pontalis, 1999, p. 254)*

Pontalis refere-se a potências destrutivas maciçamente atuantes, que o fazem falar de morte, "por assassinato ou apagamento, da realidade psíquica" (1999, p. 262). Se nosso funcionamento mental é impedido em função da *preensão* contratransferencial, se ficamos desorientados ou paralisados frente ao paciente, se nos sentimos limitados; isso não torna negativa a experiência. Somos por essa enviesada comunicação convocados a "restaurar, inventar a *realidade* psíquica ausente – trata-se de nascer, mais que redescobrir" (1999, p. 261). Se o *self* é, segundo Pontalis, o representante do vivo no espaço psíquico, então o trabalho do objeto primário é fazer nascer originalmente esse *self* ou – tarefa que cabe ao analista – tentar ressuscitá-lo de um estado mortífero.

Vitalidade e desvitalização: sobre a capacidade de se sentir vivo e a vida não vivida

> MEA CULPA
> A dor maior
> É a dor de não ter sido feliz
> No dia que passou.
> As horas não cumpriram o desejado
> Antes desfolharam

*A pequena morte de cada dia
Impedindo que a vida triunfasse vitoriosa*
Archanjo, 1999, p. 83

Quando estamos juntas, Clarice e eu, uma alternância entre formas de vitalidade e desvitalização se apresenta como já disse: o vivo e o morto entrelaçados (Ogden, 2013) chamam a atenção para as formas de vitalidade e desvitalização presentes na cena analítica, que se desenham não apenas no paciente como também no analista; esse jogo transferencial-contratransferencial que envolve tais formas e é destacado como a medida fundamental do que acontece no processo analítico. Amplia o objetivo da análise para além da "resolução de conflitos intrapsíquicos inconscientes, da diminuição da sintomatologia, do aumento da subjetividade reflexiva e autocompreensão e do sentimento de competência pessoal" (p. 39). Tais capacidades são importantes, mas a capacidade de se sentir vivo é central como objetivo do tratamento analítico. Cada forma da psicopatologia é vinculada a um tipo de limitação da capacidade de se sentir vivo: Para Ogden, uma das piores e mais limitantes perdas do ser humano se refere à perda da capacidade de estar vivo para a própria experiência.

Equivocamo-nos se pensamos que a capacidade de se sentir vivo é tida como certa, como algo natural. A capacidade de se sentir vivo é tecida no cerne da relação com o outro: entrar na vida, sentir que ela vale a pena, tem um início e condição a partir da qual se constrói o "quarto próprio" (Pontalis, 1999, p. 254), onde se pode recolher e de onde se pode partir: com portas e janelas que possibilitem tanto a comunicação quanto a não comunicação. A vitalidade é, portanto, algo que surge a partir da "somatória de experiências emocionais" (Boraks, 2008) e que se dá em um interjogo de estar junto e separado, de se constituir a partir de uma recepção de cuidado no "amor dos começos". Não basta estar vivo fisiologicamente, é preciso sentir-se vivo, o que implica oscilações entre as várias facetas do existir humano: entre o prazer e a dor, entre a alegria e a tristeza, entre a paixão e a ternura, entre submissão e originalidade. A capacidade de sofrer e, ainda assim, se sentir vivo e de poder experimentar diversos modos de estar no mundo sedimentam a base de ser. Mas, quando se existe habitando apenas nos extremos, quando se foca em um só modo de existir, na defesa maníaca (pseudovitalidade) ou na agonia e nos medos, a capacidade de estar vivo fica extraviada ou nunca chega a existir.

Estar vivo depende de uma comunicação em que o ambiente receba o indivíduo, acolhendo seu gesto criativo, de modo que possibilite seu acontecer como ser humano. Só depois, pode ser capaz de sujeitar-se sem perder a *dignidade*. Se prevalece a submissão, acontece o adoecimento. Para as pessoas esquizoides, pernicioso significa qualquer coisa falsa, como o fato de estar vivo por *condescendência*. Nesses casos, o sujeito apenas sobrevive. O nosso trabalho é então: "*tornar vivo o sobrevivente, fazê-lo nascer, deveras, para si próprio*" (Pontalis, 1999, p. 233). Como sobrevivente, é um não nascido e sua luta é para alcançar a vida, a capacidade de se sentir vivo, o que exige que se chegue ao começo. Transformar o simples sobreviver em uma experiência viva é tarefa conjunta do par analista-paciente, e é preciso que preservemos nossa própria vitalidade; embora, paradoxalmente, implique em oscilações entre vitalidade e desvitalidade.

Ogden (2016), em seu texto "O medo do colapso e a vida não vivida", examina o texto de Winnicott (1994) "O medo do colapso", acrescentando importantes colocações sobre "a vida não vivida". Penso que um breve olhar sobre suas ideias nos auxilia no entendimento da patologia e do próprio existir humano de porções da vida que ainda não foram vividas e que clamam por integração com o fim do indivíduo completar-se – de vir a ser o que se é. Para Ogden, o *breakdown* se refere a uma quebra, a um corte no vínculo mãe-bebê, em que este é lançado em uma condição extrema de desamparo e ameaçado de não existência. A criança – desconectada da mãe – é confrontada com uma experiência de agonias primitivas, experiências que não acontecem, ou se dá o que denomina de curto-circuito: uma organização defensiva (a psicose) se manifesta para impedir a experiência de agonia. O termo *"breakdown"*, para Ogden (2016), refere-se à ruptura do vínculo mãe-bebê, não a um surto psicótico; a psicose constitui uma defesa contra a experiência de ruptura. Quando isolado de sua mãe, o bebê lança mão da defesa psicótica de desintegração, como recurso paradoxal para livrar--se da agonia que surge de não conseguir organizar-se: ele produz um estado de autoaniquilamento.

Alguns estados emocionais que são toleráveis dentro do contexto de um bom relacionamento mãe-bebê transformam-se em agonias primitivas, quando a criança tem de vivê-los sozinha. Como exemplo seminal, temos o cair para sempre que se torna uma angústia impensável se a criança se encontra desconectada da mãe.

Por não ter experimentado a quebra do vínculo mãe-bebê que ocorreu na infância, o indivíduo vive com medo de um colapso que já aconteceu, mas que não experimentou. O *breakdown* constitui o fracasso de uma organização defensiva que foi constituída para proteger o indivíduo de um estado psicótico que envolve, por sua vez, o *breakdown* do estabelecimento do *self* unitário. Ogden (2016) amplia o pensamento de Winnicott, supondo que o que mobiliza o paciente para encontrar a fonte do medo do *breakdown* é o sentimento que partes dele estão em falta e que precisa encontrá-las para tornar-se inteiro: o que resta de sua vida é principalmente uma vida não vivida. A principal motivação para o indivíduo que não experimentou partes do que aconteceu em sua primeira infância é a necessidade urgente de reivindicar essas partes com o objetivo de completar-se por meio da integração do máximo possível de sua *vida não vivida (não experienciada)*. Ele acrescenta que é uma necessidade universal – a necessidade de ter a oportunidade de tornar-se a pessoa com o potencial de ser, que lhe é próprio. Se, como Winnicott (1994) reafirma várias vezes, o medo do *breakdown* é um medo de um colapso que já aconteceu, mas não foi experimentado, é muito importante a colocação de Ogden de que temos modos de experimentar e não experimentar eventos em nossas vidas.

É interessante ressaltar a proposição de Ogden (2016) de que todos nós passamos, em diferentes graus, por *breakdowns* relevantes no vínculo mãe-bebê, respondendo a eles com o ativar de organizações defensivas psicóticas. Permanecer vivo em nossas experiências constitui a base para o começo de um existir pleno, mas todos nós em alguns momentos perdemos tal capacidade, tornando-nos incapazes de nos sentirmos vivos dentro de nós ou para o mundo que nos cerca. Cada uma das limitações referidas (da capacidade de sentir alegria, de amar um ou todos nossos filhos, de sermos generosos, de perdoar alguém) é um aspecto do que ele destaca e, aqui, é de nosso extremo interesse, de *nossa vida não vivida* – que se refere ao que não pudemos nem continuamos incapazes de experienciar. Não apenas nossos pacientes mais adoecidos se debatem em busca do não vivido como é condição universal a busca dessas experiências perdidas, aquelas que não fomos capazes de viver – o retomar as partes perdidas de nós mesmos.

É relevante destacar o que Ogden (2016) afirma como um grande objetivo da análise: o analista ajudando o paciente a viver sua vida não vivida na transferência-contratransferência. Assim, se vimos com Pontalis (1999) que a *mortificação* experimentada em determinado encontro analítico deve ser imputada ao paciente, com Ogden, somos levados a considerar a experiência de esterilidade em ambas as partes e pensar o jogo que se estabelece entre a dupla – retorno a pensar em Clarice e eu – como uma luta para que possamos – nós duas – nos sentir mais vivas e reais. Paradoxalmente, para acessarmos essa condição de vitalidade, há de haver espaço para os aspectos desvitalizados, da mesma forma que devemos, como assinala Winnicott (1994), acolher, lado a lado com a comunicação, a não comunicação como uma contribuição positiva.

A mais fundamental reivindicação do paciente se dirige à sua vida não vivida: à procura de aspectos não vividos e não experimentados, no passado e no presente. Embora Clarice não se queixe explicitamente de medo do colapso por vir e de seus derivados (medo da morte e do vazio), a *vida não vivida* se apresenta em sua condição de sobrevivente. Segundo Ogden (2016), para pacientes com formas agudas de medo de um *breakdown*, sentirem-se vivos é demasiadamente dolorido, pois implica no reconhecimento de quanto de sua vida não puderam viver. A vida lhes foi tirada, o que gera extrema dor. Completando com Winnicott (1994):

> *o paciente precisa "lembrar" isto [o* breakdown*], mas não é possível lembrar algo que ainda não aconteceu, e esta coisa do passado não aconteceu ainda, porque o paciente não estava lá para que ela lhe acontecesse. A única maneira de "lembrar", neste caso, é o paciente experienciar esta coisa passada pela primeira vez no presente, ou seja, na transferência. Esta coisa passada e futura torna-se então uma questão do aqui e agora, e é experienciada pelo paciente pela primeira vez. (p. 74)*

Tal experienciar é a chance de o paciente tornar-se a pessoa que tem a possibilidade de ser e isso envolve uma experiência de dor. Mas como acompanhar o paciente de modo a auxiliá-lo a viver e a integrar suas partes não vividas? Já foi mencionada a necessidade de se estabelecer um jogo de sustentação da esperança e de acolhimento da desesperança, um oscilar entre a vitalidade e o recolhimento dos aspectos desvitalizados, entre comunicação e não comunicação. A partir daí, espera-se que seja possível que ambos, analista e paciente, se sintam mais vivos. Esse é o início de uma reflexão que vem se dando aos poucos no decorrer deste texto e que pretendo aprofundar mais adiante.

Ogden (2016) identifica, como atitude analítica fundamental para ajudar um paciente a experimentar aspectos de si mesmo perdidos, o reconhecimento e a valorização dos caminhos mais sutis e improváveis buscados por aquele com o intuito de experimentar, pela primeira vez, eventos não vividos de seu passado. Um caso dele mesmo é descrito para ilustrar a morte já vivida na infância precoce e mais: a busca de se sentir vivo e de integrar partes não vividas de seu passado, o cenário analítico em que fazem sua aparição tanto a esterilidade de ambas as partes como suas inusitadas intervenções no sentido de um reconhecimento dos aspectos mais saudáveis da paciente.

Brevemente, apresento aspectos que julgo centrais. A Sra. L sofrera uma negligência severa na infância: a mãe tivera uma depressão e se afastara da filha e fora abandonada pelo pai quando tinha 2 anos de idade. Ela se envolvia com homens que a abandonavam após demonstrarem interesse e, por último, se apaixonara por um vendedor de carros. Todos os dias estacionava seu carro em frente à loja, observando o homem por quem estava interessada. Durante meses não pensava em mais nada. Ogden (2016) faz intervenções relacionando a experiência desapontadora com o vendedor a seu sentimento de ser abandonada por ele no final das sessões e nos fins de semana; intervenções que são veementemente, com fúria, recusadas pela paciente. Sente suas interpretações como estereotipadas; o campo analítico é dominado por uma esterilidade por parte dos dois. Sem conseguir pensar livremente e com vivacidade, a experiência de esterilidade de ambas as partes era o que existia de mais real.

Até que ele lhe diz que, quando ela persiste em procurar o vendedor, é sua parte mais saudável que a está conduzindo, é a busca por suas partes não vividas que a guia. Associa essa busca aos objetos perdidos da infância: a mãe desconectada da filha e o abandono do pai. A Sra. L se surpreende, acha que ele está "tirando sarro" dela. Ele diz o quanto estava falando sério e ressalta que ela morrera na infância por falta de afeição e de ser olhada. Depois de dizer que achava que Ogden tinha desistido dela e que só continuava atendendo-a porque não sabia como sair daquela situação – o que ele considerou o mais honesto e pessoal que ela lhe dissera –, ele ressaltou que correr atrás era sua parte mais saudável. Essa era a parte que não desistira dela mesma, até conseguir ter um relacionamento amoroso com uma pessoa real. O correr como a parte que a mantém viva; o agarrar-se ao último fio que a liga à vida. Sua atividade sintomática de correr atrás dos homens era movimentada por sua obstinação em reivindicar sua vida não vivida: era uma busca por partes não vividas dela e de sua vida, no passado e no presente. Ogden (2016) fala da luta durante essa análise para que ambos pudessem sentir-se mais vivos e reais. Ao experimentar com ele a falta de vivacidade na análise e sentir-se sem ter o que fazer frente a isso, era o único caminho possível para a verdade de que ela tinha "morrido" na infância tornar-se real.

A apresentação das ideias de Ogden sobre "O medo do colapso", de Winnicott, com uma leitura própria ampliada para a importância da reivindicação da vida não vivida, e também de trechos de seu caso clínico me direciona tanto à consideração de "mortes" e "aspectos que morreram" na primeira infância como à busca da vida que foi negada. Além disso, tal apresentação nos conduz ao pensamento de uma teoria da técnica: a atenção para a cena analítica em que se alternam vitalidade e desvitalização e um atuar por parte do analista de forma mais livre, não estereotipada, guiado por um reconhecimento dos caminhos mais inesperados de se buscar aspectos de não vida que clamam por reintegração.

Assim como Pontalis (1999), também Ogden (2013) me auxiliou na reflexão sobre o funcionamento e a comunicação, bem como sobre a não comunicação (o isolamento) entre as partes vivas e não vivas de Clarice. O retraimento se apresenta como adoecimento e também como tentativa de oposição às invasões sofridas no passado e no presente. Logo, é preciso uma compreensão da paralisia, do enquistamento das possibilidades do pleno viver: uma atenção para os momentos em que a dupla analítica encontra-se dominada pela esterilidade e desvitalização. Porém, também preciso segui-la em sua busca por desbloquear os caminhos na direção de um existir mais leve e vitalizado. Se atuo com intervenções estereotipadas, apenas reforço sua falta de espontaneidade e de lugar no mundo e na vida. Por isso, a fala inusitada: "Ih! Tá chovendo!" abriu um campo de possibilidades na direção de oferta de uma companhia mais viva, capaz de se enlaçar com seus aspectos mais saudáveis.

Como já disse, Clarice fica a maior parte do tempo de cabeça baixa. Quando levanta os olhos para mim, é porque algo a "fisgou". Foi assim naquele dia chuvoso, quando o "também" precisa aqui ser ressaltado. O "também" que remete à necessidade de espelho, à necessidade de estarmos juntas em torno não apenas do que falta como também do prazer. Nós duas gostando de chuva abrimos um campo de narcisação via prazer: uma cumplicidade que é evitada obstinadamente no contato dos pais. Chegar ao começo pelas vias do prazer e da parceria: o mundo precisa ser sonhado antes de ser visto e o primeiro sonho só é possível a dois. Porque, se há muito pesadelo e eu temo por seus demônios ocultos, também podemos tecer juntas bons sonhos que preparem um amanhecer de esperança, embora tímido. Sei que muito tempo será necessário para o "despertar" de Clarice de seu estado de reclusão.

Sou visitada na sessão por imagens que acolho, buscando entendimento e modos de fazer uso delas. Assim, veio-me em determinada sessão a lembrança de um sarau com refugiados que havia assistido. Ela, Clarice, refugiada. No decorrer da sessão, conversamos sobre o que ela faz além de ir à faculdade, se aproveita os eventos culturais que são frequentes onde estuda. Reclusa: um silêncio extenso não promete comunicação. Vou a seu encontro: conto então sobre o sarau dos refugiados. Clarice levanta os olhos, gosta de saber de mim, quer saber detalhes do que assisti, descrevo, falo sobre minhas impressões, e seus olhos, agora vi, sem os óculos que a escondem, são lindos, brilham quando a curiosidade rompe os cordões de isolamento. E me surpreende: "Fui a um *show* também: um *show* de samba". Celebro com ela, quero saber, sou informada que foi na faculdade em comemoração aos cem anos do samba. E penso com meus botões em como somos complexos, imprevisíveis, aquela mocinha envolta em conchas e véus em um *show* de samba!

Senpai me chamou: da necessidade de uma companhia viva

Como poderia eu, uma "rede esburacada", tornar-me suficientemente tecida, tramada, densa e firme para prender e manter sua atenção e esperança? Como poderia eu esperar mobilizar suas próprias energias vivificadoras? Nas raras ocasiões em que ele ou eu conseguíramos soprar as cinzas e produzir uma chama de vida, como poderíamos capturar o momento e reproduzi-lo?

Alvarez, 1994, p. 62

*E ajeitava meu caminho
Pra encostar no teu.*

Buarque & Lobo, 1988[2]

Clarice me conta que teve uma semana difícil: um grupo de colegas a haviam chamado para conversar, queriam saber dela, de suas escolhas. Com dificuldade, consegue falar e se sente bem por ter sido notada e convocada. Mas entrou em um estado que, suponho, mistura de pânico e excitação, porque se vê na obrigação de responder, corresponder ao movimento dos colegas. Por conta disso, não consegue ir às aulas nos dias que se seguem. Foi chamada e entra em um estado de susto e perplexidade, de prazer e pavor. Falo que também a chamo, e ela me conta sobre um monitor de uma aula de cerâmica que havia lhe dado um vaso de presente. Vou sabendo de seus devaneios com ele e me surpreendo: então minha menina sonha com namoros e amores? Porém, lamenta porque não consegue também ir com ele ao encontro. Escondida? Perdida? Nunca nascida? Quantos passos devem ser dados até o outro? E, enquanto não vai, sou eu a buscá-la, os colegas, o moço com quem sonha. Gosta muito de animais e me diz que existe uma expressão: "Senpai me chamou", senpai querendo dizer "veterano". Pesquiso e descubro outro significado: experiente.

---

2 Trecho da letra da música "Valsa brasileira" (1988), de Chico Buarque e Edu Lobo, lançada no álbum *Chico Buarque*.

Parodiando Winnicott com sua célebre frase sobre o jogo de esconde-esconde das crianças, diria: é uma necessidade se esconder e um desastre não ser encontrada. Por isso a chamo, vou atrás; o tempo de esconder sendo o intervalo entre uma fala e outra, entre os olhos baixos e o raro levantar da face. Seu silêncio é quase absoluto no mundo lá fora; é o que Winnicott (1982) denomina "não comunicação ativa ou reativa (reclusão clínica)". Comigo o silêncio se mantém entrecortado por comunicações: parece dar--se um misto de retraimento/não comunicação reativa com a não comunicação simples, equivalente ao repouso: "é um estado com identidade própria, passa à comunicação, e reaparece naturalmente" (p. 167). Quando Clarice entremeia pausas a curtas, entretanto, eloquentes comunicações, também se apresentam a mim tempos de repouso que soam como promessas de que algo vem: eis o verbo fazendo sua aparição. O jogo da espera se sustenta, mas não em demasia, pois um silêncio prolongado de minha parte teria as cores do abandono e da desistência. Além disso, seu silêncio é quase sempre promissor, pausa necessária para o surgir das palavras. Tento auxiliá-la lançando uma corda salva-vidas para buscá-la de sua concha/esconderijo, porque também me encontro sintonizada com seu anseio de ser encontrada.

A importância de "chamar" Clarice, tentando resgatá-la de seu isolamento, amplia-se para além desse caso, estendendo-se como função analítica, especialmente com demais casos de retraimento e quase morte. Identifiquei no conceito de "reclamação" de Alvarez (1994) ressonância com minha reflexão a respeito de uma clínica de "revitalização". Aliás, a expressão "corda salva-vidas" utilizada anteriormente faz parte do relato da psicoterapia de Robbie, paciente de Alvarez, descrito no livro *Companhia viva: psicoterapia psicanalítica com crianças autistas,* borderline, *carentes e maltratadas* (1994).

Robbie foi diagnosticado como autista aos 4 anos, iniciou o atendimento com Alvarez aos 7, depois da terapia anterior ter sido interrompida, e seguiu até os 30 e poucos anos. Apesar do diagnóstico de autista ter sido confirmado por vários profissionais, Alvarez considerava-o muito mais doente que uma criança autista mais ativamente retraída e com alguma estrutura de personalidade: faltava-lhe o método de defesa mais patológico empregado para se contrapor a experiências muito intensas – método denominado por Tustin (1984) de encapsulamento. Se a ideia de concha cabia nesses casos: os "crustáceos", definidos por Tustin como aqueles capazes de, frente à realidade indesejada, se defenderem via algum comportamento desenvolvido, Robbie era identificado por Alvarez como uma "ameba indefesa" (1994, p. 34). O tipo "ameba", assim denominado por Tustin corresponderia às crianças autistas que nem sequer têm a capacidade de defesa apontada nos "crustáceos". Por meio de um relato dramático, Alvarez vai descrevendo os vários períodos de atendimento de Robbie, marcados por sentimentos de "urgência, horror e desespero" (1994, p. 67), como respostas à quase morte psíquica: ele não estava escondido, estava perdido. Pungentes palavras descrevem o percurso de tantos anos: "durante muito mais tempo do que consigo fazê-los acreditar sem descrever semanas, meses e anos de sessões vazias e silenciosas, havia simplesmente o vácuo" (p. 34).

O retraimento de Clarice, embora severo, não pode ser equiparado à gravidade do caso de Robbie. Entretanto, primeiramente chamou minha atenção a questão: "crustáceo" ou "ameba"? E ainda: "escondida" ou "perdida"? O que pode se ocultar nos silêncios, na formalidade excessiva (estranhamente, inclusive com os pais), algo tão sombrio, de um escuro que não consigo enxergar? Sem dúvida, escondida, a concha protegendo dos contatos tão temidos quanto desejados. A concha que se interpõe entre a filha e os pais:

busca manter distância das brigas, das divergências e imposições. Mas também não estaria presente um tanto de perdição?

Logo nas primeiras sessões, mostra desenhos: são rabiscos acompanhados de escritos que não consigo entender. Algo sem forma se apresenta me alertando quanto a possíveis áreas psicóticas. Também escreve contos, todos sobre o mesmo tema: "uma menina perdida". Tateio em um mundo de amorfia e de flacidez; incerta, desconfio da extensão de seu adoecimento: o quanto de mortífero se anuncia no que me turva o olhar? Até que ponto nunca nada está morto? Entretanto, se cheia de dúvidas me encontro quanto a compreendê-la, desconhecendo o que pode nos rondar sorrateiramente, arremessando a caminhos mais sombrios do que aqueles que posso enxergar, guardo a convicção de que preciso chamá-la. Sinto a premência e a pertinência de ser mais ativa, e isso vai ao encontro das considerações de Alvarez (1994) sobre as atitudes psicanalíticas – em especial, como já mencionei, a *reclamação*.

Antes de chegar a seu conceito de *reclamação*, Alvarez reflete sobre as possibilidades e limitações das atitudes psicanalíticas de *neutralidade* e *continência*. A neutralidade, com longa e importante história, concentra-se em uma atitude do que não deve ser e reflete, segundo palavras da psicanalista, uma dimensão bastante estática. O conceito bioniano de continência, diferentemente da neutralidade, foca mais o que deve ser, apresentando mais dinâmica, na medida em que se refere ao trabalho emocional realizado dentro do analista – de contenção e manejo de um jogo equilibrado de forças. Tal trabalho foi equiparado ao estado de *reverie* materno no qual a mãe recebe a projeção dentro dela da aflição de seu bebê angustiado e é capaz de contê-la e devolvê-la de outra forma. Bion (1991) chamou de transformação o processo de modificação ocorrida na mãe e no analista, resultante do impacto da contenção inicial.

Alvarez (1994) afirma que as noções de continência e transformação têm mais a ver com o que acontece com a dupla analítica do que a "imagem bastante estática do espelho neutro de Freud. Espelhos não são modificados por aquilo que refletem, e terapeutas sim" (p. 65). Por outro lado, se o modelo de continência com sua noção de *reverie* cuidadosa servia a muitos pacientes, a outros, como Robbie, por exemplo, deixava a desejar. Ela sentia a necessidade de ser mais ativa e ágil.

Acompanhando as palavras de Alvarez (1994):

> Essa situação [de Robbie] parecia requerer uma ampliação dos modelos da função analítica com os quais eu estava familiarizada. Não sentia que Robbie estava projetando dentro de mim sua necessidade de ser encontrado, tampouco sentia que ele estava esperando ser encontrado. Acredito que ele tinha desistido. Comecei a sentir que eu, como mãe ou pai na transferência, tinha que ir ao seu encalço, não porque ele estivesse se escondendo, mas porque ele estava profundamente perdido. Parecia-me que minha função era reclamá-lo como membro da família humana, pois ele não sabia mais como fazer suas próprias reivindicações.
> (p. 65, grifos meus)

E ainda: "a enorme distância psicológica através da qual ele podia cair tinha que ser percorrida, não apenas para convocá-lo para o contato humano, mas, ainda mais urgentemente, para trazê-lo de volta a si mesmo" (1994, p. 66).

A experiência com Robbie ultrapassava um "despertar"; ele era "despertado" por sua analista, que ia ao seu encontro, fazia um movimento na sua direção, retirando-o de seu retraimento, de seu estupor e de sua condição de "perdido". Alvarez denominou essa experiência de *reclamação*, associando a terras improdutivas cujas potencialidades ocultas para germinar podem florescer se forem *reclamadas*. Na nota da tradução, o sentido de reclamar fica ampliado, inclui "atrair (aves) com reclamo, instrumento que o caçador usa para imitar o canto das aves que deseja atrair", e ressalta: "*o sentido de trazer de volta fica evidente*" (Alvarez, 1994, p. 64).

Pacientes como Robbie ou mesmo outros apresentando um retraimento muito menos grave, precisam ser "reclamados". No dizer de Alvarez: "o paciente não 'quer' que o reivindiquemos – ele está doente demais ou distante demais para isso. Ele *precisa* que o reivindiquemos" (1994, p. 128). Daí a importância de ser muito mais ativo, chamando o paciente de volta a si mesmo e ao contato humano vivo, alertando-o para sua própria existência e para a de seu objeto.

Alvarez ainda associa as atividades "reclamatórias" a atividades "reivindicatórias" de mães comuns com bebês comuns. Também vemos o papel do prazer no desenvolvimento do bebê, buscando articular tal concepção com o lugar do prazer no encontro analítico em sua função de "chamar" o paciente para a vida e para o contato com o outro.

Se a mãe normal permite certo grau de retraimento de seu bebê (semelhante ao respeito ao santuário, segundo Ogden, mencionado no início deste texto), também desempenha *um papel ativo* para trazê-lo de volta a ela; as mães funcionam como "alertadoras, incitadoras e estimuladoras de seu bebê" (Alvarez, 1994, p. 72). O bebê precisa ter uma experiência com um cuidador que seja um "*objeto animado*" ou uma "*companhia viva*", como assinala Trevarthen (citado por Alvarez); o objeto maternal precisa ser visto "como *puxando a criança, arrastando a criança, atraindo a criança, ou interessando a criança*" (Alvarez, 2001, p. 128). O resultado não é apenas retirar, por exemplo, uma criança de um estado deprimido, mas elevar uma criança que está em um "nível normal" para um *estado de encantamento, surpresa e prazer*. A novidade, o divertimento e o deleite desempenham um papel tão vital no desenvolvimento do bebê quanto a rotina e a serenidade. As mães normais fazem o que Alvarez chama de primeiro movimento, algo que podemos associar à atitude reivindicatória do analista em relação a seu paciente.

A partir do atendimento de Robbie, Alvarez questionou o dualismo prazer-desprazer, concluindo que o prazer não é inferior a dor e frustração em sua capacidade de estimular o pensamento, alertar e dar vida. Como já disse anteriormente, o papel de alertar o bebê é tão central para chamar sua atenção (e desenvolver seu pensamento e sua ligação com a vida) quanto o de tranquilizar:

> *os bebês parecem ser convidados ao contato com outro ser humano, não apenas por meio de suas próprias experiências corporais ou emocionais, e não apenas por seu próprio interesse nesse contato, mas muito pelo direcionamento, assistência ativa e evidente desejo da parte de suas mães. A palavra que escolhi originalmente para a corda salva-vidas de Robbie foi reclamação, mas talvez precisemos considerar a reivindicação anterior, o atrair para o contato, o ser visto de modo ativo, mas sensível, o chamar pelo nome, que deve preceder qualquer reclamação, e que ocorre no próprio início da vida, quando as mães conhecem seus novos bebês e os reivindicam como seus. (Alvarez, 1994, p. 80)*

Associo a citação anterior à minha história com Clarice, sublinhando o meu chamado, o atrair para o contato, antes mesmo que ela faça um movimento em minha direção, como meios de despertá-la para o contato consigo mesma e comigo. O "respeito" ao seu retraimento deve ser dosado, na medida em que considero que a reivindicar – de uma forma sensível – não tem conotação de invasão, uma postura mais passiva de minha parte e uma espera de que ela saia por conta própria de seu silêncio podem ganhar cores de abandono e de desespero. Além disso, o prazer que advém do encontro, da descoberta de semelhanças, revela-se no levantar da face, nos olhos que ganham vida e vontade de me ver e na frase: "A senhora também gosta de chuva?".

Eu, reivindicando-a como paciente *minha*, (assim como as mães reivindicam os bebês como seus) venho, entre momentos mais vitalizados e outros mais mortificados – quando me encontro portadora de um sentimento de urgência e quase desespero –, sentindo a convicção de que se faz necessária a apropriação de uma posição mais ativa, de uma clínica revitalizadora ou até vitalizadora. Sigo, entre estados de urgência e restrita espera, respeitando seus véus e conchas, levantando com vagar os panos e cabelos que escondem seu rosto e ajeitando meu caminho para encostar no seu.

Referências

Alvarez, A. (1994). *Companhia viva: psicoterapia psicanalítica com crianças autistas,* borderline, *carentes e maltratadas*. Porto Alegre: Artes Médicas. (Trabalho original publicado em 1992.)

Alvarez, A. (2001). Problemas técnicos no uso da contratransferência em pacientes *borderline*. In R. B. Graña e A. B. S. Piva

(Orgs.). *A atualidade da psicanálise de crianças* (pp. 125-131). São Paulo: Casa do psicólogo.

Archanjo, N. (1999). *Epifanias.* Rio de Janeiro: Record.

Bion, W. R. (1991). *As transformações.* Rio de Janeiro: Imago. (Trabalho original publicado em 1965.)

Boraks, R. (2008). A capacidade de estar vivo. *Revista Brasileira de Psicanálise, 42*(1), 112-123.

Ogden, T. H. (1996). Isolamento pessoal; o colapso da subjetividade e da intersubjetividade. In *Os sujeitos da psicanálise* (pp. 163-176). São Paulo: Casa do Psicólogo.

Ogden, T. H. (2013). Analisando formas de vitalidade e de desvitalização. In *Reverie e interpretação: captando algo humano* (pp. 35-68). São Paulo: Escuta. (Trabalho original publicado em 1995.)

Ogden, T. H. (2016). O medo do colapso e a vida não vivida. *Livro Anual de Psicanálise, XXX*(1), 77-93.

Pontalis, J.-B. (1999). A partir da contratransferência: o morto e o vivo entrelaçados. In *Entre o sonho e a dor* (pp. 243-263). Lisboa: Fenda/Gallimard.

Tustin, F. (1984). *Estados autísticos em crianças.* Rio de Janeiro: Imago. (Trabalho original publicado em 1981.)

Winnicott, D. W. (1982). Comunicação e falta de comunicação levando ao estudo de certos opostos. In *O ambiente e os processos de maturação* (pp. 163-174). Porto Alegre: Artes Médicas. (Trabalho original publicado em 1963.)

Winnicott, D. W. (1994). O medo do colapso (*Breakdown*). In *Explorações psicanalíticas* (pp. 70-76). Porto Alegre: Artes Médicas. (Trabalho original publicado em 1963.)

O coração gelado:[1] estratégias de sobrevivência psíquica frente a traumatismos severos

> *Meu coração tropical*
> *Está coberto de neve, mas*
> *Ferve em seu cofre gelado*
> *E a voz vibra e a mão escreve: mar.*
> *Bendita lâmina grave*
> *Que fere a parede e traz*
> *As febres loucas e breves*
> *Que mancham o silêncio e o cais.*
>
> Bosco & Blanc, 1981[2]

O congelamento se apresenta como uma rica metáfora para entendermos determinados adoecimentos psíquicos relacionado à "precocidade do trauma", como designados por Ferenczi (1992a, p. 50), ou "traumatismos primários", seguindo a linha de pensamento

---

1 Uma versão anterior deste texto foi publicada em 2018 no *Jornal de Psicanálise*, 51(95), 73-88, em coautoria com Luís Claudio Figueiredo.

2 Trecho da letra da música "Corsário" (1981), de João Bosco e Aldir Blanc, lançada no álbum *Essa é a sua vida*.

de Roussillon (2012, p. 272). Um estado de desamparo precoce emerge do trauma sofrido requerendo tentativas de solução situadas para além do princípio do prazer. Antes de centrarmos nossa reflexão no congelamento/no frio/no coração que se enregela frente ao desespero existencial decorrente de estados de desamparo primário, quando os recursos internos e externos se esgotam, "estados que vão além da falta e da esperança" (Roussillon, 2012, p. 280), faz-se necessário contextualizar o traumatismo aqui referido.

Sigo inicialmente o pensamento de Figueiredo e Coelho Jr. (2018), que situam os traumatismos precoces como adoecimentos por passivação inseridos no que denominam matriz ferencziana, em contraposição à matriz freudo-kleiniana. Essas duas tradições, a freudo-kleiniana e a ferencziana (esta última incluindo também Balint e Winnicott), distinguem-se em termos de reação ao trauma. Na primeira tradição, por mais sérios o trauma e o estado de desamparo, por mais primitivas as angústias, sempre há recursos defensivos: uma resposta ativa. Na matriz ferencziana o trauma ultrapassa as possibilidades de defesa ativa. Portanto, enquanto na matriz freudo-kleiniana os adoecimentos se dão por ativação (das angústias e das defesas), na ferencziana, como já foi dito, certos adoecimentos se dão por passivação: processo que empurra o psiquismo de volta à inércia, ao não ser, isto é, à ausência de atividade. Há uma consideração da morte, que aprofunda o que estamos ressaltando em relação à diferença entre as duas matrizes, podendo ser a morte absoluta, quando um bebê é submetido a traumas graves e precoces (que vemos em Ferenczi (1992a) em seu texto "A criança mal acolhida e sua pulsão de morte"), as formas de "morte em vida" e a morte temida, já acontecida (em função de uma falha grave do ambiente, ocorrida no período da dependência absoluta), mas não experimentada (Winnicott (1994) em seu texto "O medo do colapso").

Na matriz ferencziana, as cisões que se dão são mais radicais e graves que aquelas, por exemplo, descritas por Klein. A reação imediata ao trauma é a "comoção psíquica", descrita como uma vivência que se refere a uma "grande dor": uma "agonia psíquica e física que acarreta uma dor incompreensível e insuportável" (Ferenczi, 1992b, p. 79). Ferenczi se refere a "choque" e o identifica à aniquilação do sentimento de si. Assinala que a palavra *Erschutterung* – comoção psíquica – deriva de *Schutt* (restos, destroços) e "engloba o desmoronamento, a perda de sua forma própria e a aceitação fácil e sem resistência de uma forma outorgada", à maneira de um saco de farinha (Ferenczi, 1992d, p. 109).

Da grande dor para a clivagem: divide-se o sujeito, "morre-se", observando os eventos a partir de um corpo insensível; ingressa assim em uma não existência. No entanto, uma parte sensível é brutalmente destruída em função de uma cisão, enquanto a outra parte "sabe tudo, mas nada sente" (Ferenczi, 1992b, p. 77). O traumático é da ordem do irrepresentável, do que é impossível de se inscrever, isto é, uma ordem distinta do recalcamento. Pelo choque/comoção psíquica, uma das consequências é a impossibilidade de inscrição das marcas mnésicas dessas impressões sem representação. Não há, portanto, lembrança nem recordação, mas marcas corporais. O trauma faz sua apresentação/aparição, e, nesse sentido, nada se oculta nem se revela. O paciente age a dor por uma impossibilidade de representação: a qual reaparece na cena analítica como manifestações neocatárticas ou símbolos mnésicos corporais.

Vinculada diretamente a traumas precoces se encontra tal modalidade extrema de cisão – a clivagem narcísica – em que uma parte morre ou deixa-se morrer para que outra sobreviva. Pela clivagem, busca-se separar a vivência traumática e conter uma dor insuportável. Figueiredo (2001) sugere que ressaltemos a ideia de "autotomia" desenvolvida em "Thalassa" por Ferenczi (2011). Designado como um "modelo biológico do recalcamento", corresponde a um fenômeno que ocorre nas formas elementares de vida: uma parte lesada se desprende do resto para que o organismo sobreviva. A autotomia deve ser pensada como uma forma radical de dissociação: "A autotomia é uma função defensiva clara. Mesmo que não ocorra o desligamento total, mesmo quando ocorre apenas a morte (necrose) ou amortecimento anestesiante de uma forma injuriada, já aí é nítida a operação de clivagem" (Figueiredo, 2001, p. 221).

Continuando com Figueiredo (2002):

> *A morte, nos processos descritos por Ferenczi, se insinua duplamente: de um lado, a parte traumatizada fica em um estado de assédio, silenciosa e encolhida (um verdadeiro* self *protegido e engaiolado, mas também amortecido e mortificado). De outro, a parte eficaz e operativa (o falso* self*), às vezes muito diligente e esperto, na verdade funciona, em casos extremos, quase como um autômato, como um inorgânico em atividade, como um orgânico mineralizado. Sua pseudomaturidade é também uma pseudovitalidade. Daí a sensação de não vida, de não realidade, de vazio, de não nascimento que Winnicott descreveu tão bem ao falar dos pacientes esquizoides do tipo falso self. Estas diversas modalidades de retorno à quase morte como forma de manutenção da vida, seja pelo mimetismo puro, pela identificação com o agressor, pela autotomia (em que partes são descartadas para que o resto sobreviva) e pela autoanestesia, sempre estiveram no foco*

ferencziano em seus trabalhos clínicos com os pacientes traumatizados e em suas teorias a respeito. (p. 919)

Um processo de passivação emerge em decorrência do trauma precoce, determinando uma condição de passividade, anestesia, retorno ao inerte. Trauma severo e cisão radical que conduzem a uma condição de desamparo de ser e de se encontrar em um estado extremo de falta de defesas. Aqui vale ressaltar, como já mencionamos, que o trauma na matriz ferencziana e a noção de clivagem podem ser relacionados a fenômenos que acontecem no reino animal: muitas espécies reagem com enrijecimento e congelamento (*freezing*) frente a perigos extremos.

Estabelecemos, portanto, uma primeira associação do mecanismo de congelamento nas espécies animais com a anestesia, com o congelamento afetivo e psíquico que são resultado da clivagem pós-traumática. Na verdade, essa clivagem busca algum apaziguamento diante de uma dor insuportável, de um desespero existencial. Entretanto, para evadir-se do estado de aflição, nomeadamente da "agonia", o indivíduo deixa de sentir: eis um coração gelado, um núcleo frio que leva a uma evitação dos investimentos de objeto como proteção contra a reativação do "desamparo primário" (Roussillon, 2012). Para sobreviver, para se proteger da catástrofe psíquica, o indivíduo aparta-se da sua vida subjetiva. "Não sente mais o estado traumático, não sente mais o desamparo, não se sente mais no lugar onde está, descentra-se de si mesmo, afasta-se de sua experiência subjetiva", segundo Roussillon (2012, p. 280). A insensibilidade situa-se no centro do que advém após o trauma, e não precisamos nos restringir ao *freezing* animal para introduzir aqui a metáfora do congelamento.

"Socorro, eu não estou sentindo nada!"

Cecília, 25 anos, chega deprimida e com múltiplos sintomas fóbicos que nos levam a pensar em um quadro de pânico. Sofrida, aterrorizada, relata que tudo começou após ter fumado maconha. Recém-casada, tendo mudado de cidade, sentia-se bem até a ocasião em que o fumo desencadeou uma crise de angústia muito grande. Foi para o hospital, e pensamentos confusos e torturantes a invadiram: lembra-se da morte (súbita) do pai quando tinha 7 anos. Ainda, a estranha ideia de eutanásia persiste, sem entender, apenas *a posteriori*, que o sentido que conseguiu atribuir a tal ideia era uma primeira aproximação com a dor pela perda do pai e com a busca por saída da agonia que a atravessava – antes morrer a experimentar aquele terror. As medicações tomadas no hospital nada adiantaram: voltou para casa com uma angústia crescente e um estranhamento, o que nos leva a pensar em uma desrealização.

Não era mais a mesma, o colapso das defesas conduziu-a a uma experiência de horror. A morte do pai retorna desse modo. Quando aquele morrera, não reagira, apenas ficara preocupada com a prova de matemática que teria de fazer no dia seguinte. Nenhum sinal de dor. Além disso, uma amnésia tomara conta dos anos precedentes à perda. Uma vivência anestesiante, um choque auxilia a compreender o que acontecera. Ressente-se de que nada sentia, de que não se lembrava do pai nem lamentava sua morte. Além disso, a mãe entrara em depressão profunda e, desamparada, tentara constantes vezes o suicídio; logo, os sentimentos de Cecília, em desespero, se voltaram para ela. O luto da mãe a impossibilitara de viver seu próprio luto em relação ao pai. Um abandono traumático promovido pela mãe ocupava seus dias, sempre em estado de alerta. A mãe, voltada para si mesma, oscilava entre depressão e acessos de fúria, sobrecarregando e aterrorizando a filha, que agora era colocada no papel de cuidadora.

Na adolescência, a angústia excessiva e o medo permanente de abandono cederam lugar a uma grande raiva, embora o estado de submissão permanecesse. Nova onda anestesiante a atinge: ela se vê insensível às perdas sofridas em seguida, como a dos avós. Paralelamente, refugia-se nos estudos, abrigo que sente como acalentador. Nova onda de esquecimento a distancia de suas experiências pungentemente dolorosas. Podemos pensar no choque tal qual descrito por Ferenczi (1992d, p. 110): uma insensibilidade anestesiante dominava a reação frente à perda do pai. Além disso, uma exposição a um "terrorismo do sofrimento" (Ferenczi, 1992c, p. 105) e à violência materna nos direciona ao pensamento teórico--clínico do mesmo autor.

O uso da maconha rompeu as barreiras defensivas: uma inundação de dor, dissociada até então, faz sua aparição. No dizer de Ferenczi, uma grande dor que ultrapassa a força do ser. Cecília queixa-se muito de frio; em dias quentes, casacos são tentativas de protegê-la do desamparo que envolvera seu coração em um "cofre gelado". Estados de ardências, febres e tremores – o terror dos inícios – dão lugar a desertos gelados. Entretanto, os esforços de impedir o retorno do desamparo e de se proteger da ameaça de catástrofe são precários ante a força do derreter das geleiras, ante a necessidade do clivado ressurgir para ser reintegrado na experiência subjetiva.

O estado gelado-anestesiado de Cecília fora uma tentativa de solução de manter a clivagem, ou seja, como a vivência traumática sempre ameaça retornar, o eu recorre a diversas dessas tentativas de solução contra o retorno da experiência clivada. Complementando o pensamento de Ferenczi, seguimos agora com Roussillon (2012), que nos auxilia na compreensão do que denomina "traumatismo primário", próximo da noção ferencziana de "traumatismo precoce". Roussillon se refere a sofrimentos narcísicos-identitários, ou seja, sofrimentos narcísicos que atingem a identidade do indivíduo, são aqueles que se caracterizam mais pela *falta de ser do que pela falta no ser*. Em contraposição ao "traumatismo primário", o "traumatismo secundário" é o território das neuroses, do recalcamento, do retorno do recalcado – território este que coincide com o espaço representativo. A relação com um "narcisismo suficientemente bom" é destacada.

Segundo Roussillon (2012):

> *O narcisismo permanece suficientemente bom e permite a organização de uma ilusão que possibilita a transferência, sob o primado do princípio de prazer, tornando concebível, assim, um trabalho de luto, fragmento por fragmento, das realizações de desejos infantis trazidas à tona pelo trabalho psicanalítico. Num tal esquema, o processo de tratamento "melhora" o narcisismo e o funcionamento psíquico do paciente, que se beneficia com isso, mesmo nos momentos negativos da transferência, pelo levantamento progressivo dos recalques. Esse modelo que cria uma dialética entre recalque, retorno representativo do recalcado e defesas anexas contra o retorno do recalcado, teve sua comprovação na análise dos elementos narcísicos dos estados neuróticos, mas não pode explicar a totalidade dos sofrimentos narcísicos. (p. 274, grifos meus)*

Assim, para a compreensão de um grande número de sofrimentos narcísicos, no lugar do recalque e do retorno do recalcado, lidamos com a clivagem, com o retorno do clivado e com as noções de "traumatismo primário" e "desamparo primário" que ocupam o centro do entendimento dessas patologias. Vale ressaltar que, se a noção de "traumatismo primário" se aplica com propriedade a traumatismos precoces – e aqui vemos uma sobreposição à matriz ferencziana –, o modelo apresentado por Roussillon (2012) também se estende a qualquer experiência de desamparo ante um transbordamento, incluindo aqui traumas ocorridos em uma idade mais tardia.

A aparição da paixão e das febres loucas: o desespero de Cecília

O coração gelado, distante e frio, cede lugar para o emergir de um estado agonístico. Onde antes havia geleiras e inacessibilidade, agora há desamparo e desespero: a produção de uma vivência de dor extrema, sem recursos internos ou externos. Estamos lidando com o que não tem representação, o absoluto, o padecer das urgências, com o que não possibilita tempo de espera: a agonia do afogado em iminência da morte. O pensamento anula-se pelo inundar da angústia primária, do que não tem saída, da desesperança e da perda da ilusão de viver. Um tempo de equivocada autossuficiência se desmorona; no lugar, os pedidos desesperados de ajuda, de que a analista a salve de imediato do terror que a assalta.

Roussillon (2004) relaciona o não conhecimento infantil do limite, do relativo e do tempo (um presente eterno) com a reativação na transferência do mesmo caráter absoluto, atemporal. Os telefonemas no meio da noite atestam a impossibilidade de espera, a temporalidade extraviada: o sem tempo, sem-fim, sem esperança. Se o infantil aqui comparece em toda sua radicalidade, apresenta-se "uma organização da temporalidade que não contém indício temporal, sinal de fim, saída" (p. 28). Um presente eterno que pode se equivaler a um morrer para sempre, requer do analista uma reintrodução do tempo; o passado que ficara congelado e que precisa ganhar representação na transferência. O desespero advém da experiência vivida como presente, atual, atemporal, e não como reedição do passado. É função do analista um trabalho de historicização, de perseguir a emergência primária da agonia, de modo a proteger Cecília dessa confusão temporal e da inundação de angústias sem nome nem possibilidade de significação.

Parto do entendimento da dor de Cecília articulando-a aos adoecimentos por passivação e às patologias narcísico-identitárias. Onde falta o *objeto de recurso*, há a *falta de ser*. É necessário relacionar tais estados narcísico-identitários ao fracasso do objeto em responder à expectativa da criança, em sua ausência do contrato narcísico: apresenta-se inatingível, insensível, indisponível. Se Cecília fora primeiramente invadida pela morte do pai, a inacessibilidade da mãe, absorta em seu eterno luto, lançara-a em um estado de desamparo extremo. Primeiramente se refugiara em seu "cofre gelado"; depois, o desespero absoluto fez sua aparição ante o desabar das defesas.

Acompanhando Roussillon (2004):

> *A qualidade particular da vivência de desespero que disso resulta dependerá muito especificamente das condições do encontro calmante e satisfatório. O desespero sempre diz respeito ao estado que acompanha a agonia psíquica envolvida pela manutenção prolongada de um estado de falta sem satisfação, por um estado de falta que se degenera então em estado agonístico, pelo encontro com aquilo que, embora preconcebido, não advém. O desespero resulta da vivência agonística, da vivência do fracasso de satisfação, resulta das modalidades de encontro com um objeto inutilizável como objeto de*

recurso, inutilizável por não apresentar a conjunção constante de elementos (Bion, 1970), ou suficientemente constante, que torna o objeto utilizável. (p. 30)

Aqui podemos identificar a clínica da clivagem e do traumatismo precoce/primário como a clínica do não acontecido, ou seja, do desencontro severo com o objeto, do que não foi sentido, do que não foi sofrido. Dessa forma, se a problemática da negatividade se situa no centro da modalidade dos estados narcísico-identitários e da forma de transferência (referida por Roussillon (2004) como paradoxal), "a questão é mais do não advindo em si do que da perda, o paradoxo do processo de luto sendo o confronto do sujeito com o fato de ter de renunciar mais ao que não pôde ser seu do que àquilo que foi e ficou perdido" (Roussillon, 2012, p. 276). Na transferência narcísica, o sujeito solicita que o analista seja o *espelho do negativo de si mesmo*: que este viva o que não pôde ser vivido pelo primeiro, fornecendo um vínculo entre o que não foi integrado no passado e o momento atual.

Não há como deixar de articular tais patologias com uma reflexão sobre as estratégias terapêuticas necessárias. A vivência de um mundo sem saída que Cecília me apresenta no descrever de suas horas de aflição, nos dias de interminável desesperança e no contato inquieto e de intensa clemência junto a mim requer um "acompanhar afetivamente desta descida ao inferno, deste encontro com o fundo traumático enquistado que é subjacente às agonias psíquicas reatualizadas na transferência" (Roussillon, 2004, p. 21). A agonia precisa se tornar tolerável e o caminho que se vislumbra para auxiliar Cecília é, como afirma Roussillon, "o compartilhamento do afeto", já que estamos no campo do inanalisável. Entretanto, não descuidamos de, quando possível, tornar a agonia, embora não interpretável, inteligível.

Ampliando essa perspectiva, recorro a Bollas (2013) que, considerando que esses pacientes adoecidos por passivação apresentam aspectos desvitalizados e vitalizados e uma dimensão de congelamento – um campo em que morto e vivo se entrelaçam –, apresenta uma clínica que acompanha não apenas as partes amortecidas como também as habilidades exigidas para viver no mundo externo. Como estamos lidando com pacientes desesperançados e dominados por vivências de morte, é grande o risco de perderem de vista seu ser saudável e vital; se essa situação persistir, os recursos egoicos podem se perder em uma regressão maligna, gerando um enfraquecimento existencial que pode se tornar crônico e durar a vida inteira. Se o trabalho do objeto primário é fazer nascer originalmente o *self*, tendo ocorrido falha – seja por invasão, seja por abandono –, cabe ao analista tentar ressuscitar o paciente de seu estado mortífero, encaminhando o processo terapêutico de modo a constituir um terreno de jogo ali, onde o desértico é dominante.

Assim, se por um lado acompanho a "descida ao inferno", como Roussillon afirma, por outro, busco, seguindo Bollas (2013), apresentar os recursos egoicos de Cecília, um cuidado para que ela não perca contato com seus aspectos vitalizados. Situo-me em uma posição paradoxal: dispondo-me a deixar-me afetar e a afetar as partes perturbadas e as partes regenerativas do *self*.

A *neutralização energética*

Ressuscita-me
Lutando
Contra as misérias
Do cotidiano
Ressuscita-me por isso

> *Ressuscita-me*
> *Quero acabar de viver*
> *O que me cabe*
> *Minha vida*
> *Para que não mais*
> *Existam amores servis*
>
> Veloso & Santos, 1981[3]

Com o caso de Cecília, busquei compreender melhor como se dá a clivagem pós-traumática e a tentativa de solução para tentar impedir o retorno do estado de desamparo. Entretanto, o "apartar-se dos traços da experiência traumática não faz que esta desapareça. Só a faz desaparecer na subjetividade consciente, mas não na subjetividade inconsciente no sentido da clivagem, que conserva seu traço", como esclarece Roussillon (2012, p. 281). O eu fica assim ameaçado com o retorno da experiência traumática, do desamparo, da agonia e do clivado. Assim como o clivado não se situa no registro da representação, também o retorno do clivado não é de natureza representativa, apresentando em ato seus efeitos. Os traços do traumatismo primário estão além do princípio de prazer-desprazer: aqui é o domínio da compulsão à repetição. A experiência traumática foi vivenciada, deixando traços mnésicos, ou seja, a experiência foi registrada, mas apenas em nível da representação perceptiva, não sendo apropriada subjetivamente, ou seja, não foi simbolizada.

Para tentar bloquear o retorno do clivado, novas defesas (modalidades de ligação não simbólica) são ativadas, defesas que vão caracterizar as várias formas dos adoecimentos narcísico-identitários. Para garantir a sobrevivência psíquica – na tarefa de impedir

---

3 Trecho da letra da música "O amor" (1981), de Caetano Veloso e Ney Costa Santos, lançada no álbum *Fantasia*, de Gal Costa.

que estados primitivos de desamparo façam sua reaparição –, partes do ser são sacrificadas, o que incorre em um empobrecimento psíquico, aqui ressaltado por Roussillon (2012). Tal empobrecimento pode ser mais ou menos manifesto, entretanto, está sempre presente. Quando é predominante no quadro clínico, caracteriza a ligação não simbólica/tentativa de solução para o traumatismo primário, que Roussillon denomina *neutralização energética*. Outras ligações não simbólicas são destacadas: via *sexualização* (masoquismo e fetichismo), *a solução somática, as soluções grupais e institucionais* e *a solução delirante*.

Não é proposição deste capítulo o estudo dessas outras soluções, considerando, como veremos a seguir, que a neutralização energética – que tem como consequência uma organização da vida psíquica de um modo a restringir as ligações objetais visando preservar o sujeito da reativação da falta e do traumatismo – está muito próxima do que Ferenczi (1992d) descreve como reação anestesiada pós-traumática, do congelamento e da insensibilidade defensiva. Na verdade, a neutralização energética, que aqui relaciono à anestesia pós-traumática de Ferenczi, ganha destaque na medida em que faz parte da maioria dos quadros clínicos da clivagem. Além disso, percebemos em Cecília o recurso a essa modalidade de defesa (anterior ao irromper do desespero, do retorno do pavor clivado): a paciente descrevia um quase permanente estado de apatia, bem como bloqueio afetivo e "frieza" que experimentava, o que gerava um empobrecimento, uma restrição severa na capacidade de viver. Não apenas as ligações com o desprazer como também com o prazer estavam obstruídas: o imprevisível, que a assaltou com violência em sua infância, é evitado; as oscilações da vida e do mundo sentidas como ameaças do retorno do pavor inicial. Essa tentativa de solução não impedira, entretanto, o desmoronamento psíquico posterior. O sofrimento, a vivência traumática, não desapareceram da subjetividade, mantinham-se clivados.

No dizer de Ferenczi (1990): "o pavor foi a força que dissociou os sentimentos do pensamento, mas esse mesmo pavor está sempre operando, é ele que mantém separados os conteúdos psíquicos assim dissociados" (p. 251).

Se Cecília permanecia em vigília constante para impedir o contato com o clivado, o usufruir da vida em suas dimensões de prazer ficava impedido: um desconhecimento a respeito do que "gostava" e uma impossibilidade de escolhas prazerosas dominavam seu funcionamento psíquico. Um rígido rearranjo subjetivo é acionado mediante a restrição dos investimentos objetais: a evitação das intensidades e de laços afetivos e a obstrução da curiosidade são medidas para tentar impedir a reativação do transbordamento das intensidades que primitivamente a lançaram em um estado de não saída e falta de esperança. O funcionamento como um autômato, em nível de mínima adaptação, surgia como derivado desse cenário de amputação de partes fundamentais do ser: aquelas ligadas a dimensões do afeto, da criatividade, da espontaneidade. Cecília se referia a uma falta de espontaneidade, a uma sensação de não pertencimento, a uma "ausência de alegria". A neutralização energética determina, portanto, uma "experiência emocional de desvitalização": "uma limitação da capacidade pessoal de estar plenamente vivo como ser humano" (Ogden, 2013, p. 39). O desinvestimento em seus próprios recursos e nos objetos, que caracteriza essa modalidade defensiva, atinge o cerne do sentir-se vivo: sensações de vazio, de paralisia, de morte dominam o cenário desse quadro clínico.

O frio que preserva a vida

Se o congelamento serve de metáfora para a insensibilidade e a anestesia, equivalendo a um congelamento psíquico e afetivo, associado ao "frio da morte" e à experiência de desvitalização, paradoxalmente, existe uma dimensão do potencial de "conservação do gelo". Se a parte clivada se mantém congelada, impossibilitada de atividade/movimento psíquico, podemos também pensar que existe uma espera/esperança de que a parte sobrevivente ou o outro que se apresenta em socorro degele o que ficou amortecido, apartado do movimento próprio das encaloradas agitações vitais.

Destaco aqui o conceito de regressão de Winnicott (1993), que se insere na tradição ferencziana, como afirma Figueiredo (2002) – a regressão em Ferenczi precede o conceito de "regressão à dependência" de Winnicott. Nos dois autores se estabelece uma positivação da regressão, em contraposição à concepção de Freud da regressão a pontos de fixação. Em Ferenczi (1992c) é estabelecida a relação entre a regressão e o trauma; entretanto, os traumas se tornam patogênicos quando não há regressão possível em função do desmentido do adulto, da desautorização do que foi vivenciado pela criança. Mas o que aqui pretendo destacar se refere à preservação de "instintos vitais organizadores", "a preservação de uma possibilidade nova, ainda que adormecida, no sujeito traumatizado" (Figueiredo, 2002, p. 919), o que a paciente R. N. de Ferenczi chamou de "Orpha" e "forças órficas". Pela convocação de "Orpha", o ser brutalmente agredido sobrevive, embora à custa da atomização da vida psíquica. Também com auxílio de Orpha, sustenta-se a possibilidade no encontro terapêutico de trazer à vida a parte que sobreviveu ao trauma. Portanto, se de um lado a criança é exposta a uma grande dor e a uma experiência de quase morte, por outro, as "forças órficas" tentam desesperadamente a sobrevivência, embora ao custo da autodestruição de uma parte de si: a autoclivagem narcísica, assim denominada por Ferenczi (1992b), que se compõe de uma "parte sensível, brutalmente destruída, e uma outra que, de certo modo, sabe tudo mas nada sente" (p. 77).

Apresentei brevemente alguns conceitos de Ferenczi sobre trauma e regressão com a intenção de tanto contextualizar a regressão à dependência de Winnicott na tradição ferencziana como de relacionar "os instintos vitais organizadores" à ideia winnicottiana de "congelamento da situação de fracasso" (Winnicott, 1993, p. 463). Em ambos, a esperança de cuidado e revitalização das partes adormecidas se sustenta mediante certas condições e o congelamento se apresenta como condição para a regressão, atestando aqui sua função de preservação da possibilidade de regressão.

Se regressão, para Winnicott (1993), significa inversão de progresso, deve haver no indivíduo uma organização que a possibilite. Destaco duas condições para a possibilidade de regressão: um ego altamente organizado que permite a crença na correção do fracasso inicial e a capacidade do indivíduo ser capaz de defender seu *self* contra a falha ambiental primitiva por meio de um "congelamento da situação de fracasso" (p. 466); o congelamento sendo destacado como uma maneira de lidar com fracassos que ocorreram na infância precoce. Esse congelamento, funcionando como recurso para a preservação de partes clivadas, está associado a:

> *uma assunção inconsciente (que pode se tornar consciente) de que mais tarde surgirá a oportunidade de uma experiência renovada na qual a situação de fracasso será degelada e reexperimentada, estando o indivíduo em um estado regredido e em um estado regredido em um meio ambiente que esteja fazendo a adaptação adequada. (Winnicott, 1993, p. 464)*

Diferenciando a regressão organizada do retraimento patológico, Winnicott (1993) acrescenta:

> A organização que torna a regressão útil se distingue das outras organizações defensivas pelo fato de carregar consigo a esperança de uma nova oportunidade de descongelamento da situação congelada e de proporcionar ao meio ambiente, isto é, o meio ambiente atual, a chance de fazer uma adaptação adequada, apesar de atrasada. (p. 466)

Assim, pretendi com tais considerações sobre congelamento ampliar sua função defensiva de inacessibilidade (apoiada no *freezing* animal), introduzindo sua relação com "instintos vitais organizadores" e uma complexa organização de ego. Por fim, destaco a esperança de uma nova experiência propiciadora da retomada dos aspectos clivados. Mas para nos centrar na ideia do congelamento como metáfora que serve à neutralização e à inacessibilidade do indivíduo, utilizamos como ilustração o conto de Andersen (1967) intitulado "A Rainha da Neve".

Os corações insensíveis, a Rainha da Neve e a Mãe Morta

> "Panorama além"
> Não sei que tempo faz, nem se é noite ou se é dia.
> Não sinto onde é que estou, nem se estou. Não sei de nada.
> Nem de ódio, nem amor. Tédio? Melancolia.
> – Existência parada. Existência acabada.
>
> Nem se pode saber do que outrora existia.
> A cegueira no olhar. Toda a noite calada
> no ouvido. Presa a voz. Gesto vão. Boca fria.
> A alma, um deserto branco: – o luar triste na geada...

> *Silêncio. Eternidade. Infinito. Segredo.*
> *Onde, as almas irmãs? Onde, Deus? Que degredo!*
> *Ninguém... O ermo atrás do ermo: – é a paisagem daqui.*
> *Tudo opaco... E sem luz... E sem treva... O ar absorto...*
> *Tudo em paz... Tudo só... Tudo irreal... Tudo morto...*
> *Por que foi que eu morri? Quando foi que eu morri?*
>
> Meireles, 1994, p. 927

Não há quem não tenha passado por experiências de distanciamento afetivo frente a situações traumáticas mais ou menos graves. Assim, "A Rainha da Neve" se destaca como um dos mais famosos contos de Andersen, talvez, entre outros motivos, por despertar associações com aspectos desvitalizados e congelados do ser. Não há criança que não tenha sido ameaçada por uma vivência de desamparo, determinando o acionar de defesas que tanto podem ser úteis e necessárias como limitadoras da capacidade do viver criativo.

Minha relação com o conto e seu poder de encantamento se iniciou na infância e permaneceu como uma referência/metáfora eloquente dos aspectos congelados e calorosos do existir humano. Em trabalho anterior (Cesar, 2003) também associei a figura da Rainha da Neve à depressão materna, à mãe fria e distante, distraída de seu bebê e absorta em seu próprio luto. A depressão fria se apresentando no personagem Kay e na rainha gelada/mãe morta, como veremos adiante. Roussillon (2012) também faz uso do mesmo conto para ilustrar o processo de neutralização energética.

Mas vamos a uma breve descrição do conto. Gerda e Kay eram amigos inseparáveis, afetuosos e dedicados a seu jardim secreto, onde cultivavam flores e se encantavam com os dias de sol e calor das estações mais quentes. Certa vez, um anãozinho perverso inventou um espelho mágico que só refletia o feio e o triste. Ao levar o espelho até o céu, ele desprendeu-se das mãos do anão e partiu-se em inúmeros pedaços, caindo nos olhos ou no coração das pessoas que se tornavam frias e indiferentes, como se fossem um monte de gelo. Também Kay fora atingido no olho e no coração por um pedaço do espelho e também se transformou em um menino insensível.

Passados a primavera e o verão, a Rainha da Neve aparecera com seu trenó, abraçara Kay e o beijara na testa. Com esse beijo, toda lembrança do passado fora apagada, ele nem mesmo se recordava de sua amiga Gerda. Agora só via a rainha e a achava perfeita. Fora conduzido por ela até seu reino em terras geladas, para além da Lapônia, de onde não deveria sair nunca mais. Com o desaparecimento de Kay, todos acreditaram em sua morte, menos Gerda, que se dedicou então a uma longa jornada para salvá-lo. E o conto prossegue na descrição de suas aventuras até chegar ao reino da Rainha da Neve.

Quando Gerda encontra o amigo, abraça-o e ele, ainda frio e insensível, não a reconhece. Mas as lágrimas da menina, que chorava de tristeza ante a indiferença de Kay, lágrimas "ardentes", caíram no peito dele, perto de seu coração. O calor do pranto derretera a massa de gelo que se tornara o coração do amigo. Juntos, eles retomam o longo trajeto outrora percorrido por Gerda. A calorosa amizade dos dois os protege dos ventos glaciais e dos perigos dos lugares gelados.

O estado de insensibilidade/congelamento/frieza de Kay pode ser associado à anestesia pós-traumática de Ferenczi (1992c) e à neutralização energética de Roussillon (2012). Como Kay, Cecília e outros tantos pacientes se queixam de insensibilidade Cito, a propósito, sem me aprofundar, o caso de dois médicos que, não por acaso, escolheram especialidades (um intensivista, outro anestesista) que, se por um lado os protegem de contato direto com o doente, por outro, lança-os em uma proximidade com a morte, eles mesmos se nomeando anestesiados, com áreas amortecidas – o espaço psíquico dominado por morte e repetição.

O personagem de Andersen se encontrava sem memória, aprisionado; o si mesmo apenas povoado, dominado, ocupado em todo seu espaço pela sedução alienante da Rainha da Neve, como se estivesse possuído por um excesso de gélida mãe dentro de si. Sequestrado para terras frias, estava condenado a ligar-se inexoravelmente, para sempre, à rainha/mãe/objeto primário. Um quase assassinato sobreviria, pela ausência total de um espaço para si próprio, caso Gerda não saísse na jornada em busca de sua salvação.

Quando os pacientes adoecidos por anestesia nos procuram, são trazidos pelo *self* ama-seca (Winnicott, 1982), a parte que sobreviveu enunciando o pedido de socorro para trazer à vida a outra parte, que se encontra enrijecida, apartada da possibilidade de sentir; única saída possível para garantir a sobrevivência psíquica. Gerda pode metaforizar o *self* ama-seca e a parte da psique que busca manter contato com a parte clivada-Kay: "podem assim ser metaforizados o percurso e o sacrifício de uma parte do aparelho psíquico que tenta prestar socorro, a fim de o reativar, àquilo que deve ter sido clivado de si mesma para sobreviver, sem o que, porém, ela não consegue viver" (Roussillon, 2012, p. 286). Se a experiência traumática ficou apartada, não integrada à subjetividade, Gerda representa o objeto capaz de reavivar ou reaquecer a parte que precisou ser clivada. Ela também se apresenta metaforizando o analista e sua jornada, em aliança com a parte ferida e que sente, para trazer à vida as áreas mortas ou que nem chegaram a nascer.

A Rainha da Neve também pode ser associada à mãe morta de Green (1988): esta se constituindo uma imago na psique da criança, em consequência da depressão materna. A mãe, antes objeto vivo, "fonte de vitalidade da criança" (p. 247), transforma-se em figura distante, inanimada, que permanece viva, entretanto, psiquicamente morta aos olhos infantis. O que Green denomina "complexo da mãe morta" corresponde a uma depressão, que é repetição de uma depressão infantil causada, não pela separação de um objeto, mas pela presença da mãe, ela mesma absorta em um luto: o que se apresenta em primeiro plano são a tristeza e o desinteresse da mãe pelo filho. Frente o desinvestimento brutal da mãe sendo vivido como catástrofe, em um primeiro momento, a criança vai buscar uma vã reparação da mãe enlutada. Depois são postos em ação dois tipos de defesa: o desinvestimento da mãe e a identificação inconsciente com a mãe morta. Entretanto, o filho se mantém prisioneiro dessa mãe morta que não acaba de morrer: "Na dor psíquica, é impossível tanto odiar quanto amar, é impossível gozar mesmo da forma masoquista, impossível pensar. Existe apenas o sentimento de uma captura que despossui o eu dele mesmo e o aliena numa figura irrepresentável" (Green, 1988, p. 260). O centro do eu esburacado é ocupado pela presença soberana que impede que novos objetos sejam investidos.

Se a ambivalência é fundamental nos depressivos, no complexo da mãe morta, o ódio é uma consequência, o que vem à frente é o *amor gelado* pelo desinvestimento; "o objeto está, de certa forma, hibernando, *conservado no frio*" (Green, 1988, p. 263). Green se refere várias vezes ao frio, ao gelo, afirmando que tais pacientes sentem muito frio até em tempo de calor (lembrem-se de Cecília). Um núcleo frio – no centro do eu – que "queima como o gelo e anestesia como ele" (p. 264). O paciente tem seu amor hipotecado à mãe morta, possuído por uma paixão de que ela é o objeto; daí seu luto tornar-se impossível: nutrir a mãe morta, perpetuamente embalsamada; eis sua fantasia fundamental:

> *O objeto está "morto" (no sentido de não vivo, mesmo se não tiver ocorrido nenhuma morte real); carrega*

por isto o Eu para um universo deserto, mortífero. O luto branco da mãe induz o luto branco da criança, enterrando uma parte de seu Eu na necrópole materna. Nutrir a mãe morta significa então manter em segredo o mais antigo amor pelo objeto primordial, sepultado pelo recalcamento primário da separação malsucedida entre os dois parceiros da fusão primitiva. (Green, 1988, p. 276)

Tanto Cecília quanto Kay se mantiveram em radical fidelidade ao objeto primordial. O amor gelado da rainha/mãe morta – por sua ausência enquanto um objeto vivo e significativo – deixa marcas inexoráveis no centro do eu: um *núcleo frio*, como diz Green, um estado de congelamento afetivo, que incorreu em um congelamento da própria atividade psíquica. A impossibilidade de amar para além do objeto primário e a restrição de investimentos para além da paixão por esse objeto determinam, como já vimos, um empobrecimento do eu; empobrecimento este que associamos a áreas mortas, a desertos glaciais. A alma, um deserto frio. O frio é aqui associado à insensibilidade, aos calafrios fúnebres, ao desamparo dos inícios, mas também é o frio que conserva, que anestesia e que também queima.

Referências

Andersen, H. C. (1967). *A Rainha da Neve* (Naly Burnier Coelho, adapt.). São Paulo: Edições Melhoramentos.

Bion, W. R. (1970). *Attention et interpretation*. Paris: Payot.

Bollas, C. (2013). *Catch them before they fall: the psychoanalysis of breakdown*. New York: Routledge.

Cesar, F. F. (2003). *Dos que moram em móvel-mar: a elasticidade da técnica psicanalítica.* São Paulo: Casa do Psicólogo.

Ferenczi, S. (1990). *Diário clínico.* São Paulo: Martins Fontes.

Ferenczi, S. (1992a). A criança mal acolhida e sua pulsão de morte. In *Obras completas* (Vol. IV, pp. 47-51). São Paulo: Martins Fontes. (Trabalho original publicado em 1929.)

Ferenczi, S. (1992b). Análise de crianças com adultos. In *Obras completas* (Vol. IV, pp. 69-78). São Paulo: Martins Fontes. (Trabalho original publicado em 1931.)

Ferenczi, S. (1992c). Confusão de língua entre os adultos e a criança. In *Obras completas* (Vol. IV, pp. 97-106). São Paulo: Martins Fontes. (Trabalho original publicado em 1932.)

Ferenczi, S. (1992d). Reflexões sobre o trauma. In *Obras completas* (Vol. IV, pp. 109-117). São Paulo: Martins Fontes. (Trabalho original publicado em 1934.)

Ferenczi, S. (2011). Thalassa. In *Obras completas* (Vol. III, pp. 277-357). São Paulo: Martins Fontes. (Trabalho original publicado em 1924.)

Figueiredo, L. C. (2001). Modernidade, trauma e dissociação: a questão do sentido hoje. In B. Bezerra Jr. e C. A. Plastino (Orgs.). *Corpo, afeto, linguagem: a questão do sentido hoje* (pp. 219-221). Rio de Janeiro: Rios Ambiciosos.

Figueiredo, L. C. (2002). A tradição ferencziana de Donald Winnicott: apontamentos sobre regressão e regressão terapêutica. *Revista Brasileira de Psicanálise, 36*(4), 909-927.

Figueiredo, L. C. & Coelho Jr. N. E. (2018). *Adoecimentos psíquicos e estratégias de cura: matrizes e modelos em psicanálise* (P. C. Ribeiro e I. Fontes, colabs.). São Paulo: Blucher.

Green, A. (1988). A mãe morta. In *Narcisismo de vida, narcisismo de morte* (pp. 247-282). São Paulo: Escuta. (Trabalho original publicado em 1980.)

Meireles, C. (1994). *Poesia completa*. Rio de Janeiro: Nova Aguilar.

Ogden, T. H. (2013). Analisando formas de vitalidade e de desvitalização. In Reverie *e interpretação: captando algo humano* (pp. 35-68). São Paulo: Escuta. (Trabalho original publicado em 1995.)

Roussillon, R. (2004). Agonia e desespero na transferência paradoxal. *Revista de Psicanálise da SPPA, 11*(1), 13-33.

Roussillon, R. (2012). O desamparo e as tentativas de solução para o traumatismo primário. *Revista de Psicanálise da SPPA, 19*(2), 271-295.

Winnicott, D. W. (1982). Distorção do ego em termos de falso e verdadeiro *self*. In *O ambiente e os processos de maturação* (pp. 128-139). Porto Alegre: Artes Médicas. (Trabalho original publicado em 1960.)

Winnicott, D. W. (1993). Aspectos clínicos e metapsicológicos da regressão dentro do *setting* psicanalítico. In *Textos selecionados da pediatria à psicanálise* (pp. 459-481). Rio de Janeiro: Francisco Alves. (Trabalho original publicado em 1954.)

Winnicott, D. W. (1994). O medo do colapso (*Breakdown*). In *Explorações psicanalíticas* (pp. 70-76). Porto Alegre: Artes Médicas. (Trabalho original publicado em 1963.)

Do povo do nevoeiro: melancolia, narcisismo e morte psíquica

Por que saí de onde estava, se não estava em casa de ninguém?... Não sei quando morri. Sempre me pareceu que morri velho, por volta dos noventa anos, e que anos, e que o meu corpo o comprovava, da cabeça aos pés. No entanto, neste final de tarde, sozinho na minha cama gelada, sinto que vou ser mais velho do que o dia, do que a noite em que o céu caiu com todas as suas luzes sobre mim, o mesmo céu que tantas vezes olhei desde que vagueava pela terra longínqua. Porque hoje tenho medo demais para me ouvir apodrecer, para esperar pelos grandes e violentos baques do coração, pelas contorções do beco sem saída e para esperar que se cumpram na minha cabeça os longos assassínios, o assalto aos pilares inquebrantáveis, o amor com os cadáveres. Vou, portanto, contar a mim mesmo uma história vou, portanto, tentar contar mais uma vez a mim mesmo uma história para tentar acalmar-me, e é nessa história que sinto que serei velho, muito velho, ainda mais velho do que no dia em que caí, clamando

> *por socorro, e o socorro chegou. Ou talvez nessa história eu tenha regressado à terra, depois de morrer. Não, não é o meu gênero, regressar à terra, depois de morrer.*
>
> Beckett, 2006, p. 29

Dóris

Os pacientes chegam nos contando histórias. Escutamos e também nos dispomos a contar outras que possam conversar com os relatos que ouvimos e que pedem acolhida e compreensão. Mas há aqueles que nos contam a história de sua morte, os que não entraram na vida, os que não chegaram a acontecer. Quando se deu a morte, como pergunta Beckett, enquanto vagueava por planícies distantes, soturnas, imersas em paisagens de névoa e aflição? O corpo pesado, a lentidão dos movimentos, a imobilidade desenhando uma espécie de morte que se dá no antes da morte do corpo físico, datada, a que tem lugar na alma.

No texto "O medo do colapso", Winnicott (1994) refere-se a essa morte que aconteceu no passado como um fenômeno, não como fato:

> *Muitos homens e mulheres passam suas vidas pensando se encontrariam solução no suicídio, isto é, no envio do corpo a uma morte que já aconteceu na psique. O suicídio, contudo, não é uma resposta, mas sim um gesto de desespero. Entendo agora, pela primeira vez, o que minha paciente esquizofrênica (que se matou) queria dizer quando falou: 'Tudo o que lhe peço é que me ajude a cometer suicídio pela razão certa, não pela razão errada'. Não consegui fazê-lo e ela se matou no*

desespero de encontrar a solução. Seu objetivo (como agora percebemos) era obter de mim a declaração de que já morrera na primeiríssima infância. Com base nisto, acho que ela e eu poderíamos tê-la ajudado a postergar a morte corporal até que a velhice lhe cobrasse seus direitos. (p. 74)

Encarada dessa maneira, como algo que aconteceu ao paciente quando o ego é imaturo demais para abranger algo dentro da área da onipotência pessoal, Winnicott (1994) completa que "a morte, encarada desta maneira, como algo que aconteceu ao paciente que não era suficientemente maduro para experienciar, tem o significado de aniquilamento" (p. 75). Quando então teria se dado a catástrofe da morte em vida? Fora desde sempre banido do mundo ou morrera em determinado tempo de seu acontecer na vida? Quando uma perda lançara sombra e passos incertos, reclamando por ganhar precisão, por sair do extravio das horas vazias?

Eis que minha paciente, que aqui chamo Dóris, relata-me sua morte: "Não tenho vontade de morrer porque já estou morta". É à morte na alma que se refere, à ausência de sentido. Por onde andará o desejo de despertar, de abrir mão dos lençóis e da cama onde pretende encontrar calma e guarida? Não posso me distrair da possibilidade de que ela, como a paciente esquizofrênica de Winnicott (1994), venha a escolher a morte do corpo para alcançar a morte (psíquica) já ocorrida. Palavras inundadas de ambiguidade que me colocam em vigília, preciso estar atenta para o apelo da morte, para o gesto final de desistência, já que vinha desistindo de tudo; ela que se devotava ao nada. Meu desejo de que não morra dessa forma, a de lançar o corpo a uma morte que já acontecera, se faz presente e é fundamental que assim o seja.

Quando Winnicott (1989) escreve acerca do humor deprimido no texto "O valor da depressão", refere-se à tristeza como uma névoa, que na duração do tempo de rearranjar as forças construtivas e destrutivas tende a se dissipar. Já entre as impurezas do humor deprimido, está a melancolia, e seria o nevoeiro que não passa, que tudo vela, que só diz: para sempre. É aqui que mora o povo do nevoeiro, nas profundezas de uma inexistência; é desse nevoeiro que fala minha paciente.

Posso dizer: "Vai passar" – um pouco adianta, pois uma de nós há de precisar sustentar a esperança, e eu não quero ser apenas testemunha de um desmaiar do ser. Acompanho sua travessia nos vales de lágrimas e sombras, mas também estou aqui para reanimá-la, não de uma forma maníaca, mas com o desejo de que volte à vida. Então, simultânea e paradoxalmente, digo: "Vai passar!", como a mãe para a criança espalhada no chão, ferida após o tombo, ao mesmo tempo que reconheço sua dor, sua melancolia, o inferno de sua abulia, o extravio de seu desejo, a lentidão dos gestos, o abandono do corpo.

Oscilamos entre mergulhar juntas nas profundezas de sua inexistência e subir à tona, quando lanço corda longa para resgatá--la, estendendo minhas mãos para alcançá-la, buscando a saída da clausura, desse retraimento que se traduz em melancolia. Quero--a no mundo e na vida, e meu desejo – isento da ingenuidade de negar a extensão do terror que é assistir ao seu próprio desaparecimento – precisa aliançar-se aos seus recursos saudáveis, ao que resta da chama de viver. A superfície é bem-vinda – ai! Que bons momentos podem advir das pequenas conquistas, desde o esforço de estender a mão para alcançar um copo até um banho tomado. Celebremos esse pouco, mas que é muito!

Que história tecemos juntas de modo a acalmá-la, como pretendia Beckett, ele, entretanto, sozinho? Porque as histórias servem para acalmar e o encontro psicanalítico também é uma tranquilização. As histórias contadas pela dupla servem para acolher e também despertar: possibilitar um sono com sonhos e um acordar (das pulsões) para a vida.

A melancolia e a teoria das relações objetais

A apresentação inicial de Dóris, com sua fala-epitáfio, gerou em mim temores e associações – conduziu-me até Beckett e à premência de pensar sobre a melancolia e o narcisismo. Faço uso inicialmente do texto de Ogden (2004), intitulado "Uma nova leitura das origens da teoria das relações objetais", que comenta a respeito do texto "Luto e melancolia", de Freud (1974b). Em consonância, trago lembranças de minha história com Dóris, suscitadas pelo desejo de compreensão e de ampliar reflexões teóricas sobre o tema. Dois desafios se impõem: o entendimento (dentro do possível) da melancolia e o papel do objeto nesse quadro psicopatológico.

Ogden (2004) se detém nesse texto de Freud por reconhecer que introduz uma linha de pensamento que, depois, seria designada como "teoria das relações objetais". Trata-se, segundo Ogden, de um grupo de teorias psicanalíticas que têm em comum um conjunto de metáforas que se referem aos efeitos intra e interpsíquicos do relacionamento entre objetos internos inconscientes. Destaca ainda que Freud investiga os estados de luto e melancolia como forma de introduzir sua teoria das relações objetais inconscientes.

Logo no início de "Luto e melancolia", Freud (1974b) anuncia seu objetivo de compreender a melancolia a partir da comparação com o afeto normal do luto. Ambos são respostas à perda – na melancolia, assistimos a um desânimo profundo, uma suspensão do interesse pelo mundo, uma perda da capacidade de amar e um rebaixamento da autoestima com autoacusações. Freud destaca que no luto, embora se assemelhe à melancolia, não há o rebaixamento da autoestima.

Lembro-me aqui de uma das primeiras falas de Dóris: "Eu me acho sem graça". Declaração que me surpreendeu por se apresentar como uma mulher atraente, sedutora e especialmente inteligente. Ainda não mergulhara no desânimo que se apresentou posteriormente, mas um mundo desolado, desértico já se anunciava no "sem graça". Ela não me falava do que se apresentava externamente nem do que eu podia presenciar, mas de um mundo interno desvitalizado. Decerto as horas passadas frente ao espelho para se arrumar, se pintar, se apresentar sedutora serviam de contraponto ao que se escondia por trás do rosto e corpo enfeitados. Precisei me oferecer em presença recuada, presença ausente, acolhendo sua "falta de graça", essa verdade que enunciava e que eu não podia desdizer. Apenas calei-me e aguardei em uma espera que se pretendeu acolhedora. O desencontro entre o que exibia ao mundo e o seu olhar autorrecriminador me fez pensar que estava lidando com partes cindidas.

Nesse mesmo começo, disse que estranhava porque a achavam bonita, porque chamava a atenção; fala também em desencontro com o corpo ereto, as pernas à mostra, os seios siliconados, a maquiagem diária e os gestos sedutores. O corpo provocante propunha uma escuta além da linguageira, impunha-se uma escuta polifônica: dizia não apenas com palavras – em outra língua diversa, falava com o olhar, o batom carmim, o andar sensual – algo que entrava em desencontro com o sentimento de desvalia comunicado na medida em que os encontros se sucediam. Facetas da mesma personalidade que não se comunicavam: uma clínica da cisão se desenhava.

Mas voltemos aos comentários de Ogden (2004) sobre o texto de Freud (1974b). Uma das constatações mais fundamentais: na melancolia, tanto analista quanto paciente sabem ao certo o que o paciente perdeu, mas, mesmo que consciente da perda de alguém, o melancólico não sabe o que perdeu em si mesmo como consequência da perda do objeto. Destacam-se, portanto, dois aspectos inconscientes da perda: um que se refere ao vínculo com o objeto, outro que envolve a alteração do *self* como reação à perda do objeto. Diferentemente do que ocorre na melancolia, no luto, nada que é relativo à perda é inconsciente. Na melancolia o próprio eu torna-se pobre e vazio; no luto, é o mundo que assim se apresenta. O melancólico está doente porque, diferentemente do enlutado, se coloca frente a suas falhas: falta a ele um sentimento de vergonha próprio de quem se sente mesquinho, egoísta, desonesto – ao contrário, demonstra satisfação no desmascaramento de si mesmo. O rebaixamento da autoestima é algo central na melancolia – Ogden (2004) ressalta que, sempre que se refere a esse aspecto, Freud aproveita para esclarecer algo mais do "trabalho interno" inconsciente da melancolia e que serve de base para uma nova concepção do eu: "vemos como nele uma parte do Ego se coloca contra a outra, julga-a criticamente, e, por assim dizer, toma-a como seu objeto" (Freud, 1974b, p. 280).

Acompanhemos agora Ogden (2004):

> *Freud está aqui reconceituando o Eu de diversas e importantes maneiras. Estas revisões constituem, como um todo, o primeiro de um conjunto de princípios subjacentes à teoria psicanalítica das relações de objetos internos de Freud, teoria que estava então emergindo: primeiramente, o Eu, agora uma estrutura psíquica com componentes (partes) conscientes e inconscientes,*

> *pode vir a cindir-se; segundo, um aspecto cindido inconsciente do Eu pode gerar pensamentos e sentimentos de forma independente, sendo que, no caso da instância crítica, estes pensamentos são de auto-observação moralista e de julgamento; terceiro, uma parte cindida do Eu pode manter uma relação inconsciente com outra parte do Eu; e, quarto, um aspecto cindido do Eu tanto pode ser saudável quanto patológico. (p. 88)*

O segundo conjunto dos princípios da teoria freudiana das relações objetais se refere, segundo Ogden (2004), à ambivalência na melancolia. As críticas do melancólico a si mesmo representam ataques inconscientemente deslocados ao objeto amado. E ponto fundamental: a passagem da revolta para o estado da melancolia se dá em função de "certo processo". Que processo é esse? Uma nova conceituação do inconsciente emerge a partir do entendimento do processo psicológico que mediatiza o movimento melancólico. O esclarecimento desse processo é essencial: havia uma ligação libidinal a uma pessoa, mas uma decepção com o objeto amado leva a um estremecimento dessa relação. Em vez de deslocar a libido para outro objeto, a libido livre se retira para o eu, o que como consequência determinou uma identificação do eu com o objeto. Eis aqui a fundamental sentença de Freud (1974b, p.281): "dessa maneira, a sombra do objeto caiu sobre o Eu". Ogden (2004) destaca: "a perda objetal se transformou numa perda do Eu, e o conflito entre o Eu e a pessoa amada se transformou num conflito entre a atividade crítica do Eu e o Eu, agora alterado pela identificação" (p. 89).

Dóris: o existir entre silêncios e sons

> Viu os frutos do pomar amadurecerem e serem colhidos, viu a neve derreter-se nas montanhas. Mas nunca mais viu o príncipe.
>
> Andersen[1]

Um tempo se passou até que um estado melancólico se desenvolvesse: no início era uma eclosão caótica de silêncios e sons (Beckett, 2006) – a lentidão convivendo com a agitação, o "sem graça" com impulsos que me faziam interrogar a respeito do motivo de determinadas decisões. Foi assim que, levada por um desses impulsos, resolvera separar-se do marido por algum motivo mais inconsciente do que consciente. Eu desconfiava que um convulsionar da sexualidade a conduzira a tal: efervescência de desejos e apelos que não se revelavam na superfície. Ao contrário, Dóris se espantou com o prazer que descobriu em estar livre e se envolver com vários parceiros: não imaginou que fosse capaz de se entregar tão voluptuosamente a aventuras sexuais, a encontros apaixonados. Experimentava um estranhamento que me sugeria, mais uma vez, que esse desconhecimento de si se referia a aspectos cindidos de sua personalidade. Continuava, entretanto, a manter contato com o marido – o que acabou culminando na retomada do casamento.

Se, no período anterior, Dóris se deleitara com as saídas frequentes com amigos, com uma extroversão que nunca experimentara, agora retornava ao casamento, surpresa com a mudança do cônjuge: acolhedor, carinhoso, paciente, participativo – segundo ela, como nunca fora. Decidira não mais ter relações extraconjugais

---

1 Trecho do conto *A pequena sereia* utilizado como epígrafe do conto "Onírico", do livro *Ovelhas negras*, de Caio Fernando Abreu (1995), pp. 231-239. Porto Alegre: Sulina.

e se martirizava com a culpa ligada às experiências vividas. Se, por um lado, contentava-se com a nova vida com o marido, por outro, eu testemunhava o emergir de ruminações melancólicas: "sentia-se inútil", "não entendia por que os filhos e o marido diziam que a amavam", "sentia-se substituível", "não via sentido na vida", "a morte é boa, deve ser bom morrer". Paralelamente, desistia das atividades de trabalho, da academia que tanto gostava, dos encontros com amigos; optava por dormir, o sono cobrindo a modorra das horas vazias; a cama era seu abrigo, sua cova, sua vida estagnada, o lugar onde desistia. Podemos pensar no quarto do que se esvai em tristeza como o centro sagrado de sua melancolia, o quarto inviolável, onde o escuro, a não luz são cuidados para apartá-lo da vida e do mundo, a sombra adorada no quarto catedral.

A mulher imóvel intriga-nos em sua manifesta paralisia. Ela parece que não vai a lugar nenhum, tudo lhe custa, estender o braço para pegar um copo de água, arrumar as roupas espalhadas, tomar banho. Afinal, ela é uma mulher deitada. Será que mora na casa da infância à espera do cuidado? O que tem ela a conservar, a guardar para si, bem aquecido, inalterado na aparência? Poucos desconfiam que algo em ebulição se movimenta dentro dela: uma busca em segredo. Se exagerar nos gestos, corre o risco de perder o fio do labirinto em que se embrenha em furor na luta com o Minotauro enfurecido. Gritos abaixo da superfície, algumas vezes amordaçados, esperam o carnaval chegar: misto de ebulição e terras estéreis.

Tudo caminhava para a desistência, e eu me mantinha firme segurando sua mão para que não se jogasse em desespero aos porões da não existência. Propus mais sessões de análise – eu me disponibilizava a acolher e reconhecer a legitimidade de sua dor, ao mesmo tempo que mantinha uma postura ativa, desperta e viva.

Não sei em que momento desse movimento melancólico se deu a catástrofe: um emaranhado de razões ensandecedoras. Desde a separação do marido, a culpa, "o vulcão que amarrara pelo bico", lado a lado com o abismo de calmaria, a exuberância do corpo de mulher perfeita, quase não pessoa com o retraimento, o cozer para dentro em águas paradas até – que terrível! – a morte de uma amiga. O suicídio não se anunciara, repetia, nunca imaginara, repetia, não acreditava, repetia. Era como tivesse deixado que a correnteza de uma depressão não entrevista a tivesse levado para o nunca mais. E ela, que já convivia com culpas e desistência, chafurdava agora em chão lodoso – se a perda já a rondava, agora se apresentava em radical desfecho: a "sombra do objeto caíra sobre o Eu" (Freud, 1974b, p. 281). Nada pior que esse maldito acaso para arremessar Dóris mais e mais a um estado esmagado: sim, que terrível perder alguém pela decisão própria de deixar de existir! O que perdera desde há muito? O que perdera quando fizera opções e agora, no cerne do trágico, quando perdera sua amiga? Agora eu ficava mais atenta; se a melancolia já se desenhava, agora ganhava cores berrantes, gritos silenciados: a identificação com o objeto perdido poderia conduzi-la ao mesmo destino da amiga.

A perda, a ausência e o abandono não se restringem à separação dos corpos, algo da ordem do invisível vai escavando no território interno uma extensão de vazio que também é sombra e morte (psíquica). Quando, desde os tempos primitivos, na casa da infância, uma violência silenciosa se abatera sobre o eu? Como entender a ausência para além do concreto, da carne, do visível? O que desaparecera ou o que faltara na constituição do ser que se traduzira em perda, que ancorara suas tentativas desastrosas de prantear – porque o luto, sim, é pranto, mas não o desabar melancólico – na perda concreta do outro que se afastara para sempre, que inscrevera o nunca mais? O que perdera de vista ou, melhor falando, o que se recusara a perder de vista? Na melancolia se instaura a impossibilidade de perder de vista: amar o invisível ganha cores de radical impossibilidade.

São belas as palavras de Pontalis (1991):

> *Será que o mais insuportável na perda seria o perder de vista? Será que isto significa a retirada absoluta do amor da outra pessoa e em nós, a inquietação de uma fragilidade essencial: a de não ser capaz de amar o invisível? Primeiro seria preciso ver. Não apenas ver, mas ver primeiro, e poder sempre acalmar em nós a angústia suscitada pela ausência, garantindo que o objeto amado esteja inteiramente ao alcance do nosso olhar e que nos reflita em nossa identidade. Qual é a razão de sonharmos, afinal, a não ser a cada noite vermos o que desapareceu (os mundos, os lugares, as pessoas, os rostos), para confirmar sua permanência e para tentar unir o efêmero ao eterno? (p. 205)*

A sombra do objeto

A teoria me serve como resto diurno, assim posso sonhar o entendimento do adoecimento de Dóris: às vezes, uma boa noite de pesadelos, quando sou usada como continente das agruras que a atormentam. Portanto, prossigamos com Ogden e Freud.

"A sombra do objeto caiu sobre o ego" (Freud, 1974b, p. 281). Um novo modelo da mente proposto por Freud, segundo Ogden (2004), muda "objeto perdido" para "objeto abandonado". O objeto abandonado é preservado por uma identificação com ele – "a sombra do objeto caiu sobre o Eu" – diferentemente do luto, onde o objeto é perdido. No melancólico, não é o calor do objeto que o alerta, mas sua sombra. O soturno, o frio, a névoa que não se dissipa. Ogden (2004) contribui com destaque para a compreensão da famosa frase de Freud:

> *A metáfora da sombra sugere que a experiência do melancólico de se identificar com o objeto abandonado tem uma tênue qualidade bidimensional, que se opõe a um objeto vivaz e vigoroso. A dolorosa experiência de perda sofre um curto-circuito, através da identificação do melancólico com o objeto, ele nega, assim, a sua separação do objeto; o objeto sou eu e eu sou o objeto. Desta maneira, não há perda possível, um objeto externo (objeto abandonado) é substituído onipotentemente por um objeto interno (o Eu identificado com o objeto). (p. 90)*

A relação com o objeto interno tem como objetivo o evitamento de sentimentos dolorosos; como consequência, o melancólico experimenta uma falta de vitalidade derivada de seu desligamento de uma substancial porção da realidade. Uma extensa parte de sua vida lhe é retirada, "a vida emocional tridimensional, vivida no mundo dos objetos externos" (Ogden, 2004, p. 90). O desejo de aprisionar o objeto povoa o mundo interno do melancólico. Entretanto, um duplo aprisionamento se mantém: o objeto como prisioneiro eterno do melancólico (devido a sua internalização) e o melancólico também para sempre um prisioneiro do objeto.

O nevoeiro que nunca passa, o para sempre da dor melancólica e do aprisionamento recíproco entre eu e objeto nos alerta para uma temporalidade específica em que o eterno, de forma assustadora, é dominante. Em contrapartida, podemos pensar no luto como névoa que se dissipa. Ogden (2004) se refere ao estado "esmagado" do melancólico. Uma associação surge: em desenhos animados, se um personagem é atropelado, ganha de imediato uma bidimensionalidade para logo recuperar sua tridimensionalidade. No melancólico, mantém-se a bidimensionalidade, a sombra do objeto se arremessa e esmaga. Recobrar a tridimensionalidade e a capacidade de luto deve ser tarefa da dupla analítica.

A doença narcísica

É por meio do conceito de narcisismo que Freud elucida a seguinte contradição: por um lado, uma forte fixação ao objeto de amor, por outro, um fraco investimento no mesmo objeto, ou seja, pouca força para conservar a ligação com o objeto face a sua morte ou perda por decepção. Ogden (2004) sugere que Freud já preparava terreno para a teoria das relações objetais na melancolia no texto "Sobre o narcisismo" (1974a), escrito poucos meses antes. Nesse texto Freud fala de um estado de "narcisismo primário"; estado inicial em que a criança toma a si mesma como objeto. Depois é estabelecido um vínculo objetal – primeiro movimento em direção ao mundo – em que o objeto é extensão do próprio sujeito, o que Freud vê como uma identificação narcísica. Existem dois tipos de vínculos, portanto: o vínculo objetal narcísico em que o objeto é investido pela energia originalmente investida em si mesmo e outro mais maduro, quando o bebê se relaciona com objetos externos a ele.

Freud esclarece a contradição mencionada anteriormente, definindo a melancolia como *doença do narcisismo*. Um distúrbio narcísico primitivo é a "condição" necessária para a melancolia (Freud, 1974b, p. 282). Essa passagem do amor objetal narcísico para o amor objetal maduro não se deu: o melancólico não enluta, não é capaz de se desligar do objeto perdido nem de estabelecer um amor objetal maduro com outra pessoa. Evita, assim, a dor da perda regredindo de um relacionamento objetal narcísico para uma identificação narcísica. Freud (1974b) conclui: o resultado é que, apesar do conflito com a pessoa amada (desapontamento levando ao ódio), a relação amorosa não precisa ser abandonada. No final do texto, afirma que o amor escapa à extinção ao refugiar-se no eu por meio de uma identificação narcísica.

Ogden destaca o equívoco relativo ao pensamento de Freud: o central na melancolia seria a identificação com o aspecto odiado do objeto perdido. Uma distinção fundamental se estabelece entre o enlutado e o melancólico; este último só foi capaz de estabelecer formas narcísicas de relação objetal. Para que o luto aconteça, é necessário que se entre em contato com a realidade da perda, o que a natureza narcísica do melancólico não possibilita. Acrescenta: "O mundo das relações objetais internas e inconscientes é visto por Freud como uma regressão defensiva a formas muito primitivas da relação objetal, como resposta à dor psicológica – no caso da melancolia – à dor da perda" (Ogden, 2004, p. 93). A dor da perda é evitada, mas às custas de uma grande perda da vitalidade emocional: a relação bidimensional (como uma sombra) com o objeto interno, existindo apenas no âmbito psicológico, toma lugar de uma relação tridimensional com o objeto externo mortal e, portanto, possível fonte de decepções. Em síntese: na melancolia ocorre uma substituição da realidade externa pela realidade interna.

Uma terceira característica que define a melancolia é apontada por Freud: esse quadro clínico não se dá apenas por perda por morte, mas inclui situações de ofensa ou decepção e, assim, uma ambivalência é reforçada, opostos como amor e ódio se destacam na relação. Desse modo, se uma parte do investimento amoroso regrediu a uma identificação, outra parte, pela influência da ambivalência, regrediu ao sadismo.

Ogden (2004) ressalta ainda que o vínculo com o objeto que inclui o ódio pode ser mais poderoso que o vínculo somente de amor: o sadismo na melancolia que surge como resposta à perda ou ao desapontamento dá origem a uma forma de tormento, tanto no sujeito como no objeto. Tal mistura de amor e ódio explica a "surpreendente durabilidade das relações internas patológicas" (p. 93).

Continuando, Freud (1974b), em seguida, dedica-se ao entendimento da mania, vinculando-a à melancolia, sublinhando a tendência dela em transformar-se na primeira – embora opostas em termos sintomáticos. Se, no luto, ocorre uma convivência com a dor e com o trabalho psicológico de simbolizá-la, na mania, o que poderia ser raiva e impotência se transforma em "alegria, exultação e triunfo" (p. 287).

Considero importante a colocação de Ogden de que, sem talvez estar consciente disso, Freud aponta para a psicose na mania e na melancolia. Por meio de inúmeras cisões do eu e com a criação de relações imaginárias entre objetos internos que substituem onipotentemente a perda de uma relação com um objeto real, dá-se a evasão do luto e de parte da realidade promovida pelo aspecto psicótico de ambas.

Um mundo objetal interno fantasiado e inconsciente substitui um mundo externo real; a onipotência assume o lugar do desamparo; a imortalidade substitui as realidades da passagem e da morte, com a qual não há compromissos possíveis; o triunfo substitui o desespero; o desprezo substitui o amor. (Ogden, 2004, p. 95)

Destacando que o mundo objetal do paciente maníaco visa refugiar-se da realidade externa da morte e da dor, Ogden identifica outro ponto importante no desenvolvimento da teoria freudiana das relações objetais. Para ele, o conceito de ambivalência é a mais importante contribuição para a compreensão da melancolia e da teoria de relações objetais. Em "Luto e melancolia", a ambivalência ganha um sentido novo, diverso do conflito entre amor e ódio: refere-se a um conflito entre o desejo de viver com aquilo que é vivo e o desejo de estar em concordância com o que é morto, entre estar vivo com a dor da perda e o desejo de ir se amortecendo para a perda e a realidade da morte e, ainda, uma combinação entre ambos. Enquanto no luto o ego desiste do objeto, ao aceitar a realidade da morte e continuar a viver – ocorrendo um trabalho psicológico em que o objeto morre irreversivelmente na própria mente e na realidade externa –, na melancolia é dominante o desejo de amortecimento com o fim de se encontrar junto ao morto, autoaprisionado e sobrevivente em um mundo objetal interno atemporal, ainda que moribundo.

Sendo assim, Ogden (2004) ressalta uma dimensão nova e primordial acrescentada por Freud à teoria das relações objetais: "as relações objetais internas inconscientes tanto podem ter uma característica de vida e vivificadora, quanto de morte e amortecedora" (Ogden, 2004, p. 97). E amplia para o campo transferencial-contratransferencial: o processo analítico pode ser avaliado a partir do sentido de vitalização e desvitalização presentes; assim, ganham importância central as experiências do analista e do paciente frente ao que está vivo e ao que está morto no mundo objetal interno deste último.

O vivo e o morto em Dóris

No desenrolar dos encontros com Dóris, assisto a seu desejo de estar viva e de estar em companhia de seus objetos mortos internos. Nada é absoluto quando lidamos com o mundo interno. Assim, quando se separa do marido e experimenta estados de extroversão e envolvimentos amorosos que não suspeitara ser capaz de viver – oscilo entre entendê-los como episódios maníacos (tentativas de evasão da morte que, como ondas, ameaçava engoli--la) ou como recursos de saúde, movimentos de vida. Fico atenta ao que, desde o início, me aparecera como aspectos cindidos: o desconhecimento/desconexão sobre os motivos que a levaram a decisões sem sentido e a perplexidade frente a assédios, entendidos por um possível observador como resposta a suas mensagens cifradas carregadas de sensualidade e desejo. Enquanto as palavras descreviam desesperança e desistência, nunca o corpo se deixava habitar pela tristeza enunciada. Disto nunca desiste: da maquiagem, da busca pelo corpo perfeito, da ausência de lágrimas. Quem a vê assim, suporá infernos e morte?

Mantenho-me atenta, posso ouvir os desvarios e desatinos assim como os lentíssimos passos: também a insistência do mortífero. E mesmo que ela negue o desejo de morrer (porque já morrera), busco não descuidar, já que, principalmente em função de uma identificação com a amiga suicida, pode em segredo decidir enviar seu corpo à morte – física, porque a psíquica já se entrevera, entre impulsos vitais, autorrecriminações e desistência.

As sessões se sucediam e Dóris se mantendo em relativa leveza – do que posso entrever o que se oculta cindido e, em contrapartida, determinada potência vital. Eu me disponibilizo de forma ativa, viva e desperta (como falara no início), atenta aos movimentos de vida e aos de morte. Proponho uma rede de cuidados: juntas, concluímos pela necessidade de ser medicada por um psiquiatra; também recebo o marido e as filhas para ouvi-los e também orientá-los. Agora com a volta do marido, Dóris se descobre com surpresa, muito dependente, receptiva à dedicação extrema dele, agora amoroso e comprometido com a família.

O assombro que me descreve frente à inédita experiência de dependência parece apontar para um desconhecimento da importância do objeto e me conduz ao aprofundamento do estudo do narcisismo, considerando a melancolia como uma doença narcísica e também ao que Roussillon (2012) identifica como ilusão primária: o sujeito ilude a si mesmo de que é exclusivamente constituído psiquicamente de modo isolado sem contato com outro cuidador. Fazendo uso desse outro entendimento da ideia freudiana de "sombra do objeto", proposto por Roussillon, que pode ser utilizado como complementar ao de Ogden, prossigo minha reflexão com seu texto "A desconstrução do narcisismo primário" (Roussillon, 2012): nele, o reconhecimento da importância do outro com o qual o indivíduo se construiu no passado vai nos auxiliar no prosseguimento da reflexão sobre minha história com Dóris e sobre as patologias narcísicas.

O apagamento do objeto

Quando trazia às sessões relatos de seu ambiente primário, Dóris não reconhecia nada que a ajudasse a entender seu adoecimento. Não considero que a história primeira tenha de ser necessariamente resgatada, muitas vezes é reconstruída na transferência, como mensagem atuada. Além disso, o material (referente ao papel do objeto) não deve ser trabalhado de forma causalista, o que pode transformar a análise em um exercício de mentalização. Reconstruir o que deve ter ocorrido entre o objeto e o padrão narcísico que se apresenta deve ser tarefa cuidadosa, como adverte Roussillon (2013):

> *O tornar-se sujeito não é simplesmente uma questão de consciência, é mais uma questão de apropriação, o que quer dizer que podemos nos apropriar sem haver tomada de consciência. O objetivo da psicanálise não é ne-*

cessariamente uma tomada de consciência de tudo, mas integrar aquilo com que fomos confrontados. (p. 112)

De qualquer maneira, tanto em Dóris como em outros pacientes, intriga-me o que denomino – a partir de Roussillon (2012) – apagamento do objeto. No texto desse autor, encontrei uma possível resposta relacionada à "ilusão primária" (p. 159). Aqui o sujeito se esquece "que não se engendrou a si próprio, seja como criatura de carne e osso, seja no que diz respeito ao seu próprio aparelho mental" (p. 135). Seguindo Winnicott (1972), Roussillon ressalta que o *self* não pode ser pensado sem considerar o outro *self* – é o "outro" com o qual o indivíduo se construiu no passado. O narcisismo não deve ser pensado de forma solipsista: envolve duas ou, mesmo, três pessoas. E, considerando que a análise implica em reintroduzir o que a ilusão narcísica primária apagou, ou seja, o papel do objeto na constituição do *self*, também se deve levar em conta que é pela contratransferência que se dá a revelação de aspectos ocultos da transferência. Fica a pergunta: qual mensagem atuada, qual forma de *agieren* transferencial Dóris endereçava a mim, a que dá notícia de seus objetos primários?

Para continuar com o estudo do narcisismo, assim como Ogden, Roussillon recorre ao texto "Luto e melancolia", de Freud (1974b), trazendo novas e complementares interpretações sobre "a sombra do objeto". Na frase de Freud: "a sombra do objeto se abateu sobre o ego", Roussillon (2012) vê a possibilidade de se pensar na confusão do ego com o objeto e uma interessante direção para a análise do narcisismo.

Se o sofrimento envolve a sombra do objeto que se abateu sobre o ego, o analista terá que ajudar seu paciente a devolver a sombra ao objeto, a libertar-se da confu-

são trazida pelas defesas narcísicas e desconstruir o postulado narcísico básico do autoengendramento da mente. (p. 160)

Seguindo com Freud (1974a), que ressalta como característica do narcisismo não apenas recolher para o ego todos os investimentos como ainda apagar o que vier do outro. O narcisismo apaga o fato de que a sombra caiu sobre o ego e de que, agora, sombra e ego estão misturados. Se os traços do objeto são apagados, também o processo pelo qual se deu o apagamento desaparece em função do processo narcísico. Apaga ainda o que o indivíduo deve ao objeto (porque, graças a ele, o *self* deve sua existência) e o processo por meio do qual se dá a assimilação do que vem do outro.

O papel do objeto como espelho primário e a "sombra do objeto"

Roussillon (2012) dá destaque às concepções de Winnicott sobre o papel do outro como um espelho face às necessidades primárias do *self*: pelo espelhamento enviado por outra pessoa, a identidade é construída. Se o indivíduo é definido como idêntico a si mesmo, essa identificação inclui algo da outra pessoa em função do espelhamento primário. O trabalho psicanalítico é o de tentar restaurar esse aspecto de "alteridade" e desconstruir o postulado de autoidentidade. Dessa forma, é possível "redescobrir no ego traços do objeto perdido que representam a sombra que foi assimilada" (Roussillon, 2012, p. 161). Se o indivíduo apresenta um comportamento "de si para si próprio", relacionando-se totalmente a si mesmo, estamos diante de uma economia narcísica, não direcionada ao outro, com os impulsos pulsionais retraídos. A sombra do objeto caíra sobre o ego e o problema se tornara interno, referido ao próprio paciente.

Resta-nos a oportunidade de assistir na transferência a emergência de um padrão intersubjetivo, o outro visado no analista: assim saímos do pensamento solipsista. O trabalho de separar a sombra do ego só é possível se ampliarmos o pensamento clínico que desconsidera a dimensão interativa: Roussillon (2012) sugere a ideia de uma "pulsão mensageira" endereçada ao outro e dependente de sua resposta – algo muito próximo do pensamento de Winnicott, quando se refere ao papel de espelho e ao atendimento das necessidades primárias. Entretanto, ampliamos nosso pensamento ao incluir a função de objetificação da pulsão como algo a ser restaurado. Trazido para a relação com o analista, o problema deixa de ser interno: abre-se uma comunicação, a "mensagem atuada" produz impacto sobre o outro-analista e um campo de intersubjetividade é instaurado.

Alinhar a pulsão com o papel do objeto como espelho emocional do *self* impede que caiamos em dicotomias que trazem uma marca de fixidez para o pensamento teórico e para o enfrentamento de impasses clínicos. Portanto, considero o pensamento de Roussillon fundamental no que se refere à articulação entre a teoria das relações objetais e a dimensão pulsional. Nessa perspectiva, o autor adverte que, na teoria narcísica da pulsão, o objeto não é experimentado como outra pessoa, mas apenas como meio pelo qual vai se dar a descarga. De modo contrário, como estamos considerando a importância do objeto na construção do *self*, introduz-se uma nova concepção da vida pulsional: "as pulsões também veiculam uma mensagem endereçada ao objeto. Mensagem que aguarda outro tipo de resposta" (Roussillon, 2012, p. 163). E afirmativa fundamental: é pelo interjogo entre o *self* e o objeto que as pulsões são construídas.

Assim, frente à queixa de vazio, que classicamente seria interpretada como vinculada à insaciabilidade pulsional ou a um vazio como espaço potencial, eis, graças a Winnicott, a proposição complementar: o sentimento de vazio pode ser visto como o efeito sobre o ego da sombra de um objeto que não atendeu, que se manteve alheio às necessidades do *self*.

Vemo-nos diante de uma concepção da "sombra do objeto" que não exclui aquela proposta por Ogden (2004). Para Roussillon (2012): "o vazio da resposta do objeto é então incorporado, deixando no ego um rastro do eco desse silêncio e da forma pelo qual os impulsos relacionados às necessidades podem ter sido destruídos" (p. 163). É na relação analítica que o impulso inicial pode ser redescoberto e receber uma resposta diferente daquela do ambiente primário. É importante ressaltar a mensagem endereçada ao objeto e, voltando a Dóris, pergunto-me: que mensagens envia e qual deve ser a resposta do objeto-analista? Quando no passado ficara à deriva, à mercê do silêncio e da indiferença dos objetos? Como reconstruir a conversa primitiva entre Dóris bebê ou criança e sua mãe (ou seu pai), senão a partir das comunicações transferenciais? Sigo Roussillon (2012) quando afirma que tal processo se dá em dois momentos: um no presente, na transferência, e outro na reconstrução histórica. Mas deixemos, por enquanto, a continuação da reflexão sobre minha história com Dóris e prossigamos na concepção proposta por Roussillon sobre "a sombra do objeto".

Roussillon (2012) vai destacar o processo de como se dá a interação mãe-bebê. O objeto encontrado é, sim, denominado criado-encontrado à medida que a mãe, quando suficientemente boa, adapta-se às necessidades do bebê e oferece o seio de tal forma que permite a ele ter a ilusão de criar, via alucinação, o seio encontrado via percepção. Assim, desfaz-se a oposição entre alucinação e percepção: um estado transicional emerge da combinação entre investimento objetal e narcisismo, que não necessariamente se opõem – preservação do *self* e investimento pulsional andam juntos. O impasse metapsicológico entre a teoria das pulsões e a teoria das relações objetais é, portanto, ultrapassado graças a Winnicott.

Outro aspecto da teoria de Winnicott destacado por Roussillon (2012) se refere ao papel de espelho desempenhado pela mãe frente ao bebê: ela reflete pelo seu rosto e olhar os estados internos do outro. O psicanalista francês amplia a concepção de Winnicott (1975): não apenas o rosto como também o corpo e o comportamento da mãe devem funcionar como espelho.

Quando a mãe está sintonizada de modo sensível às necessidades do bebê, esse espelho produz o que Roussillon (2012, p. 166) denomina "duplo narcísico": um duplo é tanto o mesmo quanto o outro – a mãe espelha estados internos similares, mas não idênticos aos do bebê. Para a compreensão da patologia do narcisismo, a resposta da mãe, seu papel de espelho, é fundamental: ela pode devolver adequadamente as emoções do bebê ou se manter alheia, refletindo seu próprio estado interno; qualquer que seja a resposta materna, essas mensagens são recebidas como reflexo.

Vamos acompanhar Roussillon (2012):

> *O espelho parental primário pode ter refletido tão pouco que o bebê não consegue identificar seus próprios estados internos, estados que podem então se apagar por ausência de resposta do "duplo", ou ficar deformados devido a um reflexo muito distorcido. (p. 167)*

Aqui chegamos a um dos pontos centrais desse texto de Roussillon: seguindo a importância da ideia da mãe como espelho primário do bebê, o autor propõe uma nova hipótese para a já referida frase de Freud a respeito da sombra do objeto.

Em "Luto e melancolia", Freud (1974b) argumenta que, na melancolia, é a decepção proveniente do objeto que constitui a fonte do sentimento de perda. Para Roussillon (2012), a sombra do objeto deriva da ausência de resposta do objeto, quando falha no seu papel de espelho, de refletir para o *self* seus estados internos, frustrando, dessa forma, as expectativas narcísicas primárias. Se nada é refletido frente às necessidades do *self*, este tenta incorporar o objeto e a parte do *self* que ele sente ter sido confiscada. Roussillon aponta para o processo que os pós-kleinianos chamam de "identificação adesiva": quando o *self* e o objeto grudam um ao outro, como gêmeos siameses, formando uma área de indiferenciação. O luto fica impossibilitado, pois desistir do objeto implica também desistir de uma parte do *self*. O processo de luto fica paralisado e aprisionado a um paradoxo, pois a desistência do objeto tem como consequência desistir também da parte do *self* sequestrada dentro do objeto.

Histórias para acalmar e despertar: o trabalho psicoterapêutico com Dóris

Ocupando um lugar paradoxal de reserva e oferecendo meu corpo vivo e desperto, o trabalho com Dóris tem sido levantar a sombra que se abateu sobre o *self*, que a deixa assim, como fala Ogden (2004), imersa em uma condição de bidimensionalidade, imóvel e ansiando ocupar as horas com o corpo deitado – e, com muita delicadeza, possibilitar o reavivar de seu próprio *self*, o habitar o mundo dos vivos.

Dessa posição paradoxal, encontro referência em Fédida (2002):

o próprio de uma psicoterapia não seria fazer coexistir as manifestações comunicacionais da presença e a ausentização necessárias para a regressão?

Aqui, tocamos certamente numa das dificuldades maiores da prática psicoterápica. O analista deve se deixar modificar pelas transferências e, ao mesmo tempo, qualquer excesso de neutralidade e uma presença silenciosa demais, podem suscitar no paciente um sentimento de aniquilamento que ele teme acima de tudo. D. W. Winnicott expressava essa dificuldade indicando que, muitas vezes, é o analista sozinho que configura e sustenta a situação analítica, embora ele deva simultaneamente – e do modo mais ágil possível – manter com sua presença corporal uma função de comunicação viva com seu paciente. Como se o analista tivesse que garantir uma realidade de identidade, pois ele seria aquele que engendra, com sua própria presença corporal, os lugares policênicos nos quais o paciente pode se expressar. (p. 152)

Não é com esforço que atravesso de modo vitalizado o deserto de paixão, morte e vazio de Dóris. Decerto, algo vivo nela suscita em mim uma maneira delicada de cuidar (parafusos de veludo); um oscilar entre despertá-la e respeitar sua necessidade de passagem pela morte-sono. Punha-me a escutar seu desejo de morrer – desejo de dormir: algo que se "assemelha a uma 'simulação' da morte para evitar a morte" (Fédida, 1999, p. 39). Ajusto o *holding* ao seu desejo de dormir, mas chamo-a, insisto que venha quando a vontade de ficar deitada no leito sagrado ameaça nosso encontro.

O desmoronamento melancólico se traduz no corpo: na lentificação dos gestos – "a imobilidade corporal designa a presença invasora e envolvente da ausência" (Fédida, 1999, p. 22). O nunca mais se anunciara desde as primeiras queixas de vazio e falta de sentido e tivera seu desfecho definitivo na ocasião da morte de sua amiga. Ali, a sombra do objeto terminara de cair, determinando um estado quase que completamente achatado – a escolha de desejar estar deitada como melhor maneira de conseguir atravessar as horas. Manter-se deitada era o melhor modo de se manter abrigada e protegida, e também o divã podia ser um bom lugar ao acolher seu desejo ora de morte, ora de recolhimento – tempo necessário para ressuscitar.

Ainda mantinha poucas atividades, arrastando-se para cumprir minimamente suas tarefas e, para isso, contava com a voz desejante do marido, incentivando-a a largar os lençóis, chamando-a para que não deixasse de vir me ver. Mas não conseguira voltar para a academia, esse lugar de desejo e flertes, esse lugar em que o corpo é convocado em sua pulsionalidade e em seu agir. O corpo sensual e sexuado fora nocauteado, amortecido pela imobilidade própria do acesso melancólico: ocultavam-se na inércia os excessos, os gritos, o cheio, o vulcânico. É pelo caminho do morrer que consegue a trégua para tornar a se reconhecer, para se familiarizar com o estranho/desconhecido que a assaltara. Enquanto isso, eu era responsável pela vigília: cuidando para que a volta à vida acontecesse em um ritmo justo – nem que demorasse demais, correndo o risco de enviar seu corpo à morte física, nem que abreviasse o tempo necessário, impossibilitando a saída maníaca, que o vazio esmagador se tornasse um espaço/tempo de espera para o voltar a existir.

No dizer de Fédida (1999):

> *O sentimento de vazio, tão frequentemente expresso pelos pacientes durante o tratamento – especialmente nos momentos em que pode parecer que nada acontece – é a experiência psíquica da instância, e mesmo da espera de sentido que pode manter toda a existência em suspenso, como em condição de não existência. Trata-se, como Winnicott mostrou, de um estado passado que, diferentemente do trauma, não pode ser rememorado: ele corresponde a uma organização narcísica primária do Eu "antes de começar a se preencher". Winnicott acrescenta: "Ora, o vazio é uma condição prévia ao desejo de recolher"... Portanto, o vazio não é a morte. (p. 71, destaque nosso)*

A névoa que tanto custara a passar aos poucos se dissipava, os pequenos gestos para fora da morte e da imobilidade podiam agora ser celebrados; voltava ao trabalho, descobrindo novas potencialidades, voltava à academia. Com vagar, foi retornando a seu corpo, e as pequenas conquistas foram sendo acolhidas como promessa de se diferenciar/separar do morto.

> *Esse esforço considerável que representa o ato mais anódino, mais cotidiano, mais costumeiro e familiar é, no entanto, uma indicação técnica muito preciosa no desenvolvimento do tratamento. Aqui, seria preciso ter o tempo de anotar o fio associativo desses atos que marcam, a cada vez, a evolução de uma liberação – o que se encontra em projeto numa elaboração consciente do agir no desejo de se libertar dessa ausência que tornou-se corpo invasor-imóvel do outro excessivamente presente por ter partido. Como se o ato – por*

mais banal que seja, como "lavar as meias, preencher um formulário, deslocar um objeto sobre a mesa", etc.
– só se tornasse possível no momento em que o homem reencontra a temporalidade de um projeto, desde que nele silencie o interminável solilóquio com o ausente. (Fédida, 1999, p. 20)

O nevoeiro, como já disse, representa, segundo Winnicott (1989), o humor deprimido: barra os instintos e a capacidade para se relacionar com objetos internos (p. 58). Gradualmente, o nevoeiro fica menos denso e pode chegar, em alguns locais, a desaparecer. Mas, para o povo do nevoeiro, os dias e as noites permanecem imersos em sombra – sem sol nem luz, apenas frio e escuro.

Com Dóris, acompanhei o dissipar das sombras, a espera ansiosa e sem sentido se transformar em esperança. Na sessão mais recente trouxe seu álbum de fotos: conta sua história e de seu corpo desde bebê até a adolescência – as mudanças: o corpo-bebê, o corpo obeso da puberdade, o corpo magro e provocante da adolescência. Quantos lutos aí se encerram? Que histórias mais quer me contar? Sente-se bem, a cama não mais exerce atração irresistível para a imobilidade. A cama agora retoma seu lugar de furor, acolhendo o corpo desejante: erotiza a ausência no exibir-se e no cenário sexual? Continuo percorrendo caminhos de imprecisão: escuto, falo também, e aguardo.

Referências

Barros, M. (2010). *Poesia completa*. São Paulo: Leya.

Beckett, S. (2006). *Novelas e textos para nada*. Lisboa: Assírio & Alvim. (Trabalho original publicado em 1958.)

Fédida, P. (1999). *Depressão*. São Paulo: Escuta.

Fédida, P. (2002). *Dos benefícios da depressão: elogio da psicoterapia*. São Paulo: Escuta.

Freud, S. (1974a). Sobre o narcisismo: uma introdução. In *Edição standard brasileira das obras psicológicas completas* (Vol. XIV, pp. 85-119, Jayme Salomão, trad.). Rio de Janeiro: Imago. (Trabalho original publicado em 1914.)

Freud, S. (1974b). Luto e melancolia. In *Edição standard brasileira das obras psicológicas completas* (Vol. XIV, pp. 275-291, Jayme Salomão, trad.). Rio de Janeiro: Imago. (Trabalho original publicado em 1917.)

Ogden, T. (2004). Uma nova leitura das origens da teoria das relações objetais. *Livro Anual de Psicanálise, XVIII*, 85-95.

Pontalis, J.-B. (1991). Perder de vista. In *Perder de vista: da fantasia de recuperação do objeto perdido* (pp. 205-222). Rio de Janeiro: Jorge Zahar. (Trabalho original publicado em 1988.)

Roussillon, R. (2012). A desconstrução do narcisismo primário. *Livro Anual de Psicanálise, XXVI*, 159-172.

Roussillon, R. (2013). Teoria da simbolização: a simbolização primária. In L. C. Figueiredo; B. B. Savietto e O. Souza (Orgs.). *Elasticidade e limite na clínica contemporânea* (pp. 107-122). São Paulo: Escuta.

Winnicott, D. W. (1972). Answers to my comments (on the split-off male and female elements). *Psychoanalytical Forum*, (4), 189-192. (Trabalho original publicado em 1968-1969.)

Winnicott, D. W. (1975). O papel do espelho da mãe e da família no desenvolvimento infantil. In *O brincar e a realidade* (pp. 153-162). Rio de Janeiro: Imago. (Trabalho original publicado em 1967.)

Winnicott, D. W. (1989). O valor da depressão. In *Tudo começa em casa* (pp. 55-61). São Paulo: Martins Fontes. (Trabalho original publicado em 1963.)

Winnicott, D. W. (1994). O medo do colapso (*Breakdown*). In *Explorações psicanalíticas* (pp. 70-76). Porto Alegre: Artes Médicas. (Trabalho original publicado em 1963.)

Morte e vida na adolescência: da dor e da delícia de ser jovem[1]

> "Juventude"
> Sim, eu conheço, eu amo ainda
> esse rumor abrindo, luz molhada,
> rosa branca. Não, não é solidão,
> nem frio, nem boca aprisionada.
> Não é pedra nem espessura.
> É juventude. Juventude ou claridade.
> É um azul puríssimo, propagado,
> isento de peso e crueldade.
>
> Andrade, 2013a

Era com a frase "Fico aqui só até o fim do ano", repetida incontáveis vezes, que Ana, 14 anos, alertava-me sobre seu flerte com a morte, convocando-me a estar atenta, solicitando-me uma vigília preocupada e um estado de devoção ante a ameaça de que, a partir

---
[1] Uma versão anterior deste texto foi publicada na revista *Desidades*, n. 22, jan.--mar. 2019.

de um inesperado/esperado anunciado inscrito nos cortes incessantes no braço jovem, irremediavelmente jovem, viesse a deslizar para fora da vida. Também a mensagem repetida tinha múltiplos sentidos: era a chance que me dava até o fim do ano, era o prazo que me dava.

Antes de vê-la, encontro com a mãe que me relata sobre a tristeza da filha e o isolamento na escola, sobre um período, há dois anos, quando já se cortava, quando tivera indicação psiquiátrica para antidepressivo e iniciara uma psicoterapia. Melhorou e, optando por florais, se espantaram – tão nova que era –, pouco acreditavam, o pai e ela, na extensão da dor desenhada nos riscos de sangue na carne ainda púbere, na recusa à comunicação: "Não, não era grave", insistia a mãe. Na entrevista, fico espantada com as risadas sem propósito dela em meio a falas tão sérias. Por maior que fosse a negação que me era apresentada, o riso estranho me alertava que algo também não ia bem com a mãe, quiçá com a família, algo da ordem da cisão. E as cisões me assustam; distintas do recalcamento, são fendas ocultas que repentina e silenciosamente podem vir a lançar os corpos vivos para um nunca mais (da morte psíquica ou da morte fenomenal).

Dei-lhe tempo, ofereci-lhe hora necessária para que um broto de confiança se tecesse. Assim, o sério fez sua aparição: a mãe me relata que, aos 15 anos, tentara suicídio, não era para valer, tenta nos tranquilizar (a ela e a mim), fora por ingestão de remédios psiquiátricos e, embora não "tivesse sido para valer", fora o suficiente (penso eu) para sofrer uma parada cardíaca. Com a seriedade agora a emergir, o rosto se crispa um tanto ao me contar que não conhecera o pai, que sua mãe a deixara com os avós, que tivera depressão quando seu avô, ele também com depressão, fora internado e morrera. Avisa-me assim, entre dentes, nas entrelinhas, que pesadas nuvens de morte e desalento pairam sobre a história familiar.

Avisa-me, ainda, que fora sua filha (em sua voz adolescente que enuncia, filha porta-voz de que algo vai mal) que pedira agora que fosse ao psiquiatra e recomeçasse um tratamento psicoterápico.

Recebo Ana, e é só de morte e tristeza que me fala, queixas dos pais que não levam a sério sua dor, que empurraram florais que para nada serviram. Pais que ama, mas com quem não quer contato e nenhuma conversa. Nenhuma palavra mensageira de promessa de compreensão pode advir deles e, sobretudo, nada, nada faz sentido. Está no limite de algum penhasco que me assombra e me chama a um cuidado mais que atento. Estou ao seu lado, desde o primeiro encontro, levando-a a sério, pois é disso, entre outras necessidades, que precisa, além de, fundamentalmente, ser compreendida. Estou ao seu lado, na beira desse penhasco que seduz para a morte, Sherazade contando histórias para que sobrevivamos, vivamos, lançando corda que a salve do poço profundo. Chora muito, e o que me lembro desses primeiros contatos é o anúncio da morte planejada (como a mãe, pensa na ingestão de remédios), do repúdio em relação aos pais, do lamento de que a vida nada significa. Flerta com a morte, essa atração que a morte exerce nessa passagem de quase púbere à recém-adolescência, o ódio a si mesma – "*bad girl, sad girl*" (contara-me a mãe que lera isso em uma postagem de Ana no Instagram).

Desde os 8 anos se odeia, desde os 8 horrível, desde sempre profunda tristeza. Não sabe dizer o porquê do *cutting*, apenas que são incessantes: "Quer ver?". Digo que sim, sou mesmo tomada por grande preocupação, repito o entendimento do quão difícil deve ser viver/não viver assim. Logo estamos juntas, e seu braço está exposto ao meu olhar: com alicate, são inúmeros os cortes feitos, sangra na pele, na roupa, esconde com o moletom de manga comprida. Mas gosta de me mostrar e chega com certo orgulho, em determinada sessão, com os braços à mostra. O ritual se repete:

"Continuo me cortando. Quer ver?". Demonstro preocupação, sinto que é disso que necessita, entre outros tantos pedidos em véus envoltos, esperando que brisas de esperança descubram o que se mantém oculto. Brisas, não ventanias, porque é preciso delicadeza suficiente para não a desmascarar e, ao mesmo tempo, força e tônus para ajudar a mantê-la do lado da vida, protegida por um contorno que talvez os pais tenham falhado em propiciar.

Após algumas sessões com Ana, peço que o pai também venha conversar. Surpreendo-me com um discurso pronto a respeito da adolescência normal e, mais ainda, quando se diz preparado para o possível suicídio de Ana. Nesse momento, a mãe, recolhida e triste, diferente da primeira entrevista, confronta veementemente o marido, indignada, fala da dor insuportável de perder um filho, de perder Ana. Fico ao seu lado, assinalando o horror de tal perda. Em algum momento, relatam que o avô paterno tentara se jogar da janela, mas fora socorrido por um triz. Tudo parece por um triz e histórias de morte, depressão e tentativas de suicídio permeiam o romance familiar. Alerto sobre a gravidade da situação de Ana e afirmo com firmeza que, se o psiquiatra viesse a prescrever medicações, teriam de aceitar. Debatem-se frente à minha intervenção, mas acabam concordando.

Fico sabendo que trabalham demais: ambos médicos, já em torno dos 50 anos, dão inúmeros plantões (o pai chega a dar plantões de 48 horas). Percebo uma prioridade pela conquista de bens materiais, o que teve como consequências a satisfação de todas as vontades de Ana e o pouco tempo de convivência com ela. Um reduzido investimento na vida emocional, um evitamento do que se remete ao psíquico, às lutas requeridas para o estar vivo e certo abandono permeiam as relações familiares.

Ana repete inúmeras vezes que os pais fazem todas suas vontades, orgulha-se de já ter conhecido catorze países e conta que, desde os 10 anos, vai sozinha a médicos e nutricionista; relata que, quando agora vai ao psiquiatra, este se espanta de vê-la sozinha, liga para a casa, pergunta onde o pai está e o chama para a consulta. Seus pedidos nunca são negados e sempre são satisfeitos; quer de tudo o melhor: roupas estrangeiras, bolsa de 4 mil reais, tudo *top*, cabeleireiro de famosos em Nova York, o céu é o limite para sua avidez raramente detida pelos pais. Ri, risadas que mesclam dor e ironia, além de uma estranha satisfação: "Eu sou mimada", me diz em quase todas as sessões, comunicando-me dessa forma que um tudo tóxico/intoxicante proveniente dessa profusão de mimos materiais a lança ao nada. Começo então a compreender suas queixas de vazio, vazio horror, "vazio estranho", me diz, pois é um "vazio barulhento".

Outra comunicação importante se deu a respeito da gestação de Ana, pois os pais já tinham filhas adolescentes, quando foi concebida. Chegaram a pensar em aborto: votos de morte pairando sobre a chegada da filha caçula. Com que forças poderia e pode lutar contra a maré desse não dito capaz de selar sua interdição ao direito de viver? Faltou-lhe a recepção necessária?

De imediato, percebo que Ana traz à tona histórias emudecidas e que é com muito sofrimento que os pais tentam lidar com essa realidade de dor, por meio da manutenção de distâncias e de deixar nas mãos dos profissionais o cuidado da filha. A filha com todo o trabalho demandado traz à tona segredos, falas e angústias silenciadas, misto de desespero e indiferença, cenários encobertos de depressão e morte. Quando as gerações não se diferenciam, corre-se o risco de os filhos serem enlaçados em identificações remetidas à repetição mortífera de padrões ancestrais.

Primeiro ato: "Fico aqui só até o fim do ano"

> Na véspera de nada
> Ninguém me visitou.
> Olhei atento a estrada
> Durante todo o dia.
> Mas ninguém vinha ou via,
> Ninguém aqui chegou.
>
> Pessoa, 1987, p. 456

É repetindo "Fico aqui só até o fim do ano" que Ana, insistentemente, inocula em mim um sentido de urgência e de temor por sua sobrevivência. Urge, é verdade, que se costurem desde sempre, e assim continua no decorrer de nossa história, esses retalhos esgarçados do tecido vital, estilhaçados e espalhados: que dor escolher, entre tantas herdadas ou próprias, nessa espécie de inventário de imprecisões e quedas? Urge, é verdade, que se recolham do solo abismal, pedaços dessa existência desmantelada. Mas, devo sublinhar, nesse primeiro movimento na minha direção, o que arde em eloquência é o suicídio anunciado. Um primeiro momento em que acredito que sua vida está em risco para além da morte psíquica, pois temo que seu corpo adolescente ceda à tentação de não viver. Sinto-me convocada a ser guardiã de sua vida e a manter-me em vigília devotada. Lança-me de mares gelados e entre risos insensatos, desses difíceis de entender, mensagens em garrafas de náufraga que é com pedidos de cura e salvação. Recolho nas areias de nossos primeiros encontros essas cartas endereçadas a alguém que devesse reconhecer nos anos recentes de sua puberdade e adolescência nascente as dores enunciadas em altos brados de tristeza e reclusão. Garrafas ao mar para que alguém avisasse aos pais de seus riscos, de seu não viver, da gangorra enlouquecedora entre tanto-sentir e nada-sentir. Tamanhos gritos de socorro escritos em letras garrafais, nada miúdas, nada ilegíveis são acolhidos por mim: quer a mim e que eu também salve seus pais da surdez, da cegueira, da paralisia frente ao urgente cuidado solicitado pela filha. É difícil entender se é pela gravidade de sua situação emocional que sou assim tentada a ocupar uma posição de onipotência, esquecendo-me de aceitar minha carência e inevitável impotência. Preciso estar atenta a, como sugere Pontalis (1991), trabalhar com "um muito pouco" que é, de fato, a única resposta a um "demais da conta" (p. 73).

Nessa primeira paisagem enevoada desse jovem ser evanescente que clama por existir, anunciam-se pela voz e pelo corpo de Ana, o sentimento de tristeza, o vazio que clama por sentido, as ideias de morte, o cortar-se e, ainda, uma compulsão bulímica. Destaco dessa forma essas dores em aparição inicial, pois, no decorrer do relato, desdobramentos vão requerer novas leituras da busca de Ana por acontecer.

Como resgatar a menina dos braços da morte: dos ataques corporais às ideias de suicídio

Moro no ventre da noite:
sou a jamais nascida.
E a cada instante aguardo a vida.
. . .
Profunda é a noite onde moro.
Dá no que tanto se procura.
Mas intransitável, e escura.
Meireles, 1994, p. 286

O *cutting* nos intriga. Como diz Bollas (1998), a "própria palavra nos dando uma facada em nossa paz mental" (p. 107); esse cortar que, em um acordo silencioso, mais comum em mulheres, leva-as quase em uníssono a tentativas de dar sentido: "É melhor doer aqui, diminui a dor na alma, alivia". Vai nesse caminho-despenhadeiro de explicações, cujo maior desespero é a enorme dificuldade de transpor o vivido sensorial para uma dimensão simbólica. Não é apenas epidêmico: se cabe, por um lado, à Ana algo apenas seu nos movimentos de automutilação, por outro lado, também outras tantas, inúmeras adolescentes, se lançam ao cortar-se. Assim, apresenta-se realmente como quase epidêmico; o que me intriga deveras. Olho, de um lado, a dor intransferível de Ana e, de outro, seu pertencimento a um grupo que se identifica pelos mesmos rituais em torno da morte.

No dizer de Bollas (1998):

> *Parece que sempre somos capazes de lidar com um simples mutilador, mas agora uma nova preocupação surge: as mulheres entram em competição, desafiando--se umas às outras, cortando-se mais profundamente, ampliando o ferimento para o "corpo político", pois todos nos preocupamos que uma de nossas mulheres – estou falando, naturalmente de nossas pacientes – poderá ferir-se e marcar nossa cumplicidade, união com este ato de... Ato de quê? (p. 107)*

Sim! Ato de quê? O que se libera junto ao sangue? Como destrinchar essa estranha mistura? Podemos pensar em angústia, alívio, prazer na dor (que tentação é essa de oferecer verdadeiros enxertos de significados, de nos apresentarmos com explicações que acabam por equivaler a intromissões?). Antes de propor qualquer univocidade, precisamos pensar que estamos prioritariamente fora do campo do recalcamento: aqui, a clivagem domina e debruçamo-nos na tentativa de deciframento de vivências que tiveram seu sentido extraviado. O não sentido pulsa aqui, com seu poder disruptivo, carecendo de simbolismo. Fica-nos como tarefa complexa e paradoxal uma escuta polifônica. De um lado, reconhecer esses movimentos/atos/paralisações do adolescente como retornos do clivado, acolhendo o "não sei" e a repetição do vazio traumático. "Nada" e "não sei" refletem a confusão frente ao multifacetado de emoções, mas não ocultam, pouco se revela o latente, pois não se referem ao inconsciente reprimido, mas ao que ainda não se constituiu: uma quase não existência requerendo sustentação para uma existência em que as virtualidades possam ganhar substância vital. Por outro lado, não desistir de cavar sentidos, apostar em construções que alinhavem o tecido esgarçado, retalhos da continuidade de existir que fora alvo de interrupções: invasões por ausências ou excessos.

De imediato, fica o entendimento do *acting out*, aqui precisamente do cortar-se, como um ato que tem extraviado sua dimensão simbólica. O corpo se coloca como questão dramática já que inundado de tensões e demandante de nova reconstrução: bordas corporais precisam ser constituídas (Dal Pont, 2009). Assim, ao marcar seu corpo, um dos sentidos possíveis seria o da busca por constituir uma borda: a dor amenizando o terror de desvanecimento de si mesmo. Entretanto, como a marca não é simbólica, o ato se repete, o alívio mantém-se passageiro.

Se, por um lado, os ataques ao próprio corpo pouco ou nada significam, de outro, podem vir a constituir uma escrita na pele com endereçamento, resguardando algo de comunicação. O corpo adolescente é objeto de sofrimento: "trata-se de lutar contra tensões que lhe colam à pele" (Dal Pont, 2009, p. 167). Corpo também odiado, porque objeto de transbordamento. A relação com o corpo ganha gravidade se não for mediada pela relação primária com a mãe e, depois, com os laços com o ambiente. Articulam-se assim o desafio próprio do eclodir pubertário com as falhas iniciais.

Atuar sobre o corpo pode ser também compreendido como uma passagem para a atividade de algo vivido passivamente, tentando dessa forma escapar da impotência a que são submetidos por meio de ataques diretos "a envoltórios corporais" ou ao se exporem a riscos. Procuram dessa forma projetar suas dramáticas tensões e questões sobre o corpo, em uma tentativa de dominá-las melhor. Depois dos comportamentos de automutilação, tem-se a sensação de recuperar o domínio sobre essa violência externa e sobre esse corpo odiado, pois é objeto de transbordamento. Mas o alívio é breve, o traumático insiste, repete-se o ataque ao próprio corpo, tanto como insistência no domínio quanto como em casos em que se preserva algo de simbólico, comunicação ao ambiente primariamente traumatofílico. Deriva-se daí a dimensão de endereçamento.

O endereçamento refere-se às múltiplas fontes traumáticas, aquela do próprio corpo invadido por desafios pulsionais, e também à fragilização dos laços intersubjetivos. As mudanças na puberdade são mais vividas como traumáticas em função da impossibilidade de recorrer à sublimação da latência – o que pretendo destacar aqui, como advertem Drieu, Proia-Lelouey e Zanello (2011) –, à confiabilidade dos objetos internos e ao apoio narcísico parental.

Acompanhando esses autores:

> *Esses vividos de passivação, revelados pela efração pubertária, estão ligados a múltiplas fontes traumáticas, mas muitas vezes são despertados por traumas primários ou por ataques corporais: estão ligados a mecanismos paradoxais, tendo a ver com os desafios pulsionais*

(a integração do genital), mas também com sofrimentos na relação com o ambiente, impedindo a renovação das relações intersubjetivas na adolescência. Esses comportamentos evidenciam, ao mesmo tempo, dificuldades para integrar a incerteza das vias de subjetivação, mas podem também se revelar como tentativas de mobilizar o ambiente, elos a um originário traumático por sua dimensão traumatofílica. (Drieu, Proia-Lelouey e Zanello, 2011, p. 10)

Assim, a dimensão intersubjetiva ganha tanto destaque (ou mais, nos casos de insuficiência dos objetos primários) quanto a efração pubertária com seu potencial de invasão. Relaciono à noção de constituição da borda a proposição de Drieu, Proia-Lelouey e Zanello (2001) de que os ataques corporais "podem também revelar-se como sinal de reconstrução dos envoltórios, evidenciando trabalho de intersubjetividade em ação entre o adolescente e seus grupos de referência" (p. 9). Embora se mantenham como comportamentos de risco, vê-se nos atos a busca por pertencimento a grupos, à "turma dos deprês".

"Não diz que a minha depressão é modinha! Por favor!", suplica Ana, denunciando paradoxalmente sua dor, mas ainda a necessidade de pertencer. Essa busca por grupos de referência, própria da adolescência, ganha aqui um apelo dramático, porque é referida a desencontros traumáticos com o ambiente primário, o que vem dificultando ou mesmo impedindo a renovação dos laços intersubjetivos.

Os ataques ao corpo podem também ser relacionados ao medo do colapso (Winnicott, 1994b), aqui especificamente à depressão encoberta por atuações. O colapso temido seria, portanto, o colapso melancólico com seu pavor de desligamento e desinvestimento.

O ato configurando-se como defesa extrema contra o esvanecimento do ser.

Drieu, Proia-Lelouey e Zanello (2001) destacam que se soma ao mal-estar do adolescente em integrar seu corpo sexuado uma problemática da relação com os objetos primários: a ausência de cuidados maternos em sua função de contenção, perturbações severas nas identificações com a mãe, ausência de um objeto paterno.

Se as marcas do corpo podem vir a significar tentativas de reconstrução psíquica-corporal, esses comportamentos sobrevêm com referência a violência nos apegos, a uma pregnância do traumático na relação objetal, o que remete a uma dinâmica de domínio no laço intersubjetivo. Sua paradoxalidade destaca a importância de conceber a subjetivação na adolescência como uma "intersubjetalização". Essa apropriação subjetiva só pode ocorrer apoiada em múltiplas referências sobre o objeto materno, é claro, mas também sobre os laços fraternos, sobre o grupo da família e os grupos de pares (Drieu, Proia-Lelouey e Zanello, 2011, p. 13).

As automutilações são ainda gesto impreciso, hesitante do adolescente que espreita a catástrofe final sob a forma de tentativa de suicídio. Recorrendo ainda ao texto de Winnicott, intitulado "O medo do colapso" (1994b), podemos articular as ideias de morte projetadas para um futuro ou um presente próximos, a uma morte já acontecida na primeiríssima infância, o que o autor denomina "morte psíquica", diversa da "morte fenomenal" (p. 74). A catástrofe ao final é reencontro com a das origens: pensam assim no suicídio como solução, isto é, "no envio do corpo a uma morte que já aconteceu na psique" (p. 74). O suicídio não como resposta, mas como gesto de desespero. A morte corporal diversa da morte psíquica:

A morte, encarada desta maneira, como algo que aconteceu ao paciente que não era suficientemente maduro para experienciar, tem o significado de aniquilamento. É como se desenvolvesse um padrão no qual a continuidade do ser fosse interrompida pelas reações infantis do paciente às intrusões (impingements), com estas sendo fatores ambientais que se permitiu invadirem por falhas do meio ambiente facilitador. (Winnicott, 1994b, p. 75)

Refletimos sobre o suicídio remetendo-o às fraturas do início: assim pensa Winnicott e, como veremos adiante, Dolto (1990) nos auxilia ainda nessa mesma direção ao refletir sobre o desejo de morte na adolescência.

O adolescente com comportamentos de risco, especificamente de suicídio, está em condição de se deixar arrastar para o nunca mais que a morte encerra. Por isso, nesse início, em que Ana apenas trazia desespero e tristeza, apenas acenando desistência e radical desamparo – "goteiras e rachaduras escancarando a urgência" (Pessanha, 2018, p. 7) –, vi-me tomada por uma preocupação extrema, logo partilhada com o psiquiatra e com os pais. Sua vulnerabilidade, mesmo que posteriormente a ela fossem somadas forças vitais, foi e continua sendo pano de fundo, forração pantanosa, capaz de expô-la aos mais diversos riscos. A fragilidade de Ana pode ser assim descrita por Dolto (1990):

Para melhor entendermos o que é a privação, a fragilidade do adolescente, tomemos o exemplo dos lagostins e das lagostas quando perdem sua casca: nessa época, eles se escondem sob os rochedos, o tempo suficiente para segregarem uma nova casca, para readquirirem suas defesas. Mas se, enquanto estão vulneráveis, forem golpeados, ficarão feridos para sempre, sua carapaça

> *recobrirá as cicatrizes, jamais se apagará. Nesse momento de extrema fragilidade eles se defendem dos outros, ou através da depressão ou através de um estado de negativismo que agrava ainda mais sua debilidade.* (pp. 19-20)

Vou aos poucos me apropriando da história familiar de Ana, acompanhando tanto as insuficiências dos objetos primevos quanto seu sofrimento e impotência ante as demandas da filha. Ferida e terrível em sua avidez e desmandos: terá sido mesmo filha da catástrofe? "Cedo me feri / cedo soube / que as feridas me criaram" (Adonis, 2012, p. 180). Em sua vulnerabilidade própria do tempo da infância e adolescência, terá sido golpeada ou ferida para sempre? Defesas se apresentam frágil e dolorosamente obstinadas, desde a aparição da depressão até os negativismos que surgiram no decorrer de nossos encontros.

Dolto (1990) destaca que há adolescentes que têm sadiamente ideias de suicídio e outros que podem tê-las de maneira mórbida, quando desejam realmente chegar ao ato de morrer. As primeiras correspondendo ao imaginário, sendo que a fronteira entre ambos é muito delicada. O adolescente precisa de um ouvinte, é uma idade de sofrimento, porque é uma idade de mutação. Continuando:

> *É como uma borboleta que sai da crisálida. Essa comparação é válida na medida em que o recém-nascido morreu para alguma coisa a fim de renascer para outra; o adolescente também morreu para a infância. Ele está na crisálida, não tem nada para dizer a alguém, está no seu banho. Se a gente abre uma crisálida, só encontra água. O adolescente está no nível zero e as palavras não tinham o mesmo sentido que tinham antes. Amar, nada*

significa. "Amar é me chatear, meus pais me amam, e me chateiam, eles me vigiam, me perseguem". Amar, é desejar fisicamente. (Dolto, 1990, p. 120)

Se a fantasia do suicídio no adolescente é imaginária, logo, é natural. Já com o suicida em potencial e seu desejo de levar a termo, estamos frente à doença, à morbidez. Este revive o não desejo que imagina que seus pais tiveram quando nasceu. Nem todos conseguem concretizar essa fantasia e os que quase chegaram a concretizar acreditavam que eram demais na família. Dolto se refere à culpa por terem nascido: o suicídio agradando a mãe (dentro deles) que não estava feliz por vê-los nascer. Recorrendo ainda ao autor:

> O ato remonta ao nascimento. Não havia, na hora do parto, alguém que tivesse uma expressão de alegria ao vê-lo nascer. Mas isto não lhe foi dito. Está gravado no umbigo de sua alma. No suicídio, é na falta de qualquer possibilidade de esperança, de alegria, de estima por si mesmo, que isso acontece. Então, quando fantasia o suicídio, sente uma espécie de prazer de posse sobre si mesmo. Vai brincar com sua vida. O adolescente deleita-se com a ideia da morte e da emoção dos outros a quem fará falta: é vivida como enterro de sua infância, de seu modo de ser. É ao mesmo tempo, uma nostalgia do que ele vai deixar. Se chega a crer que ninguém será afetado pelo seu desaparecimento, e se em sua primeira infância não teve verdadeiramente uma pessoa que influenciasse o sentido de sua vida pelo amor que teve por ele, então ele pode partir para a ação, depois de um certo tempo de alucinação pelo suicídio, que nem se-

quer lhe proporciona o prazer da nostalgia pela pessoa que chorará por ele. (Dolto, 1990, p. 122)

Como já foi falado, se a adolescência é naturalmente travessia turbulenta nesse enfrentamento da morte da infância, aqueles que foram sujeitos ao que Winnicott (1994a, p. 17) denomina "desilusão precoce", que foram significantemente "desapontados" no sentido de terem sido traumatizados por um padrão de fracassos ambientais, têm suas personalidades estruturadas em torno de defesas de qualidade primitiva, como a cisão, sujeitos que foram expostos a falhas na aquisição da confiabilidade pessoal necessária para um estado de "rumo à independência". Esses têm de pisar em terrenos mais pantanosos e movediços e precisam se apropriar de suas forças vitais para vencer os comportamentos de risco, a eminência de colapsos, os negativismos e o retraimento.

Recorro novamente a Dolto (1990):

> *os que, na partida, não consumaram a ruptura que realiza a tomada de autonomia, que pisam com bloqueios nesse terreno de instabilidade e de fendas que é a adolescência, serão menos favorecidas do que as outras, mas todas precisarão de toda sua vontade de viver, de toda a força de seu desejo de se realizar para enfrentar essa morte da infância. (pp. 14-15)*

Resta ressaltar meu interrogar sobre a imprecisão das fronteiras que separam as fantasias do desejo de morte de Ana. Qual a extensão de sua vontade de viver? Como ela se manifesta, embora de modo tortuoso, como veremos adiante. Não há como negar seu adoecimento, mas será mesmo uma suicida em potencial? Oscila entre o morrer e a vida, anuncia a morte como encenação da dor e como clamor para que curem suas feridas. A indiscutível fragilidade lado a lado com seu deleite em pensar na falta que fará. Precisa enterrar a infância, mas não sabe como. Como fora saudada ao nascer? O que está gravado no umbigo de sua alma? Seu desamor próprio e sua descrença em relação à sua bondade têm sido inscritos desde o início? Como fora recepcionada afinal?

O vazio

> O universo ficou vazio,
> porque a mão do amor foi partida
> no vazio.
>
> Meireles, 1994, p. 271

Junto ao *cutting*, ameaças de suicídio e outras comunicações, o discurso desses adolescentes que chegam a nossos consultórios, (aqui falo particularmente de Ana) se costuram em torno da queixa reiterada de vazio. "Não sei explicar" é a resposta que nos remete novamente ao clivado. Entretanto, é mais próximo da vida referirmo-nos ao paradoxo. A lógica binária – clivagem *versus* recalcamento, cheio (de emoções, vivências etc.) *versus* vazio (empobrecido, *locus* do nada), manifesto *versus* latente, ruidoso *versus* silêncio, a morte *versus* a vida, a vitalidade *versus* a desvitalização – afasta-nos de uma compreensão da vida em suas diversas e infinitas dimensões e do multifacetado que constitui o humano. Não somos isto nem aquilo, somos vários: mistura de vazios prenhes e cheios rarefeitos.

Assim, o vazio pode ser "escutado"/visto/vivido na dupla como "oquidão" ou horror de espaços infinitos despovoados, deserto ressequido e estéril, e também como lugar de cheios ocultos, pois, como diz Pontalis (1991):

> *Quando conseguimos dar forma e limites a esse espaço interno, sem que ele seja uma simples duplicação do externo, quando conseguimos construí-lo sem fazer nenhuma intromissão, longe de ver nele um deserto, descobrimo-lo já percorrido, dilacerado de ponta a ponta por forças que seria preciso grafar aqui em letras maiúsculas, como nas pinturas alegóricas medievais: Inveja, Orgulho, Ódio, Voracidade, Medo, Vingança, Tristeza, etc. Ou, em nossa alegoria moderna: Reparação, Onipotência, Falo, Cena Primária, etc. Uma porção de palavras-coisas, uma porção de palavras-paixões, inflexíveis. Sim, longe de ser um deserto, trata-se de um território ocupado desde a noite dos tempos. (p. 73)*

O "vazio estranho", como nomeia Ana, perdeu seu potencial de fonte de transformações e criatividade, perdeu sua vocação de vazio necessário, o entre-espaço para que advenham integrações, lugar-passagem para a existência e circulação das potencialidades que gestam o sentir-se real e vivo. Se falta a presença do outro, como parece acontecer com Ana, o vazio é experimentado como vazio-horror. O vazio não sustentado se transmuta em vazio agônico. Rozenberg e Boraks (2012) apresentam o conceito de vazio sustentado como "o espaço necessário para o surgimento do *self* na presença do outro, um outro presença viva que sustenta a experiência no tempo e no espaço" (p. 381). O termo "sustentado" se refere ao encontro entre as necessidades do *self* e o ambiente circundante. Se Ana não foi recebida com boas-vindas ou se tal recepção foi/vem se dando por meio de uma profusão do "tudo" de bens materiais que se converte em um "nada" – a falta da essencial e ansiada intimidade –, o vazio como espaço potencial para o vir a ser passa a ser evitado ou vivido como terrorífico. Depender do outro inatingível é despencar no vazio, oscila-se assim entre uma aderência desesperada e um estar em permanente rota de fuga, um correr desabalado, a escapar ariscamente das mãos e braços do outro humano que oferece guarida.

Articulo desse modo "o vazio que dói" dos adolescentes com o vazio não sustentado, voltando a recorrer a Rozenberg e Boraks (2012), quando as autoras sublinham que a experiência de vazio não é tóxica, contém recursos ocultos para serem explorados e usados, o vazio pode se transformar em relaxamento e depois em espaço potencial:

> *A sustentação que resulta na possibilidade de realização da experiência de vazio estabelece uma área de redenção que se conecta com os sentimentos de totalidade e tangencia, ao mesmo tempo, a ilusão e a experiência de onipotência, tão necessária para o estabelecimento do ser.* (p. 383)

Dessa forma, o vazio sustentado é condição para o florescimento do *self*. Entretanto, o que acontece quando o objeto primário não sobrevive ou se mantém em presença tantalizante? O vazio ganha uma dimensão de assombro: o indivíduo pode vir a se arrastar qual morto-vivo, temendo o aprisionamento no vazio, na morte, num ponto em que não há mais conexão com a vida. Estados advindos da relação com o objeto não sobrevivente criam terror: o suicídio pode vir a ser "a busca desse estado de não ser, no qual residirá de forma paradoxal, a esperança do encontro do objeto sobrevivente dentro de si" (Rozenberg & Boraks, p. 384).

A mãe de Ana, com voz pastosa, escorregadia, correndo entre inúmeros compromissos de trabalho, imprime sua ausência. Arisca: assim a sinto no contato comigo, escapando de comunicações de proximidade. Não seria arisca também com Ana, quando declara sua falta de tempo, quando a deixa à deriva, inatingível também à filha? Mãe-vazio, a que foi/é experienciada como espaço infinito que apavora e ameaça com o desmoronamento do existir? Porque se "mãe é: não morrer" (Lispector, 1975, p. 139), mãe é condição de vida e meu estar junto a Ana, compartilhando seu vazio, de modo a abrir caminhos/atalhos para um vazio sustentado, também inclui o acolhimento da mãe que escapa, ora de mim, ora da filha, que guarda obscuridades, que também teme pela vida daquela, que também anseia, decerto, por ir ao seu encontro (apesar das recusas, das pontes interrompidas, da aridez de afetos). Também ela deve ansiar por sua redenção – Ana porta o vazio das duas: as adolescências entrelaçadas, o traumático se repetindo na juventude da filha. Vazio é o que restou do encontro que não se deu. Um terreno esburacado precisa ser percorrido, tecido estilhaçado, mas que se mantenha a esperança de que a costura reparadora se dê no momento preciso. É verdade que o que poderia se constituir como marca de encontro constitui-se como vazio, uma experiência repetida e traumática de um não encontro.

Também os pais, de modo especial a mãe, encontram-se tão perdidos e tão imersos em cenários vazios quanto a filha, precisando igualmente de um lugar de escuta e acolhimento lado a lado com um chamado por parte da analista: que cessem de desviar o olhar da vida emocional de Ana, com suas necessidades urgentes de cuidado, que não são supridas por viagens nem presentes. Outra tarefa junto a esses pais é a de despertar seu interesse pelo subjetivo: apreciar a vida da fantasia e da imaginação, de modo a serem capazes de pararem de recorrer a ofertas materiais como principal meio de comunicação afetiva com Ana.

De modo lento ainda, é preciso que se crie um espaço de recolhimento dos fantasmas, dos não ditos, das melancolias sobrepostas, dos segredos pungentes que ardem sob as cinzas, prontos que estão a ameaçar a inteireza dos laços e dos seres. Incêndio ou geleira, confusão de rumores ou silêncios: a leveza excessiva ocultando o peso de um mundo reduzido – estrangulamento das virtualidades/fertilidades humanas. Nessa paisagem em que falta que se conjugue peso e asa, perambula entre vazios e cheios, veredas e áridos itinerários, sede e recusas, Ana, a filha.

A aparição do corpo

"*Teu corpo*"
*O teu corpo muda
independente de ti.
Não te pergunta
se deve engordar.*

*É um ser estranho
que tem o teu rosto
ri em teu riso
e goza com teu sexo.
Lhe dás de comer
e ele fica quieto.
Penteias-lhe os cabelos
como se fossem teus.*

*Num relance, achas
que apenas estás
nesse corpo.
Mas como, se nele
nasceste e sem ele*

não és?
Ao que tudo indica
tu és esse corpo
– que a cada dia
mais difere de ti.

Gullar, 1980, p. 382

Apresento dessa forma minha história com Ana, não porque as dores e as manifestações de conflitos e desencontros consigo mesma tenham seguido uma ordem. Logo no primeiro momento, em que os sentimentos depressivos se revelavam na superfície (da pele, do corpo, da falta de sentido), tudo surgiu ao mesmo tempo (exceto a comunicação a respeito da bissexualidade). Porém, sou levada à proposição de uma organização forçada, como se fosse um contraponto à "desarrumação" extrema em que se encontra, própria da adolescência, aqui conduzida a fronteiras de confusão e desassossego. Assim, o corpo já está presente desde o tempo dos inícios, mas, nessa passagem turbulenta para os anos seguintes, os ataques corporais e as ideias de suicídio anunciavam a convocação à cena da importância da reedição da problemática da personalização, das tarefas consequentemente enfrentadas e soluções sintomáticas, procuradas como saída para os dilemas subjetivos e intersubjetivos.

Portanto, quando falo de "aparição do corpo", não quero dizer que este estivesse ausente, mas pretendo destacar a relação entre a bulimia e o desafio de reapropriação de uma imagem corporal transformada. No discurso de Ana, a compulsão bulímica se entrelaça com dúvidas e estranheza em relação ao corpo, no dizer de Vilhena (2006):

A inquietante estranheza na relação com este corpo submetido a intempestivas modificações e às intem-

péries do mundo se revela na adolescência, como por exemplo, nas frequentes manifestações dismorfofóbicas, nas queixas hipocondríacas, nos pânicos de distúrbios sexuais.

Apresentando-se como bulímicos, anoréxicos, sofrendo, enfim, das mais diversas formas de compulsão, eles desvelam primordialmente a existência de uma hiância entre os processos fisiológicos e o corpo simbólico, objeto de sedução, submissão e sacrifício. (p. 24)

Ana é vegana, justificando sua opção por meio de um discurso em que defende os animais mais do que alguma preocupação com sua saúde. Há poucos anos, estava com sobrepeso, fizera uma dieta, emagrecendo 10 quilos. Pergunta-me insistentemente, ao relatar que comia 600 calorias por dia, controlando quase que obsessivamente o que ingeria: "Você acha que era anorexia? Você acha que era anorexia?". Percebo certa excitação nessas perguntas sobre possíveis diagnósticos: Ana parece se sentir aliviada ao ser reconhecida adoecida. Vejo aqui, por um lado, uma demanda intensa de ganhar visibilidade em sua dor, mas ainda, frente à precariedade de modelos com que se identificar no âmbito familiar, é como se "grudasse" nas manifestações psicopatológicas próprias da adolescência contemporânea. Depressão, *cutting*, ideias de morte, bulimia e, como veremos adiante, bissexualidade. É a encenação da dor e, entretanto, é dor, pois como diz o poeta: "chega a fingir que é dor / A dor que deveras sente" (Pessoa, 1987, p. 98).

Agora, apesar de restringir-se a alimentos veganos, Ana mostra ter prazer em comer; não raro, chega à sessão comendo algo ou se queixando de fome. Para manter o peso, recorre então ao vômito, segundo ela, várias vezes ao dia. "Manter o peso" é, decerto, o motivo manifesto; todavia, como vê seu corpo, a insatisfação com ele, suas percepções, o corpo-inimigo-odiado como ela em seu autodesprezo, a busca por controle onipotente entre o que "entra" e "sai", a relação com o feminino, consequentemente com a mãe, são algumas de outras tantas questões que atravessam a *via crucis* de seu corpo adolescente.

Repete que se acha feia e gorda (embora não seja), que odeia seu corpo, embora goste de sua "bunda" e que quer "outro" corpo, não apenas magro, mas sem curvas. Realmente é magra, mas não muito, tem quadris largos e curvas. "Quero um corpo reto", enuncia, simultaneamente à afirmação reiterada de que é feminina. Gosta de moda e opta ou por roupas alternativas, ou por vestidos delicados. Tira muitas fotos com poses sensuais e *lingeries* sofisticadas importadas. As fotos como espelho, onde busca a assunção do corpo próprio. Mas a foto-espelho de nada serve se não há um espelho de seu ser no outro e a imagem do corpo precisa se constituir a partir da sustentação da mãe. Sustentação que se inicia nos braços/colo, no cuidado físico que no início equivale ao emocional acompanhado de um olhar (tanto da mãe como da família) que funcione como espelho capaz de refletir o próprio filho. Como Ana tem sido recebida? O olhar de sua mãe distraíra-se de sua catástrofe pessoal, conseguindo dessa forma se oferecer como espelho?

Ana sai por aí à cata de espelhos, não só a mim pergunta sobre si; ela se compraz ainda em abordar outros tantos com perguntas a respeito de seu corpo, do rosto que a intriga (acha estranho), e logo recolhe respostas de reasseguramento que a animam por um tempo, mínimo tempo que logo se desfaz nas incertezas que envolvem não apenas a imagem corporal como sua bondade e recursos internos. A exibição do corpo e as fotos com *lingerie*, biquínis e maiôs também explicitam, de outro lado, o interesse e o apreço por esse novo corpo e suas transformações, nutre intensa ambivalência, portanto, pois as novas formas também são vividas como invasões: o corpo adolescente sendo vivido como ansiado e persecutório. O corpo admirado (embora negue, espreita-o no espelho, nas fotos, nos olhares alheios) também lhe é imposto, fugindo ao seu controle. A bulimia surge, entre outros sentidos, como tentativa onipotente de "moldá-lo", conter os prováveis excessos derivados da avidez, "retirar as curvas". O corpo materno não tem curvas, mas é feio, diz Ana. Que tipo de aproximação e repulsa marca a relação com a mãe? O que, não encontrando destino sob a forma de elaboração psíquica, transpôs-se para o vivido corporal?

Embora afirme enfaticamente que é feminina, a recusa das curvas aponta para uma recusa da feminilidade e, assim, como na anorexia, tal recusa pode ser remetida à recusa da mãe. Como afirma Fortes (2008):

> *Ao tentar apagar todos os contornos arredondados femininos de seu corpo, a menina quer minimizar dessa forma a invasão da presença materna. Dolto mostra como se trata de uma perturbação da relação entre a menina e a mãe, que será desdobrada para a relação entre a menina e o alimento, e para a menina e seu espelho. (p. 146)*

Entretanto, vejo em Ana, como já apontado, uma ambivalência ou mais, uma invasão de sentimentos controversos, pois o corpo reto que anseia é o corpo da mãe; este, entretanto, feio. Busca a mãe e a repudia. Quer a presença dela, capaz de autorizá-la a viver, mas ainda diferenciar-se do traumático que une as duas (ideias de morte, depressão, vivência de rejeição na chegada à vida). O comportamento bulímico e as ideias a ele relacionado não visam o apagamento da feminilidade, veementemente "defendida", mas a conquista de um modo próprio de ser feminina, de ter um modo de ser com uma configuração única de subjetivação.

Ana arrasta a infância como ânsias não suficientemente saciadas: o arcaico se mesclando aos dilemas que envolvem o corpo adolescente. De fato, algo de muito primitivo une-separa Ana de seus objetos primários, especialmente da mãe. Chega às sessões repetindo: "Sou uma bebezona. Durmo cedo e acordo cedo"; "Sou mimada. Minha mãe faz tudo pra mim". Comunicações como estas me alertam sobre o que faltou, assim como um pedido-necessidade de cuidados de contorno, limites e dispositivos de contenção. Solta pelas ruas, cuidando (?) de si sozinha, faltaram-lhe vozes parentais, atos, presença e sustentação capazes de propiciar/auxiliar na configuração de um funcionamento psíquico em que prevalecesse o recalcamento. Quer dois sexos, quer comer e não engordar, quer tudo de marca (a narcisação possível?), quer passar de ano sem estudar. (É quase certo que será reprovada e me pergunta se pode se negar a isso.) Misto de transgressões, de busca identitária por meio de ideários (que a ligam a determinados grupos), como a legalização do aborto, a legalização da maconha, a defesa frenética de opções sexuais ilimitadas; tudo isso acrescido à relutância à elaboração do luto da onipotência infantil. São agora outros caminhos por onde ela vem adentrando e que relato a seguir.

Segundo ato: a encenação da dor

Ana atravessou um tempo de invisibilidade e reclusão, negada em suas dores pelos pais e isolada na escola. Com o apelo endereçado aos pais, mais a atenção vigorosa tanto minha quanto do psiquiatra, abriram-se novos caminhos, para nossa surpresa, já que trouxeram mudanças em um tempo curto demais para alguém que se mostrava envolta em tristezas tão intensas.

A dor, embora inegavelmente verdadeira, também é abrigo: modo de ganhar uma face própria, lugar conhecido; modo de chamar olhares, de pedido de ser compreendida em suas ânsias indefinidas. Como no dizer da poeta:

> *Bendito sejas,*
>
> *meu pesar interno,*
>
> *embora sempre me martirizes!*
>
> *Bendita a dor que no meu ser atua*
>
> *porque, apesar de tudo, a dor é boa*
>
> *para quem a ela se habitua.*
>
> *A dor antiga*
>
> *é uma dor amiga,*
>
> *dói pouco a pouco, não magoa*
>
> *quase.*
>
> ...
>
> *– A dor inesperada é a maior dentre as dores, vem com toda a violência das vinganças... (Machado, 2017, p. 207)*

Assim, em nossos primeiros encontros, em que apenas se via como lugar de tristeza e morte, gostava de me apresentar músicas de cantoras (mais que cantores) que falavam de depressão, desejo de morrer, abandonos amorosos, amores homossexuais. Eram inúmeras *playlists* com o mesmo tema; a mais triste levava um nome: "Eu". Fiquei atenta para a produção musical direcionada a adolescentes em suas tendências de cultivo da dor e ideias suicidas.

Pensei ainda em como oferecem modelos identitários, facilmente aderidos pelos jovens carentes de dispositivos sociais favorecedores de pertencimento.

Aqui vale uma digressão: é importante entender o singular, as existências individuais referindo-as ao contexto sociocultural. Acompanho Figueiredo (2017), ao assinalar o papel dos regimes históricos nos processos de adoecimento e de saúde:

> Alguns destes regimes serão facilitadores, outros impeditivos dos processos de saúde. Os segundos comportam as configurações históricas dominadas pela adversidade conflitiva mais ou menos intolerável, e pelo traumático: são os fatores de doença. Ou seja, eles incluem tanto as configurações históricas dos conflitos intersubjetivos e intrapsíquicos muito intensos, geradores de angústias e acionadores de defesas, quanto as configurações históricas do traumático, geradores de estados agonizantes e evocadores das defesas mais primitivas contra os traumatismos precoces. Nos dois casos, resultam interrupções severas nos trabalhos psíquicos. (p. 5)

Em contrapartida:

> Mas também as diversas conjunturas socioculturais diferem em termos dos recursos simbólicos que a cultura oferece na forma de instituições (grupos organizados e rituais, por exemplo) e obras (literárias, dramatúrgicas, plásticas, musicais, etc.). Tais dispositivos podem operar como "objetos transformacionais" aptos à realização dos trabalhos psíquicos conscientes e inconscientes

dos indivíduos e coletividades quando estes são obrigados a se defrontar com extremos da vida e da morte. São, assim, fatores de saúde. No entanto, não podemos esquecer que alguns dispositivos da cultura operam na cronificação de impasses e falsas saídas. (p. 5)

Tais considerações são de extrema relevância na medida em que nos habilitam a pensar os adoecimentos na adolescência atual seguindo modalidades de um caráter epidêmico. Assim, junta-se o individual com suas tendências a forças antivitais, dentro do contexto intersubjetivo familiar, com um cenário ampliado de contingências históricas de miséria simbólica e consequente ausência de mediação capacitadora de transição dos afetos em estado bruto, para elaboração e transformação dos psiquismos na direção da saúde e de processos criativos.

Não sendo o propósito deste texto o entendimento dos processos de adoecimento na adolescência sob a óptica macrossocial, retornemos ao entendimento de como Ana vem se apresentando a mim. Tentemos resgatar "o fio da meada": as queixas de Ana passaram a ganhar um colorido de excitação e de certo exibicionismo, uma "encenação da dor", o que me levava a pensar em componentes histriônicos mesclados a um quadro depressivo. Afinal, como já dissera, encena a dor que deveras sente. Agora aos 15 anos, atravessado o tempo de isolamento vivido na puberdade, faz amizades com um grupo, na contramão das "patricinhas" da escola: homossexuais, cabelos azuis, com famílias disfuncionais, transgressoras, todas meninas.

Depressão, *cutting*, ideias suicidas, vazio, bulimia e, depois de alguns meses, declara-se bissexual. Logo sou chamada a uma percepção suplementar, já que nunca se apresenta definitiva a compreensão que temos de um paciente: quantas facetas, quantos lados, que variedade de ser, de não ser e de buscas de ser! Surpreendo-me e relaciono o quadro múltiplo de sintomas e queixas às manifestações da adolescência contemporânea e, em uma primeira conclusão, a ser sempre revisitada, penso na dor de Ana como própria, mas ainda como (e já venho acentuando tal percepção) recurso extremo a modelos identificatórios, mesmo que encerrem enredos de vazio e morte.

O humor de Ana se alterou radicalmente: de isolada, passou a ter contato constante com as meninas mencionadas, passou a sair, longas conversas em WhatsApp ocupam seus dias. Nesse primeiro momento, insiste em dizer-me: "Mas eu sou triste! Eu sou triste". Não querendo decerto que se esquecesse do que subjazia aos movimentos de socialização e inéditos despertares.

De um falar constante sobre desejo de morrer e sobre "nada fazer sentido", passou a um humor quase eufórico ancorado na declaração que iniciou nova fase em seu percurso de encontros/ desencontros/desastres/perdição; enfim, ilimitados modos de ser que comunicavam tanto recursos de saúde quanto adoecimento. Fala-me, espreitando minha reação e em tom peremptório: "Sou bissexual". O riso acompanha a enunciação da pretendida definição de si. O riso sempre despropositai, o riso com choro, o riso que ela própria estranha: as emoções entre turbulências e vazios. Viver lhe parece mesmo uma grande confusão: um profundo existir consumindo-a neste país de névoa e de não ser.

Desde então, é no cenário das questões sexuais que se enredam tanto os enigmas em relação à sexuação quanto a emergência de uma configuração identitária. Pois passa a ser nesse novo campo que continuam ainda em pauta os dilemas (não apenas quanto à efervescência pulsional) ligados ao arcaico e ao vir a ser. Parece mesmo que, ante a iminência do colapso, segura-se qual náufraga na boia possível, desce e sobe à superfície ameaçada de morte; no entanto, essa busca pelo respirar em céu aberto também é anseio de vida. Ana se deleita em se apresentar "bissexual", algo de vida emerge, e logo se envolve com outra menina.

Blos (1962) afirma que, no início da adolescência normal, a ilusão da bissexualidade é mantida, mas tem de ser renunciada para ser substituída pela assunção de um sentimento de posse de um corpo feminino ou masculino. Faz parte dos lutos enfrentados pelo adolescente o luto pela onipotência da bissexualidade. Ana também resiste a abdicar deste, afirmando reiteradamente: "Não sou lésbica", "Gosto de meninos e meninas. Mas as meninas são mais bonitas. Ah! Chorei ao ver tantas meninas bonitas. Eu choro, eu não me entendo". De novo, a confusão de sentimentos, parece um barco à deriva com a bússola enlouquecida sem funcionar, sem âncora, à mercê das ondas ameaçadoras, do fundo do mar com seus terrores... Haverá paradeiro, porto seguro, porto alegre, braços que acolham seu convulsionar de emoções?

A outra menina – "estamos namorando", diz com orgulho – é, sim, lésbica. "Estou apaixonada?", pergunta-me mais uma vez sem saber de si, mais uma vez também querendo saber de mim, se a compreendo, se estou atenta. As sessões transcorrem com relatos das conversas, do "selinho dado", dos abraços... Ah! Quer tanto abraçar! Um clima de excitação banhando nossos encontros. Gosta de meninos, mas nenhum amigo ou flerte: as meninas são mais bonitas. Eis aí uma busca especular: o reencontro com o feminino perdido ou nunca encontrado, derivado das lacunas e do vazio, ânsias insatisfeitas brotadas do colo materno por vezes árido, por vezes promissor de dádivas sob a forma de "tudo poder". Menina travessa: o que existe de sexual nesse namoro em menos de uma semana assim definido? Será de outra ordem essa busca? O igual, as confidências entre duas meninas aflitas, as juras eternas. Agora não há mais o "até o fim do ano", viverá para sempre com esta sua alma gêmea.

É nesse clima de euforia que resolve contar para a mãe sua bissexualidade. Pretende o quê? Espera o quê? Vai com a ilusão de que tudo pode, então isso também pode. Mas se decepciona com a reação rancorosa e implacável da mãe. Não aceitam, pai e mãe se manifestam irredutíveis: não aceitam. Ana sofre, mas não tanto, pois o namoro ilumina seus dias e a blinda de possíveis dores maiores.

Nesse momento, volto a conversar com os pais: é um encontro em que fúria e incompreensão se imiscuem. Explosivas declarações de raiva ocultam o desespero latente. Gritos do pai: "Se quiser se matar, pode se matar! Não aceito filha homo, bissexual!". Revolta incontida é expressa por meio de palavrões. Minha intenção de conduzir uma reflexão para que pensássemos sobre a suposta bissexualidade de Ana "vai por água abaixo". A mãe também emite falas de desistência e desconsolo extremo, também o ódio aparece sem abertura para outras percepções. Percebo que impotência e desespero se ocultam nas labaredas de ira, mudo a postura e direciono meu olhar para a dor dos pais, já que estão igualmente perdidos, igualmente exaustos. Enfatizo o cansaço, o trabalho que Ana dá e, dessa forma, a conversa caminha para o acolhimento da fragilidade deles. Um pouco de calma, pequena ainda, emerge, e proponho que conversemos com regularidade (mensal), algo que inicialmente recusam, mas depois aceitam.

Enquanto isso, nas sessões, Ana se rebela contra a atitude dos pais: reivindica que precisa ser aceita como é. Se não aceitam sua bissexualidade, estão rejeitando-a como pessoa. Relata que o pai mostrou um cinto, dizendo que ia enforcá-la, algo confirmado por ele em outra consulta comigo, acompanhado de "era brincadeira". Ressurge desse modo a violência paterna e o (suponho) desejo de morte em relação à filha.

Entretanto, logo o cenário de euforia se desfaz ante a ameaça de fim do namoro recém-iniciado. Reaparece o desespero e o desejo de morrer; de onde posso deduzir a fragilidade egoica de Ana. Deita-se no divã, enrosca-se como um feto, repete e repete que só quer morrer, nada mais fazendo sentido. Reconheço as apostas que faz em determinadas saídas (o "namoro" e como gostava de falar "estou namorando!"), onde ancora precariamente sua ligação com a vida. Mas atalhos/defesas são logo acionados, buscando resgatar sua onipotência e, em um movimento maníaco, atravessa de um dia para outro um humor de trevas para leveza (não necessariamente isenta de perigo, pois os balões e os voos altos em demasia podem levar a um para sempre sem retorno), em que experimenta triunfo "por ter mudado o jogo": ela terminara o namoro. Como aderira com tenacidade à "alma gêmea", de modo radical, dera-se a ruptura, revelando dessa forma não apenas a precariedade dos vínculos como o acesso a defesas de ordem maníaca.

O riso: defesas maníacas e/ou posição maníaca

O riso estranho, sem propósito, sem ligação de coerência com que vem sendo comunicado, surgiu desde o primeiro contato com a família, na entrevista individual com a mãe. O riso que acena indiscriminação e caos interno, dada sua incongruência. O riso nervoso, histérico, extraviado em seu sentido nas tramas do adoecimento e do sofrimento encoberto.

Reapareceu em Ana, com relevante frequência, quando chora e ri ao mesmo tempo ou quando diz não saber por que fala coisas tristes rindo. Mais fortemente apareceu na mais recente entrevista com os pais, quando a mãe se pôs a rir, seguida de um verdadeiro "ataque de riso" do pai – relatavam como se conheceram e como a mãe dele demorou a descobrir que estavam namorando, ou seja, sem justificativa aparente.

Riso não de alegria genuína emergente de um trabalho psíquico nem de um partilhar da leveza que também faz parte da vida, que se alterna com o peso, a gravidade, a seriedade. Mas riso que se imiscui com a configuração psicopatológica familiar.

Desde o início considerando a constatação da negação da depressão de Ana, a falta de investimento na vida psíquica e imaginativa, as manifestações inegáveis de comportamentos *workaholic* e a supervalorização de conquistas materiais, podemos pensar na ativação de defesas maníacas contra o que Figueiredo (2017, p. 2) denomina "fundo depressivo". Seguindo Klein, este autor define assim a defesa maníaca:

> *No fundamental, há a negação de fragilidades e carências, defeitos e inadequações do próprio sujeito, e ainda negação das perdas sofridas e dos estragos e destruições causadas por elas; negação, portanto, de suas falhas, de suas faltas e de suas culpas reais e imaginárias.* (Figueiredo, 2017, p. 6)

Suponho tamanha dor (na história do pai e da mãe, em Ana) que ganha relevante sentido pensar o funcionamento familiar e cada um, fundando-se na negação e depreciação do mundo interno, combinação que permite que os movimentos destrutivos se articulem a movimentos de reparação onipotente e negação da morte (Figueiredo, 2017, p. 8).

Ao determo-nos na ampliação do conceito kleiniano de defesa maníaca proposto por Winnicott, reconhecemos no casal parental aquilo que o autor define como negação da realidade interna, mas a que traz a morte dentro ("*death inside*") – uma forma de desesperança profunda, ou seja, a negação da morte. Comentando o texto "A defesa maníaca", de Winnicott (1993), Figueiredo (2017) ressalta que "é a morte dentro que gera o fundo depressivo a ser negado ou mascarado, e diante deste fundo depressivo a defesa maníaca instaura um movimento denominado por Winnicott ascensivo" (p. 9). O fundo depressivo é assim condição psicológica em que a realidade interna é habitada pela morte-morte dentro.

Reconheço na família de Ana tal fundo depressivo com o acionar de defesas maníacas, apresentando assim o que Figueiredo denomina pseudovitalidade maníaca, um regime de hiperexcitação para encobrir o vazio e a falta de vida. Como figuras da pseudovitalidade, Figueiredo (2017) aponta o *workaholic* (onde defesas maníacas se articulam com obsessivas), o lazer (na cultura das baladas e das *raves*), as redes sociais (na sexualidade) e a violência (nas torcidas organizadas, gangues etc.).

Assim, quando Ana chega, é esse fundo depressivo sem véus nem máscaras que me é apresentado. São dela a dor, o vazio e a falta de sentido, mas são também dos pais que estruturam sua vida em torno da referida pseudovitalidade. Colocaram na conta dela o que não cabia na deles. A negação da morte dentro se estende até a negação do estado adoecido de Ana, e é ela, com sua voz, entre desespero e recursos de vida, que reivindica cuidado e tratamento.

É importante uma compreensão da alteração de humor de Ana assim que recebeu olhares e atenção. Para tanto, entender de que modo se manifesta uma defesa maníaca e/ou posição maníaca é condição relevante para o encaminhamento da análise.

Formas benignas e necessárias da mania no decorrer do desenvolvimento emocional são reconhecidas por Klein, levando-a à referência de uma "posição maníaca" como parte do processo saudável e divergindo da negação da infelicidade que caracteriza os estados mentais característicos da defesa maníaca. Figueiredo (2017) reconhece tal posição que corresponderia a formas de defesa maníaca que "facilitam e propiciam trabalhos psíquicos, aliviando provisoriamente o psiquismo de um excesso de angústia e desalento" (p. 7) – fazendo parte dos processos de saúde, em oposição a formas de defesa maníaca que os obstruem. Também Winnicott reconhece formas normais da defesa maníaca e, seguindo Figueiredo (2017), "formas perniciosas da negação da morte – embora em ambos se trate de uma defesa contra 'a morte dentro' pela vida ascensiva e pela via da fuga para a realidade externa" (p. 9).

Pensando no funcionamento dos pais de Ana, reconheço o que Figueiredo aponta como um acionar de defesas maníacas se conectando com o chamado "desmentido", de Ferenczi (1992), também com a recusa ou desautorização perceptiva. Os desmentidos como pactos de silêncio e as defesas maníacas com sua estridência podem se suplementar: nos primeiros, sobre uma experiência silenciosa de morte se faz mais silêncio, sendo que, para a negação desse silêncio silenciado e silenciador, as defesas maníacas são mais acionadas, com ambas as defesas impedindo o contato com uma realidade interna dominada pela morte. É essa alternância entre silêncio/negação do traumático e estridência/barulho das defesas maníacas que identifico no contato com o casal e no relato de Ana: a morte sendo negada tanto pelo que se emudece quanto pela pseudovitalidade. Entretanto, embora se mantenha claro na dinâmica familiar a dominância das defesas malignas, faz-se necessário um reconhecimento de maior complexidade frente às alternâncias de humor de Ana.

Peso e leveza se alternam, assim atravessa-se a existência, assim também podemos sentir as sessões de nossos pacientes: se seriedade ou sentimentos sombrios dominam a hora do encontro, se ficamos na superfície, em um necessário emergir das profundezas, pode ocorrer que, na mesma sessão, momentos de gravidade e frescor convivendo em alternância demandem de modo igual trabalho psíquico da dupla. Peso demais pode conduzir a mergulhos sem volta. Voo sem paradeiro, perigoso, intoxicante, como define Alvarez (1994, p. 148), pode determinar desfechos traumáticos.

A atenção para tais mudanças no decorrer do processo terapêutico ou em uma mesma sessão faz-se necessária: oferece a nós indicativos do funcionamento psíquico do paciente e dos avanços e paralisações em termos do trabalho que vem sendo desenvolvido. De modo relevante, o atendimento de Ana traz tal oscilação entre gravidade e voo: o início pontuado por seguidos encontros em que pouco espaço sobrava para além de sensações de peso e desespero profundo. Pouco tempo depois, estados de leveza e esperança dominavam as sessões. E é essa mudança que pretendo examinar aqui.

Retomando as questões relacionadas a depressão e defesa maníaca apresentadas por Figueiredo, sigo agora com Alvarez (1994), de modo especial, com suas considerações sobre posição maníaca.

Essa autora discrimina defesa maníaca de posição maníaca e discorre sobre a posição depressiva. Na primeira, dá-se uma negação da infelicidade, na posição maníaca – conceito que já vimos de Klein –, refere-se a estados mentais que assinalam escape para fora da dor na direção de algo próximo à felicidade. A posição depressiva está relacionada à perda do objeto amado; "a posição maníaca é estimulada sempre que a criança encontra o seio novamente depois de tê-lo perdido" (Alvarez, 1994, p. 141). A autora enfatiza a necessidade de se pensar a posição depressiva saudável com um desenvolvimento em termos de posição maníaca também. Tais colocações são muito úteis e importantes em razão da condução do atendimento.

Faço-me explicar, fazendo uso das palavras de Alvarez (1994):

> A palavra 'depressiva' enfatiza os elementos de sobriedade, do libertar-se da ilusão e grandiosidade, mas pode conter implicações perigosas para aqueles pacientes que estiveram mergulhados em estados de profundo desespero e que estão começando a mover-se em direção a uma pequena esperança e a sentir um pouco de alegria. (p. 141)

Assim, como Figueiredo, Alvarez recorre ao texto "A defesa maníaca", de Winnicott (1993), destacando as formas normais da defesa maníaca apontadas pelo autor. Alvarez amplia o pensamento do psicanalista inglês, quando destaca o uso da defesa maníaca no cotidiano. Winnicott assim articula a defesa maníaca no dia a dia de todos:

> Deveria ser possível ligar a diminuição da manipulação onipotente do controle e da desvalorização à normalidade e a um grau de defesa maníaca empregado por todos na vida cotidiana. Por exemplo, estamos em uma sala de espetáculos e entram no palco os dançarinos, treinados para ter vivacidade. Pode-se dizer que aí se encontra a cena originária, exibicionismo, controle anal, submissão masoquista à disciplina, um desafio ao superego. Mais cedo ou mais tarde, acrescenta-se: aí há VIDA. Por acaso o ponto principal do desempenho não poderia ser uma negação da morte, uma defesa contra ideias depressivas de 'morte dentro', sendo a sexualização secundária? (p. 249)

Entretanto, Alvarez (1994) amplia o pensamento do psicanalista inglês:

> É uma defesa contra a condição de ser mortal, mas por que não é também uma afirmação, ou uma expressão da condição de estar vivo? Será a morte mais verdadeira que a vida, a perda mais verdadeira que o ganho, ou serão ambos da ambiguidade fundamental da existência humana? (p. 143)

Como já vimos com Figueiredo, Winnicott usa o termo "ascensional" em preferência a "maníaca" para definir as defesas que agem contra a posição depressiva. O uso de opostos (depressão *versus* ascensional) é muito útil, pois nos auxilia a compreender o que se passa na situação analisante em seus movimentos de progressão, regressão, peso e leveza: caos *versus* ordem, discórdia *versus* harmonia, sério *versus* cômico. Alvarez reconhece o valor da substituição da palavra "maníaca" por "ascensional", que indica a defesa contra um aspecto da depressão implícito em expressões como "aperto no coração", "profundo desespero", "parece que estou afundando". É muito interessante o destaque que Winnicott dá a opostos que têm duplo sentido, uma relação física com o peso e com um significado psicológico: as palavras "grave", "gravidade" e "gravitação", de um lado, e "leve", "leviandade" e "levitação", de outro.

Assim também, segundo Winnicott, a Ressurreição depois da Sexta-feira Santa é evidência de uma fase maníaca. Entretanto, chegamos a um ponto fundamental: Alvarez (1994) se refere à recuperação da depressão e pontua uma grande diferença entre a noção de defesa e a noção de recuperação. Desse modo, a autora propõe uma distinção entre os estados maníacos como defesa contra a depressão daqueles que são sinal da recuperação da depressão.

A atenção para tal diferença é imprescindível, pois se o terapeuta "confunde os dois ela pode realmente conseguir matar a esperança de seus pacientes deprimidos" (p. 144). Expressões como "coração leve", "astral lá em cima", "esperança nas alturas" devem nos alertar, como enfatiza Alvarez, para os "aspectos não defensivos, afirmadores da vida, contidos no que Winnicott chama de sentimentos 'ascensionais'" (p. 144).

O pensamento de Alvarez me conduziu à consideração da ambiguidade própria da existência humana, com seus paradoxos, sendo os mais marcantes aqueles que entrelaçam morte e vida. De modo especial, auxiliou-me a considerar o que também se traduz como afirmação da vida em Ana, apesar do inegável fundo depressivo que predomina no clima emocional familiar. O reconhecimento de suas lutas na direção da vida me fez supor que a melhora em seu humor e o emergir das ideias suicidas poderiam estar mais próximos de um "escape", alguma recuperação (não defesa) da depressão, possibilitada pelo movimento do ambiente no sentido de sustentação e reconhecimento de seu mundo interno. Por outro lado, algumas sessões eram "pesadas", quando frente a alguma ameaça de retraumatização, voltavam o desejo de morrer e a tristeza. Assim, a ambiguidade e o paradoxo estão sempre presentes quando lidamos com vidas humanas.

E, ainda, a euforia e a hiperexcitação manifestadas quando se apresentaram a "bissexualidade" e uma possibilidade de se encaminhar para uma tendência antissocial me alertaram não mais para uma recuperação da depressão, mas para uma defesa – algo também pontuado por Alvarez (1994):

> *No campo psicológico é importante determinar quando tal percepção (dos poderes psicológicos) envolve a suspensão muito necessária das cargas e da gravidade*

e quando ela envolve, ou corre o risco de tornar-se, um perigoso voo intoxicante que pode levar a um colapso. A distinção, embora importante, muitas vezes é difícil de ser feita. (p. 148)

Terceiro ato: "a catástrofe lhe concedeu um olhar de fogo"[2]

Retalhos, facetas, partes cindidas e cacos, longe de ter conquistado suficiente integração – em pedaços não apenas adoecidos, mas também com um tanto de inteligência e criatividade –, vão compondo o retrato ainda distante de inteireza, ainda refletido em espelho perdido ou quebrado. Vai migrando de um a outro modo de se apresentar, "atuadora-mor", captando/capturando meu olhar. Mesmo em momentos de maior calma, eu me mantenho atenta, preocupada com sua fragilidade e com caminhos de risco que porventura venha a trilhar.

Agora Ana se entusiasma com uma menina que quer ser transexual, mostra-me a foto, parece mesmo um menino. Coloca assim "todos os ovos na mesma cesta": aposta seu motivo de viver nessa atração que não compreende, mas da qual não desiste. Paralelamente, sua amizade com uma das meninas do grupo se intensifica, passa dias no WhatsApp ou a encontrando para almoços veganos. Conta que sua nova "*crush*"[3] usa maconha e reafirma a defesa da legalização da maconha. Nessa sessão em particular está inquieta, ansiosa com o encontro do dia seguinte com a menina que pode ser *trans*, mas que é tão linda que chega a doer – ela me diz. Fico

---

2 Aproprio-me das palavras de Pessanha (2018).
3 *Crush* é o termo usado por adolescentes para se referir a paqueras ou flertes rápidos.

também inquieta, temo que uma tendência antissocial ganhe espaço além das demais atuações. "Gosto de causar. Gosto de fazer merda." Um aviso, algo que pode atraí-la para comportamentos de risco. "Quero experimentar de tudo. Só uma vez. Não vou viciar." Desafiadora, agressiva, mal se contém no tempo da sessão. Também é véspera de uma viagem (depois do encontro). Despede-se arisca, quer logo ir embora, e eu me mantenho à distância, tão longe e tão perto, continente/receptáculo de suas comunicações ameaçadoras.

Do mesmo modo que anseia por distância, o rosto baixo que me oferece para que não ouse aproximar-me fisicamente, nem beijos, nem abraços, também revela fome imensa; esta mesma fome que a faz me ligar, mesmo em tempos que não estamos juntas. São requeridos movimentos de avanços e recuos; devendo eu estar atenta para evitar invasão e abandono. Tudo com muito cuidado, para que não escape, para que não se perca mais ainda, mais além dessas veredas sem saída.

Eu quero você viva

Alternam-se dias de tormenta com calmaria, a instabilidade sempre mostrando sua face – a face do precário, do "por um fio", das águas rasas às abissais, do voo ao peso. Assim, chega em outro momento em tamanho desalento e não quer falar o porquê. Desconfio que, quando sua rede (esburacada) de cuidados (as amigas e o *crush*) vacila, por pouco, talvez apenas um dia sem contato, a ameaça de despencar acena, fazendo ressurgir as ideias de morte. Apenas repete que quer morrer, sua cabeça dói, ri e chora; como sempre enroscada nessa rede de confusão de emoções. Pergunta se pode fazer algo. Ofereço papel, caneta, tinta, argila. Escolhe argila e faz silenciosamente e com delicadeza uma cabeça sem corpo. Em uma plaquinha embaixo está escrito: "Eu quero morrer".

Eu: *O corpo dá trabalho – digo.*

[Mas não liga.]

Ana: *É uma cabeça. Sou eu.*

Eu: *A cabeça dá trabalho.*

[Sim, já chegara com dores na cabeça trabalhosas.]

Ana: *É. Minha mente dá trabalho. Eu dou trabalho.*

Eu: *É, você está viva. Quem está vivo dá trabalho.*

Ana: *Você já teve algum paciente que se matou?*

Eu: *Não! Graças a Deus! É terrível!*

Ana: *Deve ser muito triste!*

Eu: *Eu quero você viva!*

Foi nossa última sessão antes de eu tirar uma semana de férias. Eu quero Ana viva, e o que mais pode nos unir tão fortemente?

Referências

Adonis (2012). *Poemas* (Michel Sleiman, org. e trad.; Milton Hatoum, apres.). 1a ed. São Paulo: Companhia das Letras.

Alvarez, A. (1994). Depressão clínica e desespero: defesas e recuperações. In *Companhia viva: psicoterapia psicanalítica com crianças autistas,* borderline*, carentes e maltratadas* (pp. 139-148). Porto Alegre: Artes Médicas. (Trabalho original publicado em 1992.)

Andrade, E. (2013a). *As palavras interditas: até amanhã.* Porto: Assírio & Alvim.

Andrade, E. (2013b). *Ostinato Rigore*. Porto, Portugal: Assírio & Alvim.

Blos, P. (1962). *On adolescence: a psychoanalytic interpretation*. New York: Press of Glencoe.

Bollas, C. (1998). Flagelação. In *Sendo um personagem* (pp. 107-113). Rio de Janeiro: Revinter.

Dal Pont, I. J. (2009). O corpo como lugar de uma escrita. In *A criança e o adolescente no século XXI* (Vol. 1, pp. 167-175). Recife: Centro de Estudos Freudianos. Recuperado em 8 de março de 2019, de www.convergenciafreudlacan.org/inove4/php/download.php?id_rel=304.

Dolto, F. (1990). *A causa dos adolescentes*. Rio de Janeiro: Nova Fronteira.

Drieu, D.; Proia-Lelouey, N. & Zanello, F. (2011). Ataques ao corpo e traumatofilia na adolescência. *Ágora: Estudos em Teoria Psicanalítica*, *14*(1), 9-20.

Ferenczi, S. (1992). Confusão de língua entre os adultos e a criança. In *Obras completas* (Vol. IV, pp. 97-106). São Paulo: Martins Fontes. (Trabalho original publicado em 1932.)

Figueiredo, L. C. (2017). *A psicanálise e o sofrimento psíquico na atualidade: uma contribuição a partir de Melanie Klein e D. Winnicott*. Porto Alegre, 1-25. (Texto expandido e reformulado de uma palestra proferida na abertura do IX Congresso da FLAPPSIP – Psicanálise em um mundo e transformação.)

Fortes, I. (2008). A adolescência e o corpo: considerações sobre a anorexia. In M. Rezende Cardoso e F. Marty (Orgs.). *Destinos da adolescência* (pp. 139-151). Rio de Janeiro: 7 Letras.

Gullar, F. (1980). *Toda poesia*. Rio de Janeiro: José Olympio.

Lispector, C. (1975). *Felicidade clandestina*. Rio de Janeiro: José Olympio.

Machado, G. (2017). *Poesia completa*. São Paulo: Selo Demônio Negro.

Meireles, C. (1994). *Poesia completa* (Vol. Único). Rio de Janeiro: Nova Aguilar.

Pessanha, J. G. (2018). *Recusa do não lugar*. São Paulo: Ubu.

Pessoa, F. (1987). *Obra poética* (Vol. Único). Rio de Janeiro: Nova Aguilar.

Pontalis, J.-B. (1991). *Perder de vista: da fantasia de recuperação do objeto perdido*. Rio de Janeiro: Jorge Zahar. (Trabalho original publicado em 1988.)

Rozenberg, M. & Boraks, R. (2012). Vazios. In I. Sucar e H. Ramos (Orgs.). *Winnicott: ressonâncias* (pp. 379-386). São Paulo: Primavera Editorial.

Vilhena, M. M. (2006). Corpo e adolescência em psicanálise. *Revista Adolescência & Saúde, 3*(2), 24-25.

Winnicott, D. W. (1993). A defesa maníaca. In *Textos selecionados da pediatria à psicanálise* (pp. 247-267). Rio de Janeiro: Francisco Alves. (Trabalho original publicado em 1935.)

Winnicott, D. W. (1994a). Desilusão precoce. In *Explorações psicanalíticas* (pp. 17-19). Porto Alegre: Artes Médicas. (Trabalho original publicado em 1939.)

Winnicott, D. W. (1994b). O medo do colapso (*Breakdown*). In *Explorações psicanalíticas* (pp. 70-76). Porto Alegre: Artes Médicas. (Trabalho original publicado em 1963.)

Pensando o ser e o fazer analíticos em casos difíceis

Parte I: Sobre o fazer analítico

Ao relatar histórias em que deparei com desafios relacionados a adoecimentos e sofrimentos psíquicos que me convocaram a uma maior reflexão sobre as psicopatologias e respectivas estratégias técnicas demandadas, foram sendo apresentados modos de atuar e de se relacionar (paciente-analista) no contexto da situação analisante. Tenho como convicção que o pensamento psicanalítico não pode estar dissociado de um pensamento sobre a clínica: o entendimento de formas de adoecimentos nos deve conduzir fiéis a uma perspectiva ética, a um debruçar-se sobre as abordagens requeridas – o fazer psicanalítico, aqui incluindo (a que me detenho adiante) o ser analítico.

A princípio considerei que os casos apresentados constituíam-se predominantemente como adoecimentos por passivação, ou seja, sendo melhor compreendidos dentro do que Figueiredo e Coelho Jr. (2018) definem como matriz ferencziana, pacientes com áreas de psiquismo silenciadas, agonizantes, de quase morte, apresentando uma esgotabilidade de recursos, conforme vimos em outros capítulos, quando seguimos as concepções de Ferenczi e sua tradição, como Balint e Winnicott.

Na verdade, este estudo centrou-se na matriz ferencziana, mas é preciso reconhecer que, em nenhum dos casos, vimos que o adoecimento por passivação tenha se dado de forma extrema. Além disso, recorri a autores como Green, Ogden, Bollas, Roussillon e Alvarez, pertencentes ao que Figueiredo e Coelho Jr. (2018) denominam psicanálise transmatricial. Assim, embora haja um reconhecimento da dominância de retraimento (como no caso de Alan), de agonia (como no caso de Cecília), há também o testemunho de defesas e angústias intensamente ativadas (no caso de Mateus) e uma conjugação de estados de quase morte (nos primeiros tempos com Ana), para uma sucessão de momentos na direção de defesas e angústias mais próximas de matriz freudo-kleiniana (no caso de Ana). Na psicanálise transmatricial, portanto, representada principalmente pelas obras de Green, Roussillon, Alvarez e Ogden dá-se um esforço na articulação das duas matrizes.

Apoiei-me inicialmente no artigo "Estratégias e táticas de cura na psicanálise contemporânea transmatricial" (Figueiredo & Coelho Jr., 2018, p. 187), que inicia suas considerações sobre a psicanálise contemporânea transmatricial tomando como marco o relatório de Green, de 1974, para um congresso internacional da International Psychoanalytical Association (IPA) e publicado como "L'analyste, la symbolization et l'absance" (Green, 1990). Dedicado aos desafios frente à patologia *borderline* e aos pacientes traumatizados, Figueiredo destaca a importância dada por Green a "conjunção e a sobreposição dos sofrimentos por passivação com os sofrimentos por ativação de angústias e defesas" (Figueiredo & Coelho Jr., 2018, p. 189).

Mais adiante, Green fala de "pacientes do sofrimento não neurótico", incluindo os *borderline*, que recebem uma reflexão aprofundada no livro *La folie privée*. Por um lado, tem-se um reconhecimento nos pacientes *borderline* de, por um lado, a consideração do morto no contexto da matriz freudo-kleiniana, assim como de áreas de buracos internos e vazios próprios do pensamento ferencziano em pacientes com predomínio de angústias intensas e defesas excessivamente ativadas.

No contexto do pensamento da psicanálise transmatricial, Bion e Winnicott podem ser igualmente relevantes para o entendimento das patologias: angústias, terrores sem nome, defesas radicais e agonias impensáveis podem ser compreendidas e tratadas de modo articulado.

Figueiredo (Figueiredo & Coelho Jr., 2018, p. 190) nos alerta sobre a necessidade de se pensar a respeito da clínica atual com base na conjugação das duas matrizes; assim requer-se a identificação da presença da vida (na forma de defesas, angústias e fantasias superativadas) nos adoecimentos por passivação. São as chamadas "patologias do vazio", isto é, apatia, tédio, "depressão essencial" – patologias chamadas por Green de "série branca" (Green & Donnet, 1973).

Por outro lado, verifica-se a "morte dentro" (Winnicott, 1993a) em adoecimentos por ativação, como em alguns sofrimentos neuróticos graves – o vazio nessa "série vermelha", como assim nomeia Green. Desse modo, faz-se necessária uma escuta para o branco e para o vermelho e o negro. Reconheço nessa perspectiva, a título de exemplificação, o "negro" e o "branco" presentes no "vermelho" predominante do modo de adoecimento de Mateus, assim como o "vermelho", ativação de defesas e angústias conjugadas com o "branco" que dominava o funcionamento psíquico de Ana, com sua permanente ameaça de morte psíquica e busca pela morte – como modo de conduzir o corpo à morte psíquica já ocorrida.

Seguindo na mesma perspectiva da necessidade de articulação entre as duas matrizes (com o cuidado de não desconsiderar o predomínio de uma das modalidades de adoecimento), com a consequente conjugação de estratégias terapêuticas, tema central deste capítulo, Figueiredo (Figueiredo & Coelho Jr., 2018, p. 195) destaca que a clínica de outro autor, Ogden, apresenta-se com a desativação proveniente da matriz freudo-kleiniana (pela via de Bion) e com a vitalização oriunda da matriz ferencziana (em seu pensamento, presente pela via de Winnicott). É o que Figueiredo identifica como "entrelaçamento entre vida e morte" – amálgama que vislumbro na maioria dos casos citados e, de modo especial, na forma de adoecimento de Ana, com suas oscilações entre vazios (o flerte com a morte) e cheios (de angústias, defesas e recursos inesgotáveis). Tais oscilações me conduziram a estratégias nesse caso de desativação dos excessos e de chamamentos para a vida, reconhecendo que, no ambiente primário, ao prevalecer a ausência de *holding*, com a morte dominando o idioma familiar, instalou-se "a morte dentro, ou seja, uma parte da vida que não é vivida e mantida inoperante, mas na condição de cindida/recusada" (Figueiredo & Coelho Jr., 2018, p. 196).

Aqui continuamos com Figueiredo em sua leitura do artigo "Fear of breakdown and the unlived life", de Ogden, publicado em 2014, já comentado em capítulo anterior. Como já vimos, teme-se no futuro o colapso; na verdade, o retorno da morte já ocorrida. O que mais nos interessa aqui é o pensamento de Ogden com relação ao tratamento requerido nesses casos: são pacientes com uma agonia de base, mas também com angústias e defesas, o que implicaria uma interpretação das defesas e continência das angústias, mas fundamentalmente a "chamada para a vida não vivida" (Figueiredo & Coelho Jr., 2018, p. 196) – o *reclaiming* como estratégia de vitalização. Articulando, portanto, com as estratégias terapêuticas, ressalto a atenção dada por Figueiredo ao reconhecimento de Ogden de dois núcleos permanentes *em todos os psiquismos*: "um núcleo vital e vitalizado que se angustia e se defende, e outro que guarda as marcas da experiência traumática, as marcas da morte dentro" (Figueiredo & Coelho Jr., 2018, p. 197). Tal reconhecimento apresenta como fundamental não apenas o entendimento do entrelaçamento da morte e da vida no psiquismo como também o pensamento da técnica que deve transitar por esses dois caminhos: a desativação dos excessos e o *reclaiming*. Mesmo que a necessidade de uma delas seja predominante, uma escuta deve considerar fundamental o encaminhamento, quando necessário, para outra estratégia.

O pensamento de Ogden sobre o "fazer psicanalítico" nos traz novos modos de pensar criativamente a psicanálise, especialmente frente aos impasses sempre enfrentados em nossa clínica cotidiana. A citação a seguir de um texto de 2007 desse autor nos convoca a ser (psicanalistas) e a compreender a psicanálise no contexto de uma inovadora reflexão teórico-clínica.

> *Eu tomo como fundamental para a compreensão da psicanálise a ideia de que o analista precisa inventar a psicanálise de novo com cada paciente... [Isto] é atingido em grande medida por meio de um experimento sempre em andamento, no contexto dos termos de uma situação psicanalítica, na qual analista e paciente criam formas de conversar um com o outro que são singulares a cada par analítico em um dado momento da análise. (Ogden, 2007, p. 575, citado por Figueiredo & Coelho Jr., 2018, p. 243)*

Continuando no desafio de pensar sobre a técnica sempre adaptada às estruturas psíquicas e psicopatológicas e ao que é requerido em cada momento da situação, Ogden se refere a modos de trabalho psicoterapêutico de "conversa": conversas sobre livros, filmes, velocidade da luz, gosto do chocolate etc. Tal modo de relação analista-paciente é sugerida ao reconhecer que muitos pacientes são incapazes de se engajar em um sonho acordado. O autor esclarece tal modo de trabalho psicoterapêutico:

> *tenho tido como experiência que esse tipo de conversa não analítica permite ao paciente e ao analista, que eram incapazes de sonhar juntos, virem a ser capazes de fazê-lo. Chamarei esta forma de conversa de "falar-como-se-estivesse-sonhando". Assim como associação livre (e diferente das conversas comuns), o "falar-como-se-estivesse-sonhando" tende a incluir o pensamento primário de forma considerável... Quando uma análise é um "going concern"... paciente e analista são capazes de se engajar, tanto individualmente como um com o outro, em um processo de sonhar. (Ogden, 2007, p. 575, citado por Figueiredo & Coelho Jr., 2018, pp. 243-244).*

Escuta e prática conduzidas com criatividade e rigor são características marcantes no trabalho de Ogden, desde o "conversar-como-se-estivesse-sonhando" até o reconhecimento, como vimos acima, de núcleos presentes em todos os funcionamentos psíquicos – um núcleo vitalizado e outro que guarda a morte dentro.

Também com Green, a escuta deve se dar em uma condição de trânsito entre situações psíquicas extremadas, especialmente com as patologias *borderline*: aqui, seguindo ainda com Figueiredo, ocorre "uma 'escolha entre delirar ou morrer, isto é, entre deixar as fantasias proliferarem ou esvaziar-se" (Figueiredo & Coelho Jr., 2018, p. 200). As fantasias delirantes e o sofrimento das angústias aparecem como defesa contra o vazio, a "cratera sem fundo" (*le grouffe noir*) – uma poderosa força de atração capaz de gerar a queda no abismo –, a agonia. Podemos pensar a partir daí que o vazio, a morte instalada dentro, pode ser vista nos pacientes difíceis como o maior dos pavores, mesmo que predomine intensa ativação de angústias e defesas. Compreendendo melhor com base no próprio Green (1990):

> *Entretanto, todos os autores reconheceram que a maior parte das manobras defensivas dos estados-limite e das psicoses têm por objetivo lutar não somente contra as angústias primitivas persecutórias, com as ameaças de aniquilamento que lhe são associadas, mas também contra o enfrentamento do vazio que é, provavelmente, o estado mais intolerável, temido por estes sujeitos, e cujas cicatrizes deixam um sentimento de insatisfação eterna e ameaças recorrentes de afundar no nada.* (p. 113, citado por Figueiredo & Coelho Jr., 2018, p. 203)

Como destaca Figueiredo, "o confronto com o vazio pavoroso" e a "ameaça de afundar no nada" estão ligados aos estados de agonia citados por Winnicott (1994) em seu texto sobre o medo do colapso, diferenciando-se das angústias, mesmo as mais primitivas (de abandono e invasão). No dizer de Figueiredo: "estas já fazem parte do sistema de defesas ativas: o sujeito se angustia para não agonizar, delira para não morrer, mantém-se ligado e mesmo procura maus objetos para não cair no vazio, desespera-se para não perder a esperança" (Figueiredo & Coelho Jr., 2018, p. 204).

De qualquer modo, o vazio e o nada não são efeitos das falhas traumatizantes dos objetos primários (como seria na matriz ferencziana); a passivação decorre da ativação da pulsionalidade destrutiva quando há falha no objeto primário em sua função continente e capacidade de *reverie* (seguindo Bion). Também ao examinar o texto de Green (1988) intitulado "A mãe morta", a falha no *holding* é reconhecida, mas, como ressalta Figueiredo, dentro do contexto do jogo pulsional; a falha ativando a pulsão de morte em "sua função desobjetalizante de desinvestimento que atinge tanto o objeto, matando o já sem vida, como o próprio sujeito que se identifica com o vazio que este objeto morto deixa no psiquismo" (Figueiredo & Coelho Jr., 2018, p. 209). O complexo da mãe morta, conclui Figueiredo, uma problemática clínica ferencziana de pacientes traumatizados e apassivados, é interpretado no contexto da matriz freudo-kleiniana, com ativações, mesmo que produzam morte e buracos negros.

Por fim, acompanhando Figueiredo chegamos às questões técnicas no pensamento de Green: a empatia frente ao paciente com a morte dentro ou a interpretação analítica? Embora com ressalvas ao silêncio excessivo ou às intervenções muito falantes da tradição kleiniana, Green opta pela técnica na matriz freudo-kleiniana – a via interpretativa. Por outro lado, também reconhece o uso da técnica winnicottiana junto a tais pacientes: pela introdução do jogo, do brincar e do espaço potencial. Entretanto, sua linha principal se mantém fiel à técnica interpretativa freudiana.

Continuando com o texto de Figueiredo (Figueiredo & Coelho Jr., 2018), passemos agora a Roussillon, inicialmente atravessando brevemente conceitos centrais em seu pensamento – a maioria deles já vistos em outros capítulos: desamparo primário, traumatismo primário, estados de agonia, clivagem e ligações primárias não simbólicas. Assim, como já descrito, pacientes com o adoecimento narcísico-identitário se caracterizam por terem sido traumatizados precocemente com uma modalidade primitiva de cisão que deixa uma parte do psiquismo fora do campo do representável e da apropriação subjetiva. O sujeito retira-se da experiência, anestesia-se, deixa partes de si mortas ou quase mortas à semelhança do que Ferenczi (1983a, p. 288) descreve como "autotomia". Figueiredo identifica uma radical passivação: "O sujeito passa a ser 'agido' por sua parte clivada, da qual não pode se apropriar" (Figueiredo & Coelho Jr., 2018, p. 212).

Os estados agonizantes em Roussillon provêm do esgotamento dos recursos psíquicos derivado de situações traumáticas severas e precoces. A parte que fica fora força a entrada no psiquismo, o que vimos anteriormente como "retorno do clivado" (Roussillon, 2012, p. 282), e, por sua vez, as defesas são ativadas (Figueiredo reconhece como marcas da matriz freudo-kleiniana) contra tal retorno. A própria ideia do retorno do clivado pertenceria, segundo Figueiredo, à matriz freudo-kleiniana, já que o psiquicamente morto estaria sujeito a reativações que apassivam novamente o sujeito, que se defende ativamente. Tais defesas, retomando o descrito em capítulo anterior, seriam as soluções não simbólicas: a neutralização energética, a sexualização, as soluções somáticas, as soluções grupais e a solução delirante ou psicótica. Tais soluções, entretanto, não acolhem nem transformam o intolerável.

Assim, chegamos ao objetivo dessa breve passagem pelo pensamento de Roussillon: quais são suas estratégias terapêuticas e o que se traduz como tarefa fundamental em sua clínica? A simbolização faz-se aqui necessária, não a secundária, mas aquela remetida a falhas na simbolização primária próprias do sofrimento narcísico--identitário. Portanto, pela ausência da simbolização primária, a técnica vai sendo direcionada para a importância do papel do analista na viabilização da transformação da experiência emocional; daí vem a introdução de Roussillon sobre o modelo do brincar. O jogo, desse modo ressaltado nos sofrimentos narcísico-identitários, remete-nos a pensar sua ligação não apenas com Winnicott como ainda com Ferenczi, o grande introdutor do modelo do brincar na análise de adultos.

Acompanhando a explanação de Figueiredo sobre as estratégias terapêuticas e de cura, destacamos o trabalho clínico de Alvarez. Tal autora se apresenta em relevância na reflexão desenvolvida no decorrer deste livro, na medida em que reconhecemos nela a predominância de um pensamento teórico-clínico que, frente a pacientes profundamente traumatizados e sem esperança, se centra na linha da vitalização e na técnica por ela denominada reclamação, já descrita nos capítulos 6 e 8.

Reconheci no conceito de reclamação, embora criado com base em pacientes extremamente difíceis, incluindo crianças e adolescentes autistas, pacientes *borderline*, abusados ou em estados de privação crônica, uma possibilidade de estratégia terapêutica, profícua e necessária, mesmo em casos não tão graves. Chamar à vida, uma postura mais ativa na busca por auxiliar o paciente na ampliação de sua experiência de existir e de se sentir mais vivo, ganhou destaque nos vários casos apresentados, não deixando de reconhecer a importância de momentos e da posição de recuo/reserva quando se fazia necessária a criação de um espaço no *setting* de uma solidão acompanhada e sustentada.

O caso Robbie, já apresentado no capítulo 6, é revisitado por Figueiredo (Figueiredo & Coelho Jr., 2018), que começa por destacar o título de um capítulo de Alvarez (1994), "A longa queda", como extremamente eloquente. Sim, a longa queda nos remete à agonia especialmente própria dos pacientes adoecidos por apassivação. Citando Figueiredo:

> *Trata-se dos pacientes semimortos e de sua marcha para a morte: eles vão do que pode ser chamado de "morte do sentido" às outras mortes, a morte da espe-*

rança, a morte das defesas e das resistências. Firma-se o personagem do que podemos nomear de "indefeso desistente", de que Robbie era um exemplar bem caracterizado. (Figueiredo & Coelho Jr., 2018, p. 222)

Daí que, diante de um paciente inacessível, a matriz freudo-kleiniana e a clínica bioniana se mostram limitadas, como reconhece Alvarez (1992/1994). Fica como questão crucial: como alcançar Robbie? Questão que deve se estender a todo paciente: como alcançar Cecília, Ana, Alan, Clarice e todos os que comparecem em nossos consultórios? Alcançar o paciente de maneira a oferecer-lhe compreensão, segundo seu próprio idioma, esperando que também ele venha ao nosso encontro, na medida em que seus recursos de saúde e sua cooperação inconsciente permitam construir um trabalho em parceria, em que as áreas de brincar de paciente e analista se sobreponham: é essa nossa grande tarefa terapêutica.

Retornando ao conceito de reclamação: é sublinhada por Figueiredo como pertencente à estratégia terapêutica da vitalização ou revitalização, própria da matriz ferencziana de adoecimento psíquico: o chamado, a atenção para o vivo, a "sedução para a vida". Começo a apresentar meu pensamento de que a reclamação não se restringe aos estados de retraimento e apatia, mas às narrativas estereotipadas, como sugere Figueiredo (Figueiredo & Coelho Jr., 2018, p. 225); diria que, como desenvolvo mais adiante, algum nível de "reclamação" está presente em todos os encontros analíticos: mesmo onde não há tanta urgência, mesmo nos casos neuróticos, embora principalmente no que aqui nomeio de casos difíceis. Vida e morte sempre estão em jogo no campo analítico, com analista e paciente vivenciando estados vitalizados e desvitalizados; sendo tarefa do primeiro acolher a "morte dentro" (Winnicott, 1993a), auxiliando o paciente a sustentá-la e atravessá-la, e simultaneamente chamá-lo para a vida, não para a pseudovitalidade tão própria dos estados maníacos, mas àquela que diz respeito ao *self* verdadeiro, aos recursos de saúde, à ampliação da experiência de viver. De qualquer modo, aqui enfatizo que uma busca de vitalidade está presente, desde os casos neuróticos até os casos de pacientes (também não necessariamente irremediáveis, como o caso de Robbie) em que identificamos "a existência de áreas psíquicas asfixiadas, esburacadas, atrofiadas, mortas, anestesiadas e retraídas em todas as 'patologias do vazio'" (Figueiredo & Coelho Jr., 2018, p. 228).

Continuando com Alvarez, acompanhemos seu pensamento agora em seu segundo livro, lançado em 2012, intitulado *The thinking heart: three levels of psychoanalytic therapy with disturbed children*. A autora fala de "pacientes de terceiro nível" – o que Figueiredo relaciona ao "paciente ferencziano", ao da "cratera sem fundo" de Green e, ainda, ao com transtorno narcísico-identitários de Roussillon (2004): "O que está em pauta não é apenas um ego fraco ou mesmo com grandes falhas no senso do *self*: trata-se de defeitos tanto no *self* quanto nos objetos internos, em que ambos são experimentados como mortos, vazios ou inúteis" (p. 13).

Embora Alvarez (2012) lide com casos extremos dos pacientes identificados anteriormente, é importante reconhecer uma condição de passividade – o "desespero passivo", próprio dos adoecimentos decorrentes de processos de passivação:

> *Seria a propósito essencial distinguir um paciente em desespero passivo, com um objeto interno morto, do tipo descrito por Joseph, que projeta preocupação e interesse no objeto, o qual é assim, pressionado a carregar a vitalidade e uma capacidade de atividade que parece faltar ao paciente. (p. 13, citada por Figueiredo & Coelho Jr., 2018, pp. 226-227)*

"Carregar a vitalidade" não é tarefa terapêutica em todos os casos, mesmo aqueles em que não sobressaem aspectos desvitalizados? Tal eloquente expressão não está próxima do que Winnicott (1982a) propõe em seu texto "Os objetivos do tratamento psicanalítico" como atitude do analista: *"ficar bem, vivo e desperto" – "keeping well, alive and awake"* (p. 152). Ainda que outra "disponibilidade de mente" – ou, melhor falando, de presença psicossomática – deva paradoxalmente estar presente, é aquela que se empresta ao paciente como depositária de suas partes amortecidas – "o vivo e o morto entrelaçados" –, como vimos com Pontalis (1999). De qualquer modo, um fértil reservatório anímico e de vida deve sempre prevalecer, para que, mesmo que seja necessário atravessar o "reino dos mortos", sejamos tal qual Orfeu, que enfrentou Hades, o deus dos sem vida, das almas perdidas, para resgatar sua amada Eurídice; porém, ao contrário do mito, que o façamos com cuidado de maneira que o paciente semimorto ou em momentos (presentes em qualquer análise) de quase morte seja trazido de novo à vida. Alvarez distingue ainda os pacientes atrofiados e apassivados, vivendo em um deserto psíquico, daqueles descritos por Steiner, não indefesos, mas superdefensivos envolvidos em seu refúgio psíquico (Figueiredo & Coelho Jr., 2018).

Prosseguindo com os caminhos da técnica propostos por Alvarez (2012), a autora vai além do conceito de reclamação, ligado a um senso de urgência: amplia suas estratégias terapêuticas para o que denomina "vitalização intensificada". Casos menos urgentes, mas dominados por vivências de tédio e vazio vão exigir uma energização contratransferencial: o brincar e o jogo também devem estar presentes. Diante de uma cena amortecida, o analista precisa emprestar sua presença corporal e comportamental, auxiliando o paciente a entrar na vida. Também frente a enlaces perversos, são necessárias não apenas a firmeza no confronto como o convite a outras formas de experimentar a vida: "O desencorajamento das excitações perversas precisa ser acompanhado pela afirmação confiante em que há outras formas de sentir-se vivo e de sentir-se em contato com um objeto vivo" (Alvarez, 2012, p. 158, citada por Figueiredo e Coelho Jr., 2018, p. 228). Como ressalta Figueiredo, há nessas soluções perversas, além de resistências, uma procura de vitalidade que se mantém oculta. Tal reconhecimento é fundamental e traz como consequência técnica um redirecionamento dessa busca de vitalidade para outras formas melhores e saudáveis de se sentir vivo.

Em seu livro, Alvarez também apresenta, além da reclamação, o que denomina "vitalização intensificada" de casos menos urgentes, em que é requerida uma energização contratransferencial: diante do vazio e do tédio, o analista com "sua presença corporal e comportamental empresta vida a uma cena amortecida" (Figueiredo & Coelho Jr., 2018, p. 227). Aqui entram também o jogo e o brincar. Alvarez (2012) nos alerta para a necessidade de uma visão não estrutural, mas de uma escuta frente a momentos em que cada nível é predominante ao longo do processo terapêutico ou tais níveis podem se sobrepor em certos momentos. O cuidado com a escuta polifônica e com uma intervenção bem nivelada deve se dar de modo adequado ao nível do funcionamento do paciente, de acordo com seu adoecimento e ocasião.

Um dos pontos mais essenciais do pensamento sobre a técnica em Alvarez continua sendo, a meu ver, o conceito de reclamação e sua ampliação para patologias não tão graves quanto o caso de Robbie, mas para todos os que necessitam, em maior ou menor nível, de uma aproximação vitalizante. Lembrando ainda que tal estratégia se estende também a adoecimentos neuróticos em momentos que áreas amortecidas fazem sua aparição no cenário analítico.

Essa breve apresentação de fundamentos teórico-clínicos dos autores citados, acompanhada pela leitura de Figueiredo

(Figueiredo & Coelho Jr., 2018), auxiliou-me no reconhecimento em vários psicanalistas da atenção a recursos terapêuticos, desde a via interpretativa (seguindo a linha da matriz freudo-kleiniana), passando pela *reverie* de Bion até o jogo de Ferenczi e Winnicott e o conceito de reclamação presente em Alvarez e em Ogden. É importante sublinhar que tais estratégias técnicas não são excludentes, mas proponho aqui a atenção especial para a vitalização que inclui o brincar, o espaço potencial e o chamado à vida.

Resgato de início a ideia apresentada por Ogden (2013) de uma análise que se pretende viva; para isso, proponho uma reflexão sobre o papel vitalizador do analista, ampliando o conceito de clínica de "revitalização", sugerida por Figueiredo, como direção de estratégia de cura para os pacientes da já referida matriz ferencziana.

> *Embora a vitalização, seja essencial junto aos pacientes semimortos, apassivados, indefensáveis, agonizantes, tão bem descritos por Ferenczi, Balint e Winnicott; sugiro que a mesma faça parte de qualquer processo analítico. Deverá, entretanto, ser imprescindível a concepção do lugar da vitalização no campo transferencial-contratransferencial de modo tal que ela contemple a atenção tanto aos aspectos vitalizados quanto desvitalizados (do paciente e do analista, assim como da situação analisante). (p. 25)*

Isso porque, como alerta Figueiredo:

> *a revitalização não se confunde com procedimentos tonificadores, algo que se pareça com uma injeção de ânimo. Trata-se, isso sim, de escutar e responder empaticamente às mais incipientes manifestações de vida*

> psíquica que ainda subsistem, sepultadas debaixo das partes mortas ou entorpecidas da vida psíquica. (Figueiredo & Coelho Jr., 2018, p. 29)

É no campo do jogo e do brincar, tão central na clínica de Winnicott, que transcorrem os chamados à vida dos semimortos. Novamente, Figueiredo ressalta a clínica da vitalização aos pacientes apassivados, mas, como vemos a seguir, amplio o chamado à vida como próprio do trabalho analítico.

Estando, portanto, tal chamado aos severamente retraídos, aos pacientes traumatizados e ainda aos menos adoecidos: *como algo próprio do encontro analítico*. Inicio com a ressalva para o cuidado com tal proposição, no sentido de não a tornar absoluta nem propiciadora de conluios com aspectos maníacos, de negação, com falsos *selves*. A princípio, devo enfatizar que uma análise que se pretende viva deve conviver com o mortífero, a "morte dentro" de Winnicott (1993a): o papel vitalizador do analista deve incluir a recepção e o propiciar do vir à tona os aspectos vitalizados do paciente, bem como o acolhimento do "morto", das áreas mais primitivas, do irrepresentável, dos afetos depressivos, das tendências a desistir da vida, aproximando-nos da capacidade de *reverie* de Bion (1962) de manter viva o que esse autor denomina capacidade de sonhar do analista.

O que seria uma análise viva?

O chamado à vida

Uma primeira direção já foi proposta: o cuidado com os aspectos vitalizados e desvitalizados envolvido com o chamado à vida, presente em Ferenczi (1992, p. 51), quando se refere à introdução de "impulsões de vida positivas", e na clínica de Winnicott (1975a), quando destaca o papel vitalizante do analista ao reconhecer por seu olhar, como o olhar da mãe para seu bebê, o que subsiste de saúde e vida (e vale discorrer sobre o papel do analista de sustentador da esperança advinda do reconhecimento da criatividade primária do paciente e da essencial crença na natureza humana), bem como do que está adoecido e precisa ser reconhecido em sua necessidade, não primordialmente de cura, mas em seu estilo pessoal, em seu idioma (Bollas, 1992, p. 9), a partir de seu *self* verdadeiro.

A partir de Alvarez (1994) e seu conceito de reclamação, o chamado à vida em uma dimensão de urgência despertou meu interesse pela ampliação do conceito para patologias não neuróticas e por vincular tal campo de pensamento a outros autores, especialmente Ferenczi, Winnicott, Pontalis e Ogden. Reconheci que nos dois primeiros autores tal papel vitalizante já se apresentava. Identifico agora uma possibilidade de estratégia terapêutica, profícua e necessária, mesmo em casos não tão graves. Chamar à vida, uma postura mais ativa na busca de auxiliar o paciente na ampliação de sua experiência de existir e de se sentir mais vivo, ganhou destaque também na clínica dos neuróticos e menos adoecidos; sempre nos situando em uma complementação entre posições de "*implicação e reserva*" (Figueiredo & Coelho Jr, 2018, p. 23).

Outra "disponibilidade de mente", ou, melhor falando, de presença psicossomática, deve paradoxalmente estar presente: aquela que se empresta ao paciente não apenas seu psiquismo, mas sua fala, não formal nem retórica, com "voz terapêutica" seca ou linguagem morta, como adverte Ogden (2013, p. 28) em seu texto "Sobre a arte da psicanálise"; uma fala como criação de uma pessoa viva e emprestando ainda seu corpo, como sugere Winnicott, como depositário de suas partes mortificadas – "o vivo e o morto entrelaçados" –, como vimos em Pontalis (1999, p. 243), valendo retornar ao que foi apresentado no capítulo 11.

Pontalis, em seu texto "A partir da contratransferência: o morto e o vivo entrelaçados" (1999, p. 248), designou como "preensão contratransferencial" (dominação contratransferencial na edição brasileira mais atualizada) o que ocorre ao analista afetado no corpo e no funcionamento mental, levando-o a experimentar uma "mortificação" como resultado do impacto das partes mortas do paciente. Esse paciente precisa criar condições para conter e transformar os aspectos mortos do paciente e aqueles concernentes à sua própria sua patologia, algo próximo da *reverie* de Bion.

Continuemos ainda com Pontalis (1999), que afirma que o funcionamento mental do analista fica ameaçado, embora falar de pensamento seja inadequado, porque ele "encontra-se enquistado num corpo inerte" (p. 248). É pelo contato com a morte psíquica do paciente que o analista se sente dominado contratransferencialmente. Ele se sente um depósito, mas o depósito também é um receptáculo, adverte Pontalis (1999): "um continente onde o sujeito deposita em segurança os seus próprios desperdícios rejeitados" (p. 249). Somos depósito, lugar do nada e também receptáculo; se sobrevivemos e nos oferecemos como continente de seus aspectos mortos, existe a possibilidade do reconhecimento de que nossa criatividade enquanto analistas não foi destruída e que retornamos ao vivo.

"Convidar à vida pode em muitos casos necessitar de uma 'descida ao inferno', o encontro com o fundo traumático enquistado que é subjacente às agonias psíquicas reatualizadas na transferência", como diz Roussillon (2004, p. 21). Roussillon se dedica ao fazer analítico junto aos estados agônicos, mas também podemos pensar que não há análise sem que se flerte com algum, mesmo que não tão terríveis, momentos de inferno: não há paraísos absolutos, não há quem tenha passado em brancas nuvens. "O compartilhamento do afeto" (Roussillon, 2004, p. 21), outra direção como proposição terapêutica em tais casos, também se estende como algo central no pensamento de uma análise viva.

A análise viva como espaço de experimentação e de jogo

Para entendermos o que seria uma análise viva, recorremos a Ogden (2013), quando liga tal conceito à liberdade de experimentar, tão necessária com pacientes difíceis e também com menos adoecidos. Sigamos o autor:

> *Para ser interessante, uma análise deve ser livre para "exercitar-se, para modelar-se e ser modelada de qualquer jeito que os participantes tenham condições de inventar. A liberdade de 'exercitar-se' é a condição de inventar. A liberdade de 'exercitar-se' é a liberdade de experimentar-se: "A arte vive da discussão, do experimento, da curiosidade, da variedade de tentativas, da troca de pontos de vista e da comparação de posições" (James, 1884, pp. 44-45).* Quando a análise está viva, naturalmente por períodos de tempo, conduz-se como um experimento que depende da troca genuína de pontos de vista e da comparação de posições. A análise que se transformou em configuração rotineira, em que o "conhecimento" é transmitido do analista ao analisando, é desinteressante; já não é mais um experimento, pois as respostas, ao menos esquematicamente, são conhecidas desde o início. A forma de

um romance e de uma análise não deve ser fixada de antemão. *(Ogden, 2013, p. 25, grifo nosso)*

Dois autores anteriores a Ogden merecem ser visitados: Ferenczi e suas experimentações, muitas delas um tanto "amalucadas", mas guardando seu interessante conceito sobre a elasticidade da técnica (Ferenczi, 1983b), e Winnicott (1975b), com seu pensamento da clínica apoiado no jogo e no brincar e na necessária sobreposição das áreas de brincar do analista e do paciente. É no espaço da experimentação, de uma técnica elástica e do brincar que uma análise precisa se erigir para se constituir enquanto análise viva.

A experiência de uma análise viva, o estarem vivos do paciente e do analista e a riqueza de uma completa experiência emocional são temas fundamentais e caros a Ogden. Vale acompanhar as palavras de Ogden, em seu livro *Esta arte da psicanálise: sonhando sonhos não sonhados e gritos interrompidos* (2010, p.43), que envolvem o pensamento do ser saudável à ampla experiência emocional: "O crescimento psicológico do paciente, a meu ver, envolve a expansão de sua capacidade de experimentar o espectro completo de sua experiência emocional, 'suas alegrias e tristezas, e… também naufrágios' (Goethe, 1808, p. 46)".

Ogden cita Jarrel (1955) em sua descrição desse espectro de sentimentos na poesia de Frost:

> Ter a distância das partes dos poemas mais horríveis e mais próximas do insuportável, às mais delicadas, sutis e adoráveis, uma distância tão grande; ter todo este espectro do ser tratado com tanto humor e tristeza e tranquilidade, com tão clara verdade, ver que um homem ainda pode incluir, unir, tornar humanamente compreensível ou humanamente incompreensível tanto

– *esta é uma das mais novas e mais velhas das alegrias.* *(Jarrel, 1955, p. 62, citado por Ogden, 2010, p. 43)*

Ogden enfatiza veementemente uma das mais debilitantes perdas humanas: a da capacidade de *estar vivo para nossa própria experiência*:

> em cujo caso perdemos uma parte de nossa qualidade humana. A terrível realidade (que nunca é inteiramente uma realidade psíquica) que está na origem de tamanha catástrofe pode envolver o fato de o paciente ter sido privado da oportunidade de receber e dar amor nos primeiros anos de vida. Para outros, a origem pode estar em experiências de inimaginável, indizível sofrimento, tais como as experimentadas nos campos de concentração ou na morte de um filho – um sofrimento tão terrível que está além da capacidade de um ser humano de assimilá-lo e ainda assim permanecer emocionalmente vivo de forma plena. (Ogden, 2010, p. 44, grifos nossos)

Desenvolver a capacidade de viver plenamente é um objetivo relevante no pensamento teórico-clínico de Ogden, que merece exame de outros desdobramentos. Segundo a concepção de Bion do sonhar (e de não ser capaz de sonhar) como contexto teórico, sonhar é um processo constante que ocorre no sono e na vida de vigília inconsciente. O trabalho do sonhar envolve elaboração psicológica inconsciente. Quando o paciente sofre emocionalmente, é incapaz de sonhar, portanto, é incapaz de elaboração psicológica inconsciente ou tem seu sonho interrompido ao ficar perturbado com o que está sonhando. Seguindo Ogden (2010):

> *Paciente e analista engajam-se em uma experiência nos termos da situação psicanalítica desenhada com o objetivo de gerar condições para que o analisando (com a participação do analista) possa se tornar mais capaz de sonhar seus sonhos não sonhados e sonhos interrompidos. (p. 22)*

É importante ressaltar que nem todos os eventos psíquicos no sono – mesmo os elementos imagéticos visuais – constituem sonho. Assemelham-se ao sonhar, mas não são sonhos; são "sonhos" para os quais nem o paciente nem o analista são capazes de gerar associações: os sonhos de pacientes pós-traumáticos e os terrores noturnos. São "sonhos" que não são sonhos, pois não possibilitam elaboração emocional inconsciente – não existe o trabalho do sonhar.

Neste capítulo em que busco refletir sobre estratégias terapêuticas, dedico espaço a Ogden (2010) e seus objetivos terapêuticos de possibilitar a ampliação da capacidade de viver do paciente e que podemos articular com a recuperação do trabalho de sonhar. Esse autor ressalta que "nossa meta como analistas é quase a mesma com todo paciente: a criação de condições nas quais o analisando (com a participação do analista) possa ser mais capaz de sonhar seus sonhos não sonhados e interrompidos" (p. 23).

A meta do trabalho analítico não se restringe a vir a conhecer o paciente, mas, a partir de sonhar os sonhos não sonhados e interrompidos, ambos: paciente e analista estão juntos "vivendo a experiência emocional até então insonhável ou ainda – a ser sonhada na transferência-contratransferência. Nesta experiência, o paciente está no processo de vir a ser mais plenamente e o analista está conhecendo a pessoa que o paciente está se tornando" (Ogden, 2010, p. 25).

Mas como se dá tal trabalho?

Ogden alerta que interpretações de um analista afiliado a uma "escola" psicanalítica são dirigidas ao próprio analista e não ao paciente. Essa importante declaração vai ao encontro dos pensamentos teórico-clínicos discorridos neste livro: a leitura de vários autores sem adesão exclusiva, com abertura aos diversos modos de pensamento. Embora a reflexão tenha se baseado prioritariamente na matriz ferencziana (Figueiredo & Coelho Jr., 2018), a escuta dos psicanalistas da vertente transmatricial, com destaque ao próprio Ogden, a Alvarez, a Roussillon e a breves passagens por Green e Bollas, trouxe ideias instigantes que direcionaram novos caminhos e reflexões na minha clínica.

Voltando à questão proposta, o analista, como adverte Ogden, em vez de falar de si próprio, como especifiquei, deve falar de um modo que seja dirigido somente ao paciente, de um modo que tenha envolvido sua experiência com aquele paciente, sendo único para ele.

Continuando com Ogden (2010):

> *o que o analista diz ao paciente sobre o que ele sente ser verdadeiro para a situação emocional que está ocorrendo, deve ser utilizável pelo paciente para propósitos de elaboração psicológica consciente e inconsciente, ou seja, para sonhar sua própria experiência, deste modo sonhando-se existir mais plenamente. (p. 27)*

Depois dessa passagem pelos autores da psicanálise transmatricial (Figueiredo & Coelho Jr., 2018), continuemos a refletir sobre as estratégias terapêuticas, agora com base em outro texto de Figueiredo (2016).

Da vitalização constituinte ao convite à vida no *setting* analítico

Figueiredo, em palestra proferida na Formação Freudiana, em abril de 2016, denominada "Figuras da sedução em análise, Ferenczi, Balint e Winnicott ou a vitalização necessária", propõe reconsiderar a sedução no contexto dos adoecimentos não neuróticos – transformando a má fama da sedução com seu potencial traumático e neurotizante – em seu aspecto positivo e imprescindível no início da vida e necessário em determinadas condições de adoecimento.

Comecemos com Ferenczi. Este supunha uma passividade original no infante, com as pulsões de morte mais operantes que as de vida; daí a necessidade de presença e acolhimento do adulto, de modo a convidá-lo à vida. Segundo Figueiredo (2016), nesse caminho aberto por Ferenczi, podemos reconhecer também em Balint, Winnicott e Kohut a condição de passividade original (assim como os adoecimentos por passivação): "ser amado", "ser cuidado", "ser investido" são, para esses três autores, a condição do vir a ser psíquico do bebê. É importante sublinhar que tal passividade é relativa, sempre já há alguma atividade no recém-nascido; entretanto, apenas a partir do investimento do adulto, é possível ao bebê ganhar *vitalidade* para entrar na vida; caso contrário, a "criança mal acolhida" escapa com facilidade para o morrer, ou, mesmo que sobreviva, uma cisão interna determina o que Balint (1968/1993, p. 16), discípulo de Ferenczi, chamou de "falha básica".

Em condições adversas, ou seja, na ocorrência da ausência radical ou de excessos e abusos, pode se dar o que já vimos: um processo de *passivação*. Em resumo, é preciso a ação do objeto, outro sujeito para resgatar o infante da tendência à regressão à passividade absoluta da morte ou dos estados de cisão. Figueiredo

(2016) adverte, por outro lado, que, se a passividade absoluta conduz à morte, ser objeto passivo de investimentos do adulto é condição de vida, sendo que tal passividade está ligada, portanto, às pulsões de vida.

É interessante pensar que uma condição de passividade se faz necessária na clínica, especialmente no atendimento dos não neuróticos, e em toda situação analisante. Há, entretanto, pacientes que não se deixam cuidar; podemos ligar isso à reação terapêutica negativa: Mateus se apresentava, a título de exemplo, resistente, obstinado em sua recusa a minhas aproximações. Figueiredo (2016) ressalta a necessidade de, nesses casos, um trabalho de reconciliar o sujeito com essa condição original de passividade para, daí, partir para um "novo começo" (Balint, 1968/1993, p. 152); lembrando que Ferenczi destaca tal reconciliação como um dos objetivos de uma análise. Pensar nos modos de estratégia terapêutica visando levantar resistências contra a aceitação de ser ajudado constitui, portanto, algo imprescindível para que se leve a cabo o trabalho analítico. É importante que consideremos também que, da mesma forma que a passividade do recém-nascido não é absoluta, fica longe pensarmos o paciente em condição de acentuada passividade. Como afirma Figueiredo (2016), alguma passividade é necessária, mas uma dimensão de atividade é imprescindível, inclusive, no sentido de pensarmos o trabalho terapêutico como um trabalho a dois.

Continuando com o paralelo entre o infante e o paciente: se o vir a ser do primeiro depende de uma "sedução para a vida", como sublinha Figueiredo, também o seduzir, o chamado para a vida, a estratégia vitalizante são de suma importância junto aos adoecidos por passivação. Acompanhando Figueiredo (2016):

É aqui que reencontramos a velha conhecida sedução, mas agora em sua feição "benigna". Reconquistar a confiança de indivíduos profundamente desconfiados com a vida, reacender a esperança de pacientes profundamente desesperançados, convidar a brincar, a jogar e a fantasiar, reconhecer necessidades rudimentares de se sentir vivo e com valor, tudo isso, de uma forma ou de outra, pertence ao campo desta clínica pós-ferencziana. (pp. 4-5)

Figueiredo assinala que, embora tais autores façam uso terapêutico da sedução, nunca se fala em sedução. Daí advêm vários problemas: o primeiro é reduzir o termo sedução à sua conotação negativa, o segundo é não dar destaque à dimensão da sexualidade, o que vai além da genitalidade. Continuando com Figueiredo (2016):

Quem fala em sedução, falará necessariamente em sexualidade e libido. Pensar na sexualidade, na libido e, mais que tudo, em Eros, é pensar não apenas em excitação, descarga e prazer, mas também nos processos de ligação intrapsíquica e intersubjetiva sem as quais a vida não se instala e não se expande. (p. 5)

E aqui, ressaltando o objetivo fundamental deste capítulo – o de se pensar a técnica –, destaco importante afirmação de Figueiredo (2016) de que a estratégia vitalizante é fundamentalmente uma estratégia de erotização. Retornando a suas palavras:

o prazer compartilhado que nesta situação deve imperar entre analista e paciente estará a serviço tanto da

> *ex-citação (um chamar para fora) como das ligações; ou seja, trata-se de dar início, pela via da vitalização, a um processo trabalhoso e que precisa ir no rumo das simbolizações. Não se trata, afinal, de divertir pacientes severamente deprimidos, mas de abrir horizontes vitais para uma ampliação de suas capacidades egoicas, em especial, a capacidade de simbolizar. Como sabemos, simbolizar é fundamentalmente o antagônico de separar e cindir. (p. 5)*

A estratégia vitalizante, a sedução a que se refere Figueiredo, com sua dimensão erotizante (mas sem excessos nem conduzida de modo inadequado às capacidades egoicas e de simbolização do sujeito), com sua função de chamar para fora e de unir (propiciar ligações), se é fundamental nos adoecimentos por passivação, também sugiro que se estenda a todo encontro analítico. Como já venho pontuando, reconheço a fundamental necessidade da função vitalizadora do analista, de seu convite à vida, não via conluio com aspectos maníacos, mas considerando a tendência ao não ser e os recursos de saúde de seu paciente.

Voltando a Alvarez: da reclamação à vitalização intensificada

Se, como enfatiza Figueiredo (2016), estratégias de sedução para a vida são indispensáveis em todos os casos de adoecimento por passivação, a clínica de Alvarez (2012) precisa ser revisitada, poies é sempre reconhecida com veemência, tanto no decorrer deste livro como de modo especial neste capítulo.

Já havíamos dado especial atenção ao seu livro publicado em 1992, intitulado *Companhia viva: psicoterapia psicanalítica com crianças autistas*, borderline, *carentes e maltratadas*, e a suas reflexões teórico-técnicas sobre o atendimento de seu paciente Robbie. Nesse livro a noção de *reclaiming* é reconhecida por Figueiredo (2016) como uma modalidade de sedução: "pacientes retraídos, encapsulados, inaccessíveis, silenciados parcial ou completamente são 'chamados para fora' – *ex-citados* – resgatados para a vida desde as regiões mortas em que se alojaram" (p. 8).

No livro de 2012, de nome *The thinking heart: three levels of psychoanalytic therapy with disturbed children*, em sua terceira parte intitulada "The intensified vitalizing level", mais precisamente no primeiro capítulo dessa parte, Alvarez dá sequência à noção de reclamação. Frente a jogos perversos e brincadeiras aditivas e frenéticas, Alvarez conduz terapeuticamente a clínica com o reconhecimento de que a vitalização intensificada pode, ao comportar uma dimensão erótica, implicar em extravios no decorrer do tratamento. São pacientes exibindo crueldade, ou mesmo convocando o analista para participar de cenas de abuso e violência sexual. A autora assim descreve a estratégia terapêutica nesses casos no sentido de desencorajar as excitações perversas, ao lado da afirmativa confiável de que há outras maneiras de se sentir vivo. É o modo de auxiliar o paciente a se libertar do terror de viver preso a somente duas alternativas: o excesso de excitação ou o abismo.

Ao finalizar a abordagem do texto de Figueiredo sobre sedução, enfatizo a vitalização necessária, destacando Ogden (2013) com seus textos sobre o *sense of aliveness* e afirmando algo que venho mostrando como primordial: a necessidade imprescindível de sustentação da vitalidade em todos os casos. De qualquer modo, como também vem sendo destacado, a vitalização se mostra imprescindível em casos de adoecimento por passivação. No dizer de Figueiredo (2016):

Trata-se, sem sombra de dúvida, da vitalização do campo, da vitalização da própria situação analisante, o que inclui a vitalização do analista, vale dizer, a sua maior disponibilidade de implicação. Isso, obviamente, não o dispensa de manter-se em posição reservada, mas dele se requer um 'prodigioso aporte de amor e cuidado', para retomarmos as palavras de Sándor Ferenczi (1929/1992, p. 51) em "A criança mal acolhida e sua pulsão de morte". (p. 6)

Parte II: O analista e a técnica

Não há como pensar as estratégias terapêuticas ou o cuidado de pacientes difíceis sem nos referirmos ao analista, seu funcionamento psíquico, seu envolvimento profissional e como pessoa, sua contratransferência.

Optei por discorrer sobre algumas questões envolvidas no que defino aqui como "ser analítico" a partir da matriz ferencziana, ou seja, de Ferenczi, Balint e, especialmente, Winnicott. Também algumas questões sobre a técnica nessa matriz vão ser pontuadas; deixei-as, portanto, para o final, tratam-se de colocações, poucas que sejam, relacionadas ao fazer analítico segundo esses autores. São breves aportes sobre a importância do aspecto relacional, da ternura, do ódio e do amor na clínica e, por fim, da cura. Finalizo com essa parte que pode funcionar como disparadora para o pensamento do leitor e para, quem sabe, inauguração de novas escritas.

Comecemos com Ferenczi (1983b): o texto "Elasticidade da técnica analítica" é de relevante importância; ali, o psicanalista húngaro questiona a postura analítica distante e prioriza o tato analítico – "o sentir com" e a atitude do analista que deve "como um elástico, ceder às tendências do paciente" (p. 32). Surge assim uma nova postura analítica, fundada no "sentir com", no "tato", na "compreensão" e na "simpatia" que, vão, no decorrer do desenvolvimento do pensamento de Ferenczi, ganhar cada vez mais importância como agentes de cura. Dessa forma, o fator relacional é reconhecido como fundamental no processo terapêutico.

Balint (1968/1993, p. 16) vai se referir à área da falha básica remetida à relação objetal primária ou amor primário, anterior às questões edípicas e, portanto, não podemos falar aqui de conflito. Discípulo de Ferenczi, também entende a relação objetal como fator terapêutico mais importante, além da interpretação, reconhecendo a importância da relação transferencial. Ele se refere a um "novo começo", que corresponderia à regressão à falha original e a sua cicatrização. O termo em alemão *"arglos"* (p. 135), que significa ingênuo, simples, inofensivo, é usado por Balint para caracterizar uma atmosfera do novo começo. A atmosfera *arglos* deve se constituir confiável, não intrusiva, não ameaçadora; a partir dela o paciente pode, no caso de regressão benigna, experimentar o novo começo.

As regressões podem ser benignas ou malignas (Balint, 1968/1993, p. 131), sendo estas últimas caracterizadas por demandas insaciáveis e finalidade de gratificação, levando ao fracasso terapêutico. Mas as regressões vão depender primordialmente da conduta terapêutica do analista.

Segundo Lejarraga (2018a):

> *A regressão é intrapsíquica, mas é também uma experiência mútua entre analista e paciente. O aspecto mais importante, contudo, é seu caráter intersubjetivo, a relação objetal bipessoal e pré-verbal que o analista*

pode ofertar a seu paciente. Não se trata, diz Balint, de oferecer ao paciente o amor primário que falhou nos primórdios, o que seria ficcional, mas de o analista "oferecer a si mesmo para ser investido pelo amor primário" (1968/1993, p. 165). Em função disso, o analista deve oferecer um tempo livre de exigências, deve ser indestrutível como uma substância primária (água, terra, fogo, ar), "sustentando" o paciente, como a água sustenta o nadador ou a terra o caminhante, para que o paciente possa viver com o analista uma "espécie de mistura interpenetrante harmoniosa" (1968/1993, p. 127), que remete à relação primária com o entorno, anterior até à emergência dos objetos. O analista deve, também, evitar se tornar onipotente, o que aumentaria a desigualdade entre ele e o paciente. Como diz Balint, o analista deve tentar diminuir essa desigualdade, tornando-se um analista "não importuno" (1968/1993, p. 159), ou seja, moderado e compreensivo, para que o paciente "possa se tornar capaz de encontrar-se, aceitar-se e continuar por si mesmo" (1968/1993, p. 165). Quando o paciente emerge dos processos regressivos – que podem durar minutos ou longos períodos – a tarefa interpretativa pode ser retomada. Contudo, quando os pacientes regridem à falha básica ou à área da criação, as interpretações, que são pensamentos organizados, quando interagem com "os conteúdos nebulosos, como os devaneios ainda 'inorganizados' da área da criação, podem provocar uma devastação ou uma organização pouco natural e prematura" (1968/1993, p. 162). (p. 17)

Portanto, assim como Ferenczi, o fator relacional se apresenta como fator curativo prioritário. Porém, devemos ressaltar que as interpretações não foram abandonadas por esses analistas, e sim oferecidas, ou melhor, construídas conjuntamente pela dupla após, como afirmado por Lejarraga (2018a), o paciente já ter atravessado o período regressivo.

Agora destaquemos a concepção de Winnicott do fazer do analista e de sua particular visão e importância dada ao *setting*, visto como reprodução dos cuidados ambientais dos estágios iniciais. Segundo ele, Freud intuía isso ao oferecer um ambiente com conforto e previsibilidade, mas, na medida em que trabalhava principalmente com neuróticos, com a análise conduzida a partir de interpretações e associações livres, o *setting* funcionava como pano de fundo. Entretanto, ganha o *status* de eixo do trabalho analítico no caso de pacientes traumatizados grave e precocemente. Segundo Winnicott (1993c): "No trabalho que estou descrevendo, o *setting* [contexto] torna-se mais importante que a interpretação. A ênfase é transferida de um aspecto para o outro" (p. 486). Vale, para melhor compreensão do *setting*, recorrermos a Lejarraga (2018a): "Devemos lembrar que o *setting*, embora de uma forma geral refira-se à moldura – consultório, horários combinados, etc. – em que o processo analítico se desenvolve, consiste principalmente na atitude do analista" (p. 21).

Para abrir portas sem trinco, parafusos de veludo[1]

Esse verso de Manoel de Barros se apresenta infinitamente belo e adequado para pensarmos a clínica – em especial de casos difíceis – e essa aproximação delicada que deve se dar entre analista

---

1 Esse verso de Manoel de Barros me acompanha há anos, mas, infelizmente, não consegui localizá-lo em sua obra.

e paciente. Serve para tanto tão lindas palavras: para todo encontro humano. Essa aproximação cuidadosa entre gentes, que requer passos ora tímidos, ora de urgência, mas sempre atentos para o não derrubar selvagem das defesas do outro, de seus sonhos, medos, penumbras que precisam ser respeitados enquanto os olhos se preparam para o abrir das cortinas, para o acolhimento do sol que, se chega inundando o "quarto próprio" antes do tempo necessário da hibernação nos dias de névoa e recolhimento, é capaz de cegar, de assustar olhos sombrios, de arrancar da cama quem ainda necessita da experiência – esta também humana – de imobilidade.

"Tira as sandálias de teus pés, porque a terra em que estás é uma terra sagrada", tal citação que recolhi do Livro do Êxodo, da Bíblia, alerta-nos que o outro é sempre solo a ser respeitado e que precisamos descalços pisar e percorrer seu território de dores e júbilo.

É verdade que tanto o verso como a citação do livro sagrado, tão mais apropriados são, quanto mais encontramos aqueles em estado de susto e recolhimento, de pele fina, carne viva a precisar de bálsamos e cuidados à beira do leito.

A violência, os arroubos de tentar retirar na marra quem se debate em silêncio ou fúria ao se perder de sua vocação, própria de todos, do tornar-se humano, são equívocos, deslizes que podem incorrer no perder o contato com o gesto tímido, que seja, de quem busca cuidado.

É verdade também que a delicadeza necessária para o não atravessamento selvagem das defesas e resistências não exclui firmeza e força, amalgamadas em afeto. É com o corpo desperto, eu bem e viva e envolvida com o drama que se me apresenta, que ouço de Ana "que sou mais firme que a outra psicóloga". Ah! Não dou mesmo "moleza", não quero que se perca pela falta de contenção e contorno; e esse envolver com firmeza seus gestos com risco de perdição tem como "forração" o imprescindível afeto, aquele que banha e dá vida às relações. Mas não deixam de ser por isso parafusos de veludo.

Já em outros tantos casos, os "defeitos" como no dizer de Lispector (2002), precisam ser respeitados: "não pense que a pessoa tem tanta força assim a ponto de levar qualquer espécie de vida e continuar a mesma. Até cortar os próprios defeitos pode ser perigoso. Nunca se sabe qual o defeito que sustenta nosso edifício" (p. 165).

Leiam-se aqui: sintomas, dores, resistências, vícios. O edifício pode cair, adverte a escritora. Assim, quando meu paciente aflito com seus hábitos repetitivos, sua profusão de limitações e restrições ao viver com mais prazer me interroga "Mas o que tenho que fazer?", vem à minha mente uma imagem. Algo que aprendi: diante de um esfaqueado, não podemos retirar em desespero a faca – ela que feriu tão gravemente, sustenta a vida. Os cuidados são outros, delicados procedimentos, no sentido de precisão e perícia cirúrgica, é que o salvam. Comunico minha imagem ao jovem aflito em sua ânsia e impossibilidade (imediata) de mudar: que a faca permaneça, até que, em tempo e lugares seguros, ela seja retirada. Aos poucos, sustentados na crença na natureza e força vital humanas. Desde os que devem ser alcançados com urgência até os que necessitam de tempo para abandonar velhos e doentios hábitos e ampliar sua experiência de viver; de igual modo, parafusos de veludo.

O lugar da ternura e do amor no fazer psicanalítico

Ora, sim, existe amor no trabalho analítico, mas como disse Winnicott (1993b), um amor que não é puro sentimentalismo, que inclui ódio e destruição (na fantasia). Assim, precisa ser o amor dos pais, como o amor do psicanalista por seu paciente. Como afirma o autor: "O sentimentalismo é inútil para os pais, pois contém uma negação de seu ódio" (p. 352). E ainda: "Não me parece provável que uma criança humana, à medida que se desenvolve, seja capaz de tolerar a amplitude total de seu ódio em um ambiente sentimental. Ela precisa de ódio para odiar" (p. 352).

Nessa mesma linha, detenho-me na noção de ternura, apoiando-me no pensamento da psicanalista Lejarraga (2005), procurando mostrar que, assim como o amor, a ternura merece uma leitura complexa e um reconhecimento de sua importância no âmbito das relações amorosas (desde o amor materno) e da situação analisante. A ternura era definida por Freud como inibição de um alvo sexual; entretanto, em 1912, foi relacionada por ele à necessidade de ser amado e cuidado (citado por Lejarraga, 2005). Esta última concepção é positivada e desenvolvida de forma complexa por Ferenczi, Balint e Winnicott.

Em Ferenczi, vemos a linguagem da ternura infantil em contraposição à da paixão do adulto; à primeira vista positivamente como uma forma de vida erótica e lúdica, diferente do amor passional adulto. Balint (1972b, citado por Lejarraga, 2005), discípulo de Ferenczi, reconhece na criança um "desejo passivo de ternura" (p. 94): desejo de ser cuidada de modo incondicional, sem dar nada em troca. Assim, vemos com esses autores a ternura não como derivada da inibição do pulsional, segundo a primeira acepção de Freud, mas como a acentuação de sua positividade, ao concebê-la como uma modalidade precoce da relação mãe-bebê.

Winnicott, por sua vez, valoriza o amor do ponto de vista dos cuidados amorosos do ambiente e da capacidade de amar. O amor seria a capacidade de reconhecer o outro e dele cuidá-lo de forma criativa. No início da vida, a sensibilidade exacerbada da mãe de se identificar com seu bebê corresponde, segundo Lejarraga (2005), a "um sentimento de ternura intensificada" (p. 96). Continuando com a psicanalista: "o eu materno identifica-se com a condição dependente e frágil do recém-nascido, como se a mãe projetasse no bebê seu próprio desamparo infantil" (p. 96). O fundamental da hipótese dessa autora é de que a ternura corresponde à capacidade de uma parte do eu de se identificar com um aspecto desvalido do objeto com a fragilidade do outro dependente. Propõe ainda aproximar "as necessidades psíquicas" do bebê ou do paciente, assim reconhecidas em Winnicott, ao "desejo passivo de ternura" nomeado por Balint, citado anteriormente, sendo que, quando o infante não recebe a necessária provisão de ternura materna, tem prejudicada a constituição de seu *self*.

Agora podemos relacionar a capacidade de amar com a capacidade de sentir ternura: supondo aqui a conquista de se preocupar com o outro e se identificar ternamente com sua fragilidade. Portanto, a ternura ganha um *status* complexo, além do entendido pelo senso comum ou por uma leitura sentimentalista: corresponde a uma forma de identificação, uma aquisição sofisticada do amadurecimento do indivíduo. Especialmente, definimos ternura como a capacidade de identificar-se com a fragilidade.

Suponho que a ternura seria mais "requisitada" nos casos dos pacientes difíceis; sendo imprescindível o cuidado de não a pensar aqui também fora de uma óptica sentimentalista, mas reconhecendo-a como capacidade de identificação com as necessidades daqueles pacientes (refiro-me aqui às necessidades do eu). Assim, a necessidade de ternura é reconhecida no bebê, no paciente em seus aspectos mais frágeis, no outro semelhante ferido e vulnerável. Tal necessidade apenas é satisfeita no encontro com alguém capaz de identificar-se e enternecer-se – a mãe, o analista (que empresta tanto sua fragilidade como sua força ao que está sob seus cuidados), aquele que oferece sua devoção aos que sofrem em tempos bicudos. É em torno do desamparo que todos nos unimos: o desamparo da mãe, do analista, de todo humano. Esse mesmo desamparo, base da necessidade de ternura, capacita-nos à identificação terna e amorosa com a dor que precisa ser aplacada, com o ser agônico de ternura que precisa ser reconhecido e cuidado pelo semelhante.

Continuando a falar sobre o ser analítico, proponho que pensemos, ao lado da ternura, sobre o ódio e, especialmente, sobre o amor do analista, este mais esquecido, como lembra Lejarraga (2018b) em seu texto "Amor e ódio: reflexões sobre os sentimentos contratransferenciais". Como afirma a autora, o tema da transferência é sempre relacionado à questão do amor; o mesmo não podendo se falar da contratransferência.

Optei por discorrer sobre uma reflexão desses sentimentos do analista não apenas por uma necessidade teórica como também porque na maioria de meus relatos de casos, o pensamento e narração deles se deram em grande parte a partir de minha contratransferência, de meus próprios recursos anímicos e na medida em que era atingida pela transferência dos pacientes.

Inicialmente, é importante destacar que a disponibilidade para o atendimento de casos difíceis está em grande parte relacionada ao acesso do analista a suas partes mais primitivas; não considerando-as como adoecidas, mas como um reservatório em que se entrelaçam as várias facetas do ser do analista, sendo que, nesses casos, de modo especial, são aquelas ligadas ao processo primário.

Peço auxílio aqui ao pensamento de Milner (1991) sobre a importância do processo primário:

> *Assim como havia esta palavra criatividade e todas as suas implicações, havia também um outro termo que, desde o final da década de [19]40, deixou-me extremamente incomodada, como um sapato apertado. O termo era processo primário. Ensinaram-me que isto*

> *é uma forma de pensamento arcaico que tinha que crescer. No entanto, vagarosamente, conforme os anos foram passando, parece que o significado do processo primário foi se modificando de tal modo que alguns autores o veem como parte da função integradora do ego; ou seja, ele serve para ligar experiências e assimilá-las dentro do ego, para preservar sua totalidade. Assim, não é algo a partir do qual cresce alguma coisa, mas é algo complementar ao funcionamento do processo secundário e tão necessário a ele quanto homens e mulheres são necessários um ao outro. É o processo primário que capacita a pessoa a aceitar paradoxos e contradições, algo de que o processo secundário não gosta nem um pouco, por estar ligado à lógica, que rejeita a contradição. Ainda que Winnicott quase nunca utilize o termo, sinto que forneceu um novo significado a ele, o conceito primário fica implícito em todo seu trabalho, sendo integral à sua ideia do que significa ser saudável. (p. 249)*

Milner destaca a importância do processo primário em contraposição à ideia de algo que precisava crescer, algo, portanto, menor. Podemos ampliar seu pensamento, ressaltando a necessidade de um amálgama com o processo secundário e a relevância do espaço potencial como um espaço em que tais processos se imbricam. De qualquer modo, podemos remeter a citação de Milner ao contato com o mundo subjetivo como fonte da riqueza pessoal. É nessa direção que destaco o acesso ao que chamo de primitivo, não como menor nem adoecido, mas como precoce e ligado ao processo primário e ao contato com o subjetivo.

No texto "O ódio na contratransferência", Winnicott (1993b) assinala o lugar do primitivo na análise dos pacientes difíceis, nomeados por ele de psicóticos:

> *Se queremos ser capazes de analisar pacientes psicóticos, é necessário termos chegado às coisas muito primitivas dentro de nós mesmos, o que mais uma vez ilustra o fato de que muitos problemas obscuros da prática psicanalítica podem ser solucionados com uma maior análise do analista. (A pesquisa psicanalítica talvez seja sempre, até certo ponto, uma tentativa por parte do analista de levar o trabalho de sua própria análise para além do que seu próprio analista conseguiu levar).*
> (pp. 343-344)

Continuando com o mesmo texto, passemos ao ódio e ao medo do analista como são pensados por Winnicott. Na análise de pacientes neuróticos, o analista não encontra dificuldade com o manejo de seu próprio ódio (seus sentimentos hostis); destacando-se que, por meio de sua própria análise, tenha se libertado de "vastos reservatórios de ódio inconsciente pertencentes ao passado e a conflitos internos" (Winnicott, 1993b, p. 344).

Já com pacientes psicóticos e *borderline*, é preciso fazer um esforço grande para manter seu ódio latente, pois ele é atingido por fortes sentimentos ambivalentes que provocam não apenas sentimentos de ódio como de medo. Se o analista é alvo de sentimentos brutais, precisa, por um lado, tolerar ser colocado nessa posição e, por outro, não negar o ódio que realmente existe dentro de si. O ódio justificado precisa estar disponível para ser utilizado na situação apropriada.

Como já falamos no capítulo 7, o ambiente inicial não pode ser sentimental, nem a mãe nem o pai devem negar seu próprio ódio e irritação, de modo que a criança seja capaz de, ao amadurecer, "tolerar a amplitude de seu próprio ódio" (Winnicott, 1993b, p. 352). "Ela precisa de ódio para odiar" (p. 352). De qualquer maneira, a mãe precisa, assim como o analista do paciente psicótico, reconhecer seu ódio, mas não o atuar, podendo armazená-lo para ser usado quando necessário. Do mesmo modo, o paciente psicótico precisa de um analista que seja capaz de odiá-lo, para que ele mesmo consiga tolerar seu próprio ódio em relação àquele.

Já falamos do manejo de sentimentos hostis experimentados pelo analista (podemos, inclusive, incluir aqui a preensão transferencial nomeada por Pontalis). Porém, como destaca Lejarraga (2018b), pouco se fala do amor analítico. Seguindo seu texto já mencionado, a autora, referindo-se à ambivalência como uma conquista da mãe enquanto pessoa adulta, destaca que a mesma mãe que ama nutre também sentimentos de ódio por seu bebê, entretanto, tais sentimentos não seriam predominantes, mas passageiros e ocasionais.

Lejarraga utiliza o texto de Balint (1951/1972a citado por Lejarraga, 2018b) intitulado "A respeito do amor e do ódio", contemporâneo do artigo de Winnicott, que questiona a perspectiva kleiniana de que amor e ódio estariam em pé de igualdade. Concordando com Balint, a autora reconhece que nas pessoas saudáveis o amor prevalece sobre o ódio; assim, a mãe comum consegue oferecer seu *holding* e não se vingar do bebê quando fica irritada. Importante também é a colocação da autora de que a ambivalência tradicionalmente concebida segundo o par amor-ódio seria mais complexa, incluindo uma gama maior de sentimentos. É na medida em que me mantive (não deliberadamente) fiel a essa complexidade, a qual se apresenta nos relatos das histórias narradas neste livro, que julgo relevante acompanhar as reflexões de Lejarraga no que se refere à amplidão de emoções e à prevalência do amor na mãe saudável e no analista (igualmente amadurecido).

Penso que, mesmo que vários modos de intervenção sejam necessários com pacientes difíceis, incluindo o *containing* de Bion ou interpretações mais clássicas, a técnica junto ao paciente da matriz ferencziana precisa ser pensada, como já falamos, a partir da vitalização e da reclamação de Ogden (2016), da vitalização intensificada de Alvarez (2012), do que Figueiredo (2016) nomeia como sedução para a vida; podemos ressaltar o *holding* como "forração" necessária a partir da qual o analista, livre para ser e intervir, seja capaz de se manter não aprisionado a nenhuma escola. De qualquer modo, neste final, reivindico o *holding*, já tendo falado da ternura, como base a partir do qual, para que o encontro analítico não se apresente de modo engessado, possa acontecer com vitalidade.

Destaco, entretanto, a importância fundamental de não se pensar a noção de *holding* de forma superficial e sentimentalista. No texto "Sobre sustentar e conter, ser e sonhar", Ogden (2010) chama a atenção para os equívocos que esse conceito pode suscitar:

> *Como é o caso para quase todas as contribuições seminais de Winnicott, a ideia de holding é enganosamente simples (Ogden, 2001). A palavra holding, como utilizada por Winnicott, é fortemente evocativa de imagens de uma mãe que nina delicada e firmemente seu bebê nos braços e, quando ele está em sofrimento, segura-o apertado contra seu peito. Estes estados psicológicos/físicos de mãe e bebê são os referentes experienciais essenciais para a metáfora/holding de Winnicott.*

Muitos poucos psicanalistas contestariam a importância do impacto do holding *materno sobre o crescimento emocional do bebê*. Contudo, o significado do conceito de *holding* de Winnicott para a teoria psicanalítica é muito mais sutil do que esta ampla definição sugeriria. Holding *é um conceito ontológico que Winnicott utiliza para explorar as qualidades específicas da experiência de estar vivo em diferentes estágios do desenvolvimento, assim como os meios intrapsíquicos – interpessoais mutáveis pelos quais a sensação de continuidade do ser se sustenta no decorrer do tempo. (pp. 121-122, grifos nossos)*

Holding e confiabilidade estão entrelaçados: o *holding* analítico depende da sensibilidade do analista frente às necessidades do paciente, dessa forma se apresentando como um objeto confiável. "O analista não importuno", como o define Balint (1968/1993, p. 159), não invade e se adapta ao paciente, por mais regredido que esteja; indo ao encontro das necessidades do eu – ressaltando –, não às do id (o que corresponderia a uma regressão maligna, também conceito de Balint).

Prossigo com Lejarraga (2018b), dada a ênfase dessa autora ao conceito de *holding* e de manejo do *setting*: o *holding* analítico, dependendo da identificação empática do analista com seu paciente e suas necessidades. O "manejo do *setting*" consistindo "em oferecer cuidados confiáveis propiciando uma experiência de comunicação silenciosa e significativa com o paciente". Tal comunicação silenciosa é uma comunicação não verbal, "na qual se transmitem inconscientemente sensações e afetos, plenos de sentido". E pensando nos casos difíceis, tal comunicação (silenciosa de mutualidade) é fundamental nos estados regressivos, "uma comunicação de inconsciente para inconsciente, que opera por processo primário, sem lançar mão dos signos linguísticos ou das operações mentais" (p. 3).

É fundamental destacar que tal comunicação é a base para outras formas de comunicação, a comunicação verbal não substituindo a silenciosa – a mutualidade como base para diversos modos de encontro e relacionamentos no decorrer do crescimento emocional.

Pensando no "fazer analítico", ao lado do que nomeio "ser analítico" como objetos de reflexão deste capítulo, julgo de grande relevância a afirmação de Lejarraga (2018b):

> *As interpretações analíticas ou outras intervenções verbais, para serem eficazes, devem se basear na comunicação silenciosa, que transmite confiabilidade. Mas no manejo do setting, essa forma de comunicação profunda e emocional passa ao primeiro plano, exigindo do analista a implicação máxima de sua pessoa.* (p. 3)

Voltamos agora a uma das questões principais postuladas no início deste capítulo: o amor. Parece-me que aqui Lejarraga (2018b) coloca "o amor" (da mãe e do analista) no contexto da análise modificada, ou seja, com os pacientes que regridem à dependência. Acompanhemos seu pensamento: seria alguma forma de sentimento amoroso que permite ao analista realizar "o manejo do *setting*, promover a confiabilidade e estabelecer uma comunicação íntima com seu paciente?" (p. 4).

Primeiramente, a comunicação de mutualidade é uma comunicação essencialmente afetiva. Além disso, embora especifique com insistência que o amor a que se refere não implica em sentimentalismo, a palavra "amor" é utilizada, várias vezes, como condição de cuidados suficientemente bons.

Transpondo para o contexto do manejo do *setting*, com pacientes que necessitam de empatia e comunicação verdadeira, Lejarraga (2018b) se interroga se caberia o uso da palavra "amor para se referir aos variados e ambivalentes sentimentos contratransferenciais" (p. 5). "Confiabilidade", "capacidade empática" e "cuidar" são termos que sugerem troca afetiva e, mais especificamente, para o que se entende por amor (apesar de que já dissemos que Winnicott repudiava a conotação sentimental e piegas que podia estar ligada à ideia de amor).

Voltando à questão dos sentimentos do analista – aqui nosso principal interesse –, Lejarraga interroga se o sentimento amoroso, que parece necessário no *holding*, na comunicação silenciosa e na identificação empática com os pacientes regressivos, seria imprescindível a qualquer tratamento analítico.

Vale acompanhar a concepção de Winnicott de amor, segundo Lejarraga (2018b):

> *o amor aqui pode ser pensado "como uma montagem de elementos heterogêneos, como uma rede de diversos fios que se entrelaçam e se integram em diversos graus. Os elementos que compõem o amor seriam o desejo erótico (que inclui o impulso instintivo mais a fantasia), o concernimento, a intimidade e a afeição". (p. 5)*

Ao conceber o amor como montagem de diversos elementos, poderia se falar – interroga Lejarraga – de um "amor analítico"?[2] E

---

2 Shaw (2014, citado por Lejarraga, 2018b) propõe a categoria de "amor analítico" como agente terapêutico central no processo de cura.

qual seria sua especificidade, ressaltando suas características próprias diversas de outras modalidades amorosas?

Pensar o amor do analista é a tarefa seguinte de Lejarraga (2018b), que é de nosso maior interesse. Segundo a autora, Winnicott, embora raras vezes se refira explicitamente ao amor do analista, faz tais referências em duas ocasiões. Na primeira, diz: "Para o psicótico seria correto dizer que essas coisas (o divã, o calor e o conforto) *são* a expressão física do amor do analista" (1993b, p. 347). E a segunda está no texto "A cura": "estamos falando de amor, mas se o amor tem que ser fornecido por profissionais, num contexto profissional, então deve-se explicar o significado da tarefa. Neste século, são os psicanalistas que fazem essa explicação" (1989, p. 90).

O vínculo amoroso do analista é constituído pela atitude analítica de cuidar, de ser confiável e de se preocupar com o paciente. Tal atitude de cuidado e preocupação – o concernimento – "constitui aspecto integrante do amor do analista" (Lejarraga, 2018b, p. 6).

Na regressão à dependência, ao oferecer uma experiência de mutualidade ao paciente, sustentando uma comunicação silenciosa, remete, segundo Lejarraga, a outro elemento do fenômeno amoroso: a intimidade. Também o vínculo emocional da dupla exige do analista uma comunicação de intimidade inseparável do sentimento afetuoso que transmite confiabilidade e segurança. Em resumo, afirma Lejarraga (2018b): "O amor do analista inclui os elementos do concernimento, intimidade e afeição, mas não o ingrediente do impulso erótico" (p. 6). A autora compara o amor analítico com a amizade, mas na amizade a reciprocidade é fundamental, sendo que, na relação analítica, predomina uma assimetria.

Se, por um lado, Winnicott declara que o analista ocupa o lugar da mãe nos momentos regressivos, Lejarraga, por outro, afirma que o amor do analista corresponde a uma espécie de amor materno, mas sem o enamoramento próprio da mãe suficientemente boa. Também um dos sentidos da palavra amor corresponderia à capacidade de "cuidar", assim pensado por Winnicott.

Considero primordial e muito interessante a conclusão de Lejarraga (2018b) de que haveria um tipo de amor próprio da profissão: o *amor do analista*:

> *Esse amor, que se relaciona com a capacidade de cuidar, de se importar e ser responsável, de se comunicar de forma verdadeira e sensível, é também um amor que conhece seus limites, que valoriza a realidade objetiva externa, que se controla, e que não suscita no sujeito que ama (o analista) apego pelo objeto de amor, nem o desejo de ser amado. (p. 7)*

A autora conclui com Winnicott:

> *Embora não saibamos dizer propriamente em que consiste a especificidade do amor analítico, intuímos que seja principalmente disponibilidade afetiva do analista para cuidar, para estabelecer um relacionamento emocional, deixando-se afetar e se envolvendo intensamente com o sofrimento do paciente. Desse modo, especialmente nos momentos regressivos, Winnicott entende que o analista se torna* "uma pessoa profundamente envolvida com sentimentos e ainda sim, à distância, sabendo que não tem culpa da doença de seu cliente e sabendo os limites de suas possibilidades de alterar a situação de crise". *(Lejarraga, 2018a, p. 23, grifos nossos)*

Cura(s)

Winnicott, em seu belo artigo intitulado "A cura" (1989), destaca o sentido etimológico dessa palavra que acredita que significa cuidado. Afirma:

> Eis uma palavra boa em nossa língua: CURA. Se essa palavra pudesse falar, esperar-se-ia que ela contasse uma história. As palavras têm esse tipo de valor: têm raízes etimológicas, têm história. Como os seres humanos, às vezes têm que lutar para estabelecer e manter sua identidade. (p. 88)

Cura serve tanto à medicina quanto à religião, acrescenta o autor. E seu texto enfatiza, entre outras questões importantes, o hiato entre o curar – cuidar do curar – e o tratamento, que se restringe à técnica e ao erradicar agentes do mal. Ampliando a noção de cura, Winnicott (1989) liga-a ao necessário contexto de confiabilidade, de sustentar e segurar:

> um sinal de saúde mental é a capacidade que um indivíduo tem para penetrar, através da imaginação, e ainda assim de modo preciso, nos pensamentos, nos sentimentos e nas esperanças de outra pessoa, e também de permitir que outra pessoa faça o mesmo com ele. Suponho que padres e médicos cuidadores-curadores sejam bons nesse tipo de coisa, por livre escolha. Exorcistas e curadores através de tratamento não precisam disso. (p. 91)

Portanto, vemos como fica ampliado e profundo o conceito de cura, para além do tratamento, implicando em empatia e identificação com as necessidades do outro, mas também se colocando disponível para ser alcançado por aquele que precisa.

Concordo com Winnicott: eis uma palavra boa em nossa língua! Temos feridas, somos feridos e ansiamos desde sempre pela cura. Desde a origem, mesmo se tivermos sido cuidados-curados de modo satisfatório, a cura se dá de forma antecipada (o melhor tipo de medicina preventiva, como enfatiza Winnicott). Entramos na vida, mesmo que em condições de hospitalidade, sujeitos a embates com o precário e vulnerável: pequenas ou maiores frestas na alma nascente pedem atenção, amor de alguém disponível a se debruçar em vigília, esperando em reza entredentes ou em altos brados, oração para gastar a dor, a que não passa, que fura a carne, que nos ameaça a deslizes na direção terrorífica do não ser.

A lógica binária não cabe aqui: se somos saudáveis, essa condição de bem-viver não exclui o para sempre anseio de cura – de dores miúdas ou ameaças de aniquilação, de desencontros consigo mesmo ou com o outro que acena gestos de adeus e abandono. Paradoxalmente, também os que se encontram em situação de maior desamparo são capazes de curar-cuidar. Se somos chamados à necessidade de sermos curados, também somos capazes de chamar à vida, de curar quem nos cuida. Assim, pensa o psicanalista norte-americano Searles (1979): todos nascemos vocacionados à tarefa terapêutica de cuidar do outro, mesmo bebês, salienta o autor. Mesmo nossos pacientes também estão aptos a serem terapeutas de seus terapeutas! Irmanados no desafio de viver, o curar-cuidar torna-se via de mão dupla.

Entretanto, a cura não é única. Equivocamo-nos se a fé na recuperação, algo do sagrado que liga religiosos e terapeutas, ancora-se em apenas uma fonte. Colocar os ovos na mesma cesta! Eis o desastre anunciado: se a tal cesta ao chão cai, perdemos todos os ovos, toda nossa potência e promessas de vida. Precisamos inventar várias frentes de cura e sonhar com elas: não apenas um tratamento analítico, não apenas um grande amor, não apenas horas de trabalho. O sagrado se encontra em incontáveis nichos da existência: depois de um beco, tem um beco, tem um beco.

Sugiro, assim, à minha desalentada paciente que tanto gosta de cantar: "Faça aula de canto". O canto como uma reza, o canto como uma das fontes curativas. Receosa, desesperançada, ela me diz: "Sei que Belchior fala que 'viver é melhor que sonhar', mas está difícil acreditar na vida real". Apesar disso, cantamos:

> Viver é melhor que sonhar
>
> Eu sei que o amor é uma coisa boa
>
> Mas também sei que qualquer canto
>
> É menor do que a vida
>
> De qualquer pessoa
>
> (Belchior, 1976)[3]

Que seja o canto, por agora. Porém, o sagrado ou as possíveis moradas de encantamento da mesma vida que nos fere estão por aí, ao alcance de nossa necessidade de sermos curados e também de curarmos. Curar-cuidar.

---

3 Trecho da letra da música "Como nossos pais" (1976), de Antônio Carlos Belchior.

Referências

Alvarez, A. (1994). *Companhia viva: psicoterapia psicanalítica com crianças autistas, borderline, carentes e maltratadas*. Porto Alegre: Artes Médicas. (Trabalho original publicado em 1992.)

Alvarez, A. (2012). *The thinking heart: three levels of psychoanalytic therapy with disturbed children*. London: Routledge.

Balint, M. (1972a). L'amour et la haine. In *Amour primaire et technique psychanalytique* (pp. 143-159). Paris: Payot. (Trabalho original publicado em 1951.)

Balint, M. (1972b). Remarques critiques concernant la théorie des organisations prégénitales de la libido. In *Amour primaire et technique psychanalytique* (pp. 50-73). Paris: Payot.

Balint, M. (1993). *A falha básica: aspectos terapêuticos da regressão*. Porto Alegre: Artes Médicas. (Trabalho original publicado em 1968.)

Barros, M. (2010). *Poesia completa*. São Paulo: Leya.

Bion, W. (1962). *Learning from experience*. New York: Basic Books.

Bollas, C. (1992). *Forças do destino: psicanálise e idioma humano*. Rio de Janeiro: Imago.

Ferenczi, S. (1983a). Contraindicações da técnica ativa. In *Escritos Psicanalíticos 1909-1933* (pp. 271-291). Rio de Janeiro: Tauros. (Trabalho original publicado em 1926.)

Ferenczi, S. (1983b). Elasticidade da técnica psicanalítica. In *Escritos Psicanalíticos 1909-1933* (pp. 301-312). Rio de Janeiro: Tauros. (Trabalho original publicado em 1928.)

Ferenczi, S. (1992). A criança mal acolhida e sua pulsão de morte. In *Obras completas: Psicanálise* (Vol. IV, pp. 47-51). São Paulo: Martins Fontes. (Trabalho original publicado em 1929.)

Figueiredo, L. C. (2016). Figuras da sedução em análise: Ferenczi, Balint e Winnicott ou A vitalização necessária. *Formação Freudiana*, Rio de Janeiro. (Texto não publicado, apresentado em palestra.)

Figueiredo, L. C. & Coelho Jr., N. E. (2018). *Adoecimentos psíquicos e estratégias de cura: matrizes e modelos em psicanálise* (P. C. Ribeiro e I. Fontes, colabs.). São Paulo: Blucher.

Green, A., & Donnet, J-L. (1973). *L'Énfant de ça, psychanalyse dún entretien: la psychose blanche*. Paris: Les Éditions de Minuit.

Green, A. (1988). A mãe morta. In *Narcisismo de vida, narcisismo de morte* (pp. 247-282). São Paulo: Escuta. (Trabalho original publicado em 1980.)

Green, A. (1990). L'analyste, la symbolization et l'absence dans la cadre analytique. In *La folie privée* (pp. 73-119). Paris, France: Gallimard. (Trabalho original publicado em 1974.)

Lejarraga, A. L. (2005). Sobre a ternura, noção esquecida. *Interações*, 10(19), 87-102.

Lejarraga, A. L. (2018a). O fazer analítico nos dias atuais. *Cadernos de Psicanálise (CPRJ)*, 40(38), 11-26.

Lejarraga, A. L. (2018b). Amor e ódio: reflexões sobre os sentimentos contratransferenciais. (Texto não publicado.)

Lispector, C. (2002). *Correspondências* (Teresa Montero, org.). Rio de Janeiro: Rocco.

Milner, M. (1991). Winnicott e a viagem de ida e volta. In *A loucura suprimida do homem são* (pp. 244-250). Rio de Janeiro: Imago. (Trabalho original publicado em 1972.)

Ogden, T. H. (2001). Reading Winnicott. *Psychoanalytic Quarterly*, 70, 299-323.

Ogden, T. H. (2007). On talking-as-dreaming. *The International Journal of Psychoanalysis*, 88(2), 575-589.

Ogden, T. H. (2010). Sobre sustentar e conter, ser e sonhar. In *Esta arte da psicanálise: sonhando sonhos não sonhados e gritos interrompidos* (pp. 121-138). Porto Alegre: Artmed.

Ogden, T. H. (2013). Sobre a arte da psicanálise. In *Reverie e interpretação: captando algo humano* (pp. 19-34). São Paulo: Escuta.

Ogden, T. H. (2014). The fear of breakdown and the unlived life. *The International Journal of Psychoanalysis*, 95 (2), 205-223.

Ogden, T. H. (2016). *Reclaiming unlived life*. London/New York: Routledge.

Pontalis, J.-B. (1999). A partir da contratransferência: o morto e o vivo entrelaçados. In *Entre o sonho e a dor* (pp. 243-263). Lisboa: Fenda/Gallimard.

Roussillon, R. (2004). Agonia e desespero na transferência paradoxal. *Revista de Psicanálise da SPPA*, 11(1), 13-33.

Roussillon, R. (2012). O desamparo e as tentativas de solução para o traumatismo primário. *Revista de Psicanálise da SPPA*, 19(2), 271-295.

Searles, H. (1979). The patient as therapist to his analyst. In *Countertransference and related subjects: selected papers* (pp. 380-459). New York: International Universities Press. (Trabalho original publicado em 1975.)

Winnicott, D. W. (1975a). O papel do espelho da mãe e da família no desenvolvimento infantil. In *O brincar e a realidade* (pp. 153-162). Rio de Janeiro: Imago. (Trabalho original publicado em 1967.)

Winnicott, D. W. (1975b). O brincar: uma exposição teórica. In *O brincar e a realidade* (pp. 59-77). Rio de Janeiro: Imago. (Trabalho original publicado em 1971.)

Winnicott, D. W. (1982a). Os objetivos do tratamento psicanalítico. In *O ambiente e os processos de maturação* (pp. 152-155). Porto Alegre: Artes Médicas. (Trabalho original publicado em 1962.)

Winnicott, D. W. (1982b). Os doentes mentais na prática clínica. In *O ambiente e os processos de maturação* (pp. 196-206). Porto Alegre: Artes Médicas. (Trabalho original publicado em 1963.)

Winnicott, D. W. (1989). A cura. In *Tudo começa em casa* (pp. 87-93). São Paulo: Martins Fontes. (Trabalho original publicado em 1970.)

Winnicott, D. W. (1993a). A defesa maníaca. In *Textos selecionados da pediatria à psicanálise* (pp. 247-267). Rio de Janeiro: Francisco Alves. (Trabalho original publicado em 1935.)

Winnicott, D. W. (1993b). O ódio na contratransferência. In *Textos selecionados da pediatria à psicanálise* (pp. 341-353). Rio de Janeiro: Francisco Alves. (Trabalho original publicado em 1947.)

Winnicott, D. W. (1993c). Variedades clínicas da transferência. In *Textos selecionados da pediatria à psicanálise* (pp. 393-398). Rio de Janeiro: Francisco Alves. (Trabalho original publicado em 1955-1956.)

Winnicott, D. W. (1994). O medo do colapso (*Breakdown*). In *Explorações psicanalíticas* (pp. 70-76). Porto Alegre: Artes Médicas. (Trabalho original publicado em 1963.)

Série Psicanálise Contemporânea

Adoecimentos psíquicos e estratégias de cura: matrizes e modelos em psicanálise, de Luís Claudio Figueiredo e Nelson Ernesto Coelho Junior

O brincar na clínica psicanalítica de crianças com autismo, de Talita Arruda Tavares

Do pensamento clínico ao paradigma contemporâneo: diálogos, de André Green e Fernando Urribarri

Do povo do nevoeiro: psicanálise dos casos difíceis, de Fátima Flórido Cesar

Fernando Pessoa e Freud: diálogos inquietantes, de Nelson da Silva Junior

Heranças invisíveis do abandono afetivo: um estudo psicanalítico sobre as dimensões da experiência traumática, de Daniel Schor

A indisponibilidade sexual da mulher como queixa conjugal: a psicanálise de casal, o sexual e o intersubjetivo, de Sonia Thorstensen

Interculturalidade e vínculos familiares, de Lisette Weissmann

Janelas da psicanálise, de Fernando Rocha

Metapsicologia dos limites, de Camila Junqueira

Nem sapo, nem princesa: terror e fascínio pelo feminino, de Cassandra Pereira França

Neurose e não neurose, de Marion Minerbo

Psicanálise e ciência: um debate necessário, de Paulo Beer

Psicossomática e teoria do corpo, de Christophe Dejours

Relações de objeto, de Decio Gurfinkel

O tempo e os medos: a parábola das estátuas pensantes, de Maria Silvia de Mesquita Bolguese